आर. गुप्ता® कृत

उत्तराखंड
सामान्य ज्ञान

नवीनतम आंकड़ों तथा वस्तुनिष्ठ प्रश्नों सहित

लेखक:
सत्य प्रकाश सिंह

2020
EDITION

रमेश पब्लिशिंग हाउस, नई दिल्ली

प्रकाशक: ओ॰पी॰ गुप्ता, रमेश पब्लिशिंग हाउस

प्रशासनिक कार्यालयः

12-H, न्यू दरियागंज रोड, ऑफिसर्स मेस के सामने,
नई दिल्ली-110002 ☏ 23261567, 23275224, 23275124
E-mail: info@rameshpublishinghouse.com
Website: www.rameshpublishinghouse.com

विक्रय केन्द्रः

● बालाजी मार्किट, नई सड़क, दिल्ली-6 ☏ 23253720, 23282525
● 4457, नई सड़क, दिल्ली-6, ☏ 23918938

© सर्वाधिकार प्रकाशकाधीन हैं।

Book Code: R-420

ISBN: 978-93-5012-578-6

HSN Code: 49011010

विषय-सूची

राज्य सरकार

राज्यपाल
बेबी रानी मौर्य

विधानसभा अध्यक्ष
प्रेमचंद अग्रवाल

मंत्रिपरिषद्

त्रिवेन्द्र सिंह रावत : मुख्यमंत्री, गृह, गोपन, कार्मिक, सतर्कता, विधि एवं न्याय, सचिवालय प्रशासन, सामान्य प्रशासन, सुराज, भ्रष्टाचार उन्मूलन एवं जनसेवा, लोक शिकायत, राज्य सम्पत्ति, लोक निर्माण, ग्राम्य विकास, सूचना, ग्रामीण निर्माण विभाग, ग्रामीण सड़कें एवं ड्रेनेज, नागरिक उड्डयन, ऊर्जा, वैकल्पिक ऊर्जा, चिकित्सा, शिक्षा, स्वास्थ्य एवं परिवार कल्याण, चिकित्सा शिक्षा, आपदा प्रबंधन, राजस्व एवं भू-प्रबंधन, सैनिक कल्याण, अर्द्ध सैनिक कल्याण, तकनीकी शिक्षा, नियोजन, बाह्य सहायतित परियोजनाएं, कारागार, नागरिक सुरक्षा एवं होमगार्ड, पर्वतीय ग्रामों में चकबन्दी, औद्योगिक विकास, लघु, मध्यम एवं सूक्ष्म उद्योग, खादी ग्रामोद्योग, खाद्य एवं नागरिक आपूर्ति, खाद्य प्रसंस्करण, सूचना प्रौद्योगिकी, विज्ञान एवं प्रौद्योगिकी, जैव प्रौद्योगिकी एवं वे सभी विभाग जो किसी मंत्री को आवंटित नहीं हैं।

कैबिनेट मंत्री

सतपाल महाराज : सिंचाई, बाढ़ नियंत्रण, लघु सिंचाई, वर्षा जल संग्रहण, जलागम प्रबंधन, भारत— नेपाल उत्तराखण्ड नदी परियोजनाएं, पर्यटन, तीर्थाटन एवं धार्मिक मेले, संस्कृति।

प्रकाश पंत : संसदीय कार्य, विधायी, भाषा, वित्त, वाणिज्य कर, स्टाम्प एवं पंजीयन, मनोरंजन कर, आबकारी, पेयजल एवं स्वच्छता, गन्ना विकास एवं चीनी उद्योग।

हरक सिंह रावत : वन एवं वन्य जीव, पर्यावरण एवं ठोस अपशिष्ट निवारण, श्रम, सेवायोजन, प्रशिक्षण, आयुष, आयुष शिक्षा।

मदन कौशिक : शहरी विकास, आवास, राजीव गाँधी शहरी आवास, जनगणना, पुनर्गठन, निर्वाचन।

यशपाल आर्य : परिवहन, समाज कल्याण, अल्पसंख्यक कल्याण, छात्र कल्याण, ग्रामीण तालाब विकास, सीमान्त क्षेत्र विकास, परिक्षेत्र विकास एवं प्रबंधन, पिछड़ा क्षेत्र विकास।

अरविंद पांडेय : विद्यालयी शिक्षा, प्रौढ़ शिक्षा, संस्कृत शिक्षा, खेल, युवा कल्याण, पंचायती राज।

सुबोध उनियाल : कृषि, कृषि विपणन, कृषि प्रसंस्करण, कृषि शिक्षा, उद्यान एवं फलोद्योग, रेशम विकास।

राज्य मंत्री (स्वतंत्र प्रभार)

रेखा आर्य : महिला कल्याण एवं बाल विकास, पशुपालन, भेड़ एवं बकरी पालन, चारा एवं चारागाह विकास, मत्स्य विकास।

डॉ. धन सिंह रावत : सहकारिता, उच्च शिक्षा, दुग्ध विकास एवं प्रोटोकॉल।

विधान सभा सदस्य (चुनाव 2017)

क्रम	निर्वाचन क्षेत्र	नाम (पार्टी)	क्रम	निर्वाचन क्षेत्र	नाम (पार्टी)
1.	पुरोला (अ.जा.)	राजकुमार (कांग्रेस)	36.	यमकेश्वर	रितु खंडूरी भूषण (भाजपा)
2.	यमुनोत्री	केदार सिंह (भाजपा)	37.	पौड़ी (अ.जा.)	मुकेश सिंह कोली (भाजपा)
3.	गंगोत्री	गोपाल सिंह रावत (भाजपा)	38.	श्रीनगर	धन सिंह रावत (भाजपा)
4.	बद्रीनाथ	महेन्द्र भट्ट (भाजपा)	39.	चौबट्टाखाल	सतपाल महाराज (भाजपा)
5.	थराली (अ.जा.)	मुन्नी देवी (भाजपा)	40.	लैंसडाउन	दलीप सिंह रावत (भाजपा)
6.	कर्णप्रयाग	सुरेन्द्र सिंह नेगी (भाजपा)	41.	कोटद्वार	हरक सिंह रावत (भाजपा)
7.	केदारनाथ	मनोज रावत (कांग्रेस)	42.	धारचूला	हरीश सिंह (कांग्रेस)
8.	रूद्रप्रयाग	भरत सिंह चौधरी (भाजपा)	43.	डीडीहाट	विशन सिंह (भाजपा)
9.	घनसाली (अ.जा.)	शक्ति लाल शाह (भाजपा)	44.	पिथौरागढ़	प्रकाश पंत (भाजपा)
10.	देवप्रयाग	विनोद कंधारी (भाजपा)	45.	गंगोलीहाट (अ.जा.)	मीना गंगोला (भाजपा)
11.	नरेंद्रनगर	सुबोध उनियाल (भाजपा)	46.	कपकोट	बलवंत सिंह भौरियाल (भाजपा)
12.	प्रताप नगर	विजय सिंह पवार (भाजपा)			
13.	टिहरी	धन सिंह नेगी (भाजपा)	47.	बागेश्वर (अ.जा.)	चंदन राम दास (भाजपा)
14.	धनोल्टी	प्रीतम सिंह पवार (निर्दलीय)	48.	द्वारहाट	महेश सिंह नेगी (भाजपा)
15.	चकराता (अ.ज.जा.)	प्रीतम सिंह (कांग्रेस)	49.	सल्ट	सुरेंद्र सिंह जीना (भाजपा)
16.	विकासनगर	मुन्ना सिंह चौहान (भाजपा)	50.	रानीखेत	करण महारा (कांग्रेस)
17.	सहसपुर	सहदेव सिंह पुंडीर (भाजपा)	51.	सोमेश्वर (अ.जा.)	रेखा आर्या (भाजपा)
18.	धर्मपुर	विनोद चमोली (भाजपा)	52.	अलमोड़ा	रघुनाथ सिंह चौहान (भाजपा)
19.	रायपुर	उमेश शर्मा काऊ (भाजपा)	53.	जागेश्वर	गोविंद सिंह कुंजवाल (कांग्रेस)
20.	राजपुर रोड (अ.जा.)	खजान दास (भाजपा)	54.	लोहाघाट	पूरनसिंह फर्त्याल (भाजपा)
21.	देहरादून कैंट	हरबंस कपूर (भाजपा)	55.	चंपावत	कैलाश चंद गहरोत्री (भाजपा)
22.	मसूरी	गणेश जोशी (भाजपा)	56.	लालकुंआ	नवीन चंद्र दुमाक (भाजपा)
23.	डोईवाला	त्रिवेंद्र सिंह रावत (भाजपा)	57.	भीमताल	रामसिंह कैरा (निर्दलीय)
24.	ऋषिकेश	प्रेमचंद अग्रवाल (भाजपा)	58.	नैनीताल (अ.जा.)	संजीव आर्य (भाजपा)
25.	हरिद्वार	मदन कौशिक (भाजपा)	59.	हल्द्वानी	इंदिरा हृदयेश (कांग्रेस)
26.	बीएचईएल रानीपुर	आदेश चौहान (भाजपा)	60.	कालाढुंगी	बंशीधर भगत (भाजपा)
27.	ज्वालापुर नरेंद्रनगर (अ.जा.)	सुरेश राठौर (भाजपा)	61.	रामनगर	दीवान सिंह बिष्ट (भाजपा)
28.	भगवानपुर (अ.जा.)	ममता राकेश (कांग्रेस)	62.	जसपुर	आदेश सिंह चौहान (कांग्रेस)
29.	झबरेरा (अ.जा.)	देसराज कर्णवाल (भाजपा)	63.	काशीपुर	हरभजन सिंह चीमा (भाजपा)
30.	पिरनकलियर	फुरकान अहमद (कांग्रेस)	64.	बाजपुर (अ.जा.)	यशपाल आर्य (भाजपा)
31.	रुड़की	प्रदीप बत्रा (भाजपा)	65.	गदरपुर	अरविंद पाण्डेय (भाजपा)
32.	खानपुर	कुवंर प्रणव सिंह (भाजपा)	66.	रुद्रपुर	राजकुमार ठुकराल (भाजपा)
33.	मंगलौर	काजी मोहम्मद निजामुद्दीन (कांग्रेस)	67.	किच्छा	राजेश शुक्ला (भाजपा)
			68.	सितारगंज	सौरभ बहुगुणा (भाजपा)
34.	लक्सर	संजय गुप्ता (भाजपा)	69.	नानकमत्ता (अ.ज.जा.)	डॉ. प्रेम सिंह (भाजपा)
35.	हरिद्वार ग्रामीण	यतीश्वरानंद (भाजपा)	70.	खटीमा	पुष्कर सिंह धामी (भाजपा)

समसामयिक घटनाचक्र

बजट – 2019-20

उत्तराखंड के वित्त मंत्री प्रकाश पन्त ने 18 फरवरी, 2019 को राज्य विधानसभा में वित्त वर्ष 2019-20 का बजट पेश किया। वर्ष 2019-20 में कुल प्राप्तियाँ ₹ 48679.43 करोड़ अनुमानित हैं जिसमें ₹ 38955.49 करोड़ राजस्व प्राप्तियाँ तथा ₹ 9723.94 करोड़ पूँजीगत प्राप्तियाँ सम्मिलित हैं। वित्तीय वर्ष 2019-20 में राजस्व प्राप्तियों में कर राजस्व ₹ 23622.11 करोड़ है जिसमें केन्द्रीय करों में राज्य का अंश ₹ 8885.26 करोड़ सम्मिलित है। राज्य के स्वयं के स्रोतों से कुल अनुमानित राजस्व प्राप्ति ₹ 18991.66 करोड़ में कर राजस्व ₹ 14736.85 करोड़ तथा करेत्तर राजस्व ₹ 4254.81 करोड़ अनुमानित है। वर्ष 2019-20 में ऋणों के प्रतिदान पर ₹ 2876.31 करोड़, ब्याज की अदायगी के रूप में ₹ 5332.19 करोड़, राज्य कर्मचारियों के वेतन-भत्तों आदि पर लगभग ₹ 13340.00 करोड़, सहायता प्राप्त शिक्षण व अन्य संस्थाओं के शिक्षकों/कर्मचारियों के वेतन भत्तों के रूप में लगभग ₹ 1173.80 करोड़, पेंशन एवं अन्य सेवानिवृत्तिक लाभों के रूप में ₹ 5942.69 करोड़ व्यय अनुमानित है। वर्ष 2019-20 में कुल व्यय ₹ 48663.90 करोड़ अनुमानित है। कुल व्यय में ₹ 38932.70 करोड़ राजस्व लेखे का व्यय है तथा ₹ 9731.20 करोड़ पूँजी लेखे का व्यय है।

बजट 2019-20 : मुख्य बिंदु

- राज्य में औद्यानिकी के विकास हेतु राष्ट्रीय उद्यान मिशन योजनान्तर्गत वित्तीय वर्ष 2019-20 के लिए ₹ 51.00 करोड़ की धनराशि प्रस्तावित है।

- राज्य में चाय विकास योजना अन्तर्गत ₹ 17.00 करोड़ की धनराशि प्राविधानित है।

- एफ.एम.डी. मुक्त भारत के अभियान को सफल बनाने हेतु ₹ 5.80 करोड़ प्रस्तावित है।

- वित्तीय वर्ष 2019-20 में लगभग 54 हजार दुग्ध उत्पादक सदस्यों को दुग्ध मूल्य के अतिरिक्त दुग्ध मूल्य प्रोत्साहन राशि उपलब्ध कराये जाने हेतु ₹ 20.00 करोड़ की धनराशि का प्राविधान किया गया है।

- ग्रामीण इलाकों में मांग आधारित रोजगार एवं स्थायी परिसम्पत्तियों के सृजन हेतु वित्तीय वर्ष 2019-20 हेतु मनरेगा अन्तर्गत ₹ 282.00 करोड़ धनराशि का प्राविधान किया गया है।

- पंचायतीराज संस्थाओं के अन्तर्गत 13 जिला पंचायतों, 95 क्षेत्र पंचायतों एवं 7953 ग्राम पंचायतों हेतु कुल ₹ 441.22 करोड़ का बजट प्राविधान किया गया है।

- गंगा नदी की मुख्य धारा के किनारे स्थित 15 नगरों में पूर्व निर्मित एस.टी.पी. के उच्चीकरण, नवीन एस.टी.पी. के निर्माण तथा गंदे नालों के एस.टी.पी. में डाइवर्जन से संबंधित 19 परियोजनाओं हेतु ₹ 945.21 करोड़ का प्रावधान स्वीकृत किये गये हैं।

- राष्ट्रीय स्वास्थ्य मिशन के अन्तर्गत ₹ 440 करोड़ का प्राविधान किया गया है।

- ''समग्र शिक्षा'' हेतु वित्तीय वर्ष 2019-20 के आय-व्ययक में ₹ 1073.00 करोड़ की धनराशि प्रस्तावित है।

1

उत्तराखंड : एक संक्षिप्त परिचय

संक्षिप्त परिचय

- वर्तमान नाम   : 1 जनवरी, 2007 से उत्तराखंड [UTTARAKHAND]
- स्थापना   9 नवम्बर, 2000
- राजधानी   देहरादून (अस्थायी)
- उच्च न्यायालय   : नैनीताल
- भौगोलिक स्थिति   : 28°43' उत्तरी अक्षांश से 31°27' उत्तरी अक्षांश तथा 77°34' पूर्वी देशान्तर से 81°02' पूर्वी देशान्तर तक
- भौगोलिक सीमाएं   : पूर्व में नेपाल, पश्चिम में हरियाणा एवं हिमाचल प्रदेश, उत्तर में हिमाचल प्रदेश एवं चीन, दक्षिण में उत्तर प्रदेश
- देश का राज्य   : 27वाँ
- क्षेत्रफल   : 53,483 वर्ग किलोमीटर
- लम्बाई   : पूर्व से पश्चिम की ओर 358 किमी.

1

- चौड़ाई : उत्तर से दक्षिण की ओर 320 किमी.
- राज्य का आकार : लगभग आयताकार
- मण्डल : 02 : कुमायूँ, गढ़वाल
- जिलों की संख्या : 13 (नैनीताल, अल्मोड़ा, पिथौरागढ़, पौड़ी गढ़वाल, टिहरी गढ़वाल, उत्तरकाशी, चमोली, देहरादून, ऊधमसिंह नगर, बागेश्वर, चम्पावत, रुद्रप्रयाग तथा हरिद्वार)
- विधान मण्डल : एक सदनात्मक (विधान सभा)
- वर्तमान विधान सभा सीटें : 70 (1 विधायक राज्यपाल द्वारा एंग्लो-इण्डियन समुदाय से मनोनीत, कुल 71 विधायक) अनुसूचित जनजाति–02 सीट आरक्षित, अनुसूचित जाति–13 सीट आरक्षित
- लोक सभा क्षेत्र : 5 (गढ़वाल, अल्मोड़ा (आरक्षित), टिहरी, नैनीताल तथा हरिद्वार
- राज्य सभा की सदस्य संख्या : 3
- क्षेत्रफल की दृष्टि से देश में स्थान : 19वाँ
- राजकीय पशु : कस्तूरी मृग
- राजकीय पक्षी : मोनाल
- राजकीय वृक्ष : बुरांश
- राजकीय पुष्प : ब्रह्म कमल
- राजकीय चिह्न : गोल आकार की मुहर में तीन पर्वतों की शृंखला में ऊपर सम्राट अशोक की लाट दर्शाई गई है, जबकि नीचे गंगा की लहरों को दर्शाया गया है।
- प्रथम राज्यपाल : सुरजीत सिंह बरनाला
- प्रथम मुख्यमंत्री : नित्यानंद स्वामी
- विधान सभा के प्रथम अध्यक्ष : प्रकाश पंत
- प्रथम मुख्य न्यायाधीश : न्यायमूर्त्ति अशोक ए॰ देसाई
- उत्तराखंड के प्रथम मुख्य सचिव : अशोक कान्त शरण
- उत्तराखंड के प्रथम पुलिस महानिदेशक : अजय विक्रम सिंह
- बैंक शाखाओं की संख्या (2015-16) : 2194
- आय के प्रमुख स्रोत : पर्यटन, वन-सम्पदा, खनिज सम्पदा, बागवानी तथा जल विद्युत परियोजनाएं।
- अन्य आय स्रोत : फल-फूल, ऊन, चारा, मत्स्य, मशरूम, रेशम तथा कस्तूरी

- जनसंख्या (वर्ष 2011 : 1,00,86,292 व्यक्ति
  की जनगणना के अनुसार)
- पुरुष जनसंख्या : 51,37,773
- महिला जनसंख्या : 49,48,519
- लिंगानुपात : 963 (प्रति एक हजार पुरुषों पर)
- जनसंख्या घनत्व : 189 व्यक्ति प्रति वर्ग किलोमीटर
- जनसंख्या की दृष्टि : 21वाँ
  से देश में स्थान
- दशकीय जनसंख्या : 18.81 प्रतिशत
  वृद्धि दर (2001-2011)
- कुल साक्षरता : 78.8 प्रतिशत
- पुरुष साक्षरता : 87.4 प्रतिशत
- महिला साक्षरता : 70.0 प्रतिशत
- कुल साक्षर व्यक्तियों की संख्या : 68,80,953
- साक्षर पुरुषों की संख्या : 38,63,708
- साक्षर महिलाओं की संख्या : 30,17,245
- राज्य का सर्वाधिक : देहरादून (कुल साक्षरता 84.20 प्रतिशत)
  साक्षर जिला
- राज्य का न्यूनतम साक्षर जिला : ऊधमसिंह नगर (कुल साक्षरता 73.10 प्रतिशत)
- साक्षरता की दृष्टि से : 17वाँ
  देश में स्थान
- प्रति व्यक्ति आय (2015-16) : 151219
- क्षेत्रफल की दृष्टि से : चमोली (8,030 वर्ग किलोमीटर)
  सबसे बड़ा जिला
- क्षेत्रफल की दृष्टि से : चंपावत (1,766 वर्ग किलोमीटर)
  सबसे छोटा जिला
- जनसंख्या की दृष्टि से : हरिद्वार (18,90,422)
  सबसे बड़ा जिला
- जनसंख्या की दृष्टि से : रुद्र प्रयाग (2,42,285)
  सबसे छोटा जिला
- वन्य क्षेत्र (2017) : 24,295 वर्ग किमी. (45.43 प्रतिशत)
- शुद्ध कृषित क्षेत्र : 741,099 हेक्टेयर
- शुद्ध सिंचित क्षेत्रफल : 329964 हेक्टेयर
- मुख्य पर्यटन-स्थल : नैनीताल, मंसूरी, हरिद्वार, बद्रीनाथ, केदारनाथ, गंगोत्री, यमुनोत्री, हेमकुण्ड साहब, ऋषिकेश, रानीखेत, देहरादून तथा अल्मोड़ा

- सामुदायिक स्वास्थ्य केंद्र (2015-16) : 86
- होमियोपैथिक अस्पताल : 110
- टेलीफोन एक्सचेंज (2015-16) : 445
- पुलिस थाना (2016) : 153
- राष्ट्रीय उद्यान : 6 (कार्बेट, नन्दा देवी, फूलों की घाटी, राजाजी, गंगोत्री तथा गोविन्द राष्ट्रीय उद्यान)
- वन्य जीव विहार : 7 (केदारनाथ, अस्कोट, सोनानदी, गोविन्द, विन्सर, मंसूरी तथा नंदौर वन्य जीव विहार)
- कुल पक्की सड़कें : 33,914 किमी.।
- डाकघर (2015-16) : 2,721
- प्राथमिक एवं उच्च प्राथमिक विद्यालय (2015-16) : 23681
- माध्यमिक विद्यालय (2015-16) : 3426
- राज्यस्तरीय विश्वविद्यालय (2015-16) : 11
- डीम्ड विश्वविद्यालय (2015-16) : 3
- निजी विश्वविद्यालय (2015-16) : 11
- महाविद्यालय (2015-16) : 131
- प्रमुख लोकगीत : वादी-वादिन, लाग, भैला तथा पाण्डव
- प्रमुख लोकनृत्य : जागर, झोड़ा, चौफुला, थड़्या, झुमैलो तथा भोटिया-रासो।
- प्रमुख उद्योग : फर्नीचर, ऊनी कपड़ा, कागज उद्योग, इलेक्ट्रॉनिक उद्योग, लकड़ी की छड़ी, खिलौने, खेल का सामान।
- कुल ग्राम पंचायतें (2016) : 7950
- न्याय पंचायत (2016) : 670
- गांवों की कुल संख्या (2016) : 16,793
- आबाद गांव (2016) : 15,745
- विद्युतीकृत गाँव–(2015-16) : 15571
- उत्तराखंड के 15 लाख से अधिक जनसंख्या वाले जिले : देहरादून (16,96,694 जनसंख्या) हरिद्वार (18,90,422 जनसंख्या) ऊधमसिंह नगर (16,48,902)
- नगरपालिका परिषद् (2017) : 41
- उत्तराखंड के हवाई अड्डे : पंतनगर (उधम सिंह नगर), जौली ग्रांट (देहरादून), नैनी सैनी (पिथौरागढ़), गौचर (चमौली), चिन्वाली सौड (टिहरी)

- आकाशवाणी केन्द्र : अल्मोड़ा, पौड़ी गढ़वाल
- राजकीय सड़क परिवहन : देहरादून, कुमायूँ (नैनीताल)
  निगम क्षेत्र
- मुख्य भाषा : हिन्दी, उर्दू, बंगाली, पंजाबी, गढ़वाली, कुमाँयुनी
- प्रमुख धर्म : हिन्दू, मुस्लिम, ईसाई, सिख, बौद्ध, जैन
- प्रमुख फसलें : गेहूं, चावल, चना, जौ, मक्का, बाजरा, मटर
- नकदी फसलें : गन्ना, चाय, कपास, तिल, सरसों, तम्बाकू, मूँगफली
- प्रमुख फल : आम, अमरूद, माल्टा, नींबू, जामुन, संतरा, सेब, लीची, शफतालू

उत्तराखंड : स्मरण रखने योग्य महत्त्वपूर्ण तथ्य

- योजना आयोग की संस्तुति पर भारत सरकार द्वारा 1 अप्रैल, 2001 से उत्तराखंड राज्य को विशेष श्रेणी राज्य का दर्जा प्रदान कर दिया गया है।
- देश के 27वें राज्य के रूप में बना - 'उत्तराखंड' विशेष राज्य का दर्जा प्राप्त करने वाला 11वाँ राज्य है।
- पौराणिक ग्रन्थों से ज्ञात होता है कि उत्तराखंड में हरिद्वार के निकट स्थित कनखल में ब्रह्मा के पुत्र दक्ष प्रजापति ने मानव वंश का शुभारम्भ किया था।
- उत्तराखंड में उत्तराखण्ड आन्दोलन के 23 शहीदों के परिवार का एक-एक सदस्य सरकारी सेवा से सम्मानित किया गया है।
- उत्तराखंड में पहाड़ी जिले हैं- नैनीताल, अल्मोड़ा, चमोली, उत्तरकाशी, पिथौरागढ़, टिहरी गढ़वाल व पौड़ी गढ़वाल।
- नैनी झील उत्तराखंड के नैनीताल जिले में स्थित है।
- नैनीताल नगर तथा नैनी झील का नाम संभवतः यहाँ स्थित नैना देवी के मन्दिर के नाम पर पड़ा है।
- उत्तर प्रदेश व उत्तराखंड में कृषि नीति को व्यावहारिक स्वरूप प्रदान करने हेतु 'प्रयोगशाला से खेतों तक' कार्यक्रम पन्तनगर विश्वविद्यालय, पन्तनगर (उधम सिंह नगर) की देन है।
- उत्तराखंड में चाय की खेती कुमायूँ और गढ़वाल मण्डलों में हिमालय और शिवालिक पर्वत के मध्य भाग में होती है।
- उत्तराखंड में सर्वाधिक अनुसूचित जाति जनसंख्या वाले जिले क्रमशः हरिद्वार और उधमसिंह नगर हैं।
- उत्तराखंड में सर्वाधिक अनुसूचित जनजाति जनसंख्या वाले जिले क्रमशः ऊधम सिंह नगर और देहरादून हैं।
- उत्तराखंड का सर्वाधिक उच्च पर्वत शिखर नन्दादेवी (चमोली में) है।
- उत्तराखंड के गढ़वाल जिले के उत्तर-पूर्वी क्षेत्र में स्थित प्रमुख दर्रे-धर्मा, किंग्री-बिंग्री, शैलशाल एवं नीति आदि हैं।
- उत्तराखंड का बद्रीनाथ (चमोली) नगर शंकराचार्य द्वारा हिन्दू धर्म की पुनर्स्थापना का स्थान है।

- कुम्भ का मेला हरिद्वार में लगता है।
- उत्तराखंड में एस्बेस्टस गढ़वाल, अल्मोड़ा जिले से प्राप्त होता है।
- एस्बेस्टस का उपयोग मुख्य रूप से सीमेंट निर्माण एवं विद्युत उपकरणों में किया जाता है।
- उत्तराखंड में जिप्सम के उत्पादक जिले गढ़वाल, देहरादून व नैनीताल हैं।
- उत्तराखंड में चाँदी अल्मोड़ा जिले से प्राप्त होती है।
- कुमायूँ क्षेत्र की सर्वाधिक गहरी झील नौकछिया ताल झील है।
- देहरादून संग्रहालय, देहरादून की स्थापना सन् 1914 में हुई थी।
- गुरुकुल काँगड़ी संग्रहालय, हरिद्वार की स्थापना सन् 1907-08 ई. में हुई थी।
- उत्तराखंड के क्षेत्र मसूरी, अल्मोड़ा, रानीखेत, पिथौरागढ़ तथा चमोली में आयोजित वार्षिक उत्सव 'शरदोत्सव' में देशी-विदेशी पर्यटक मनोरंजन के साथ ही स्वास्थ्यवर्धन भी करते हैं।

उत्तराखंड : नवीन महत्त्वपूर्ण तथ्य

चिकित्सा एवं स्वास्थ्य

- पं. दीन दयाल उपाध्याय 108 आपात सेवा विकासखण्ड स्तर तक।
- इस सुविधा को प्रदान करने वाला उत्तराखण्ड देश का तीसरा राज्य तथा उत्तर भारत का पहला राज्य।
- सभी बी.पी.एल. परिवारों को सरकारी चिकित्सालयों में निःशुल्क चिकित्सा सुविधा प्राप्त करने के लिए हेल्थ कार्ड जारी।
- आयुष प्रदेश बनाने की दिशा में मुख्यमंत्री सुदूर स्वास्थ्य सुदृढ़ीकरण योजना प्रस्तावित।

राज्य में मेडिकल कॉलेजों की स्थापना

- वीर चन्द्र सिंह गढ़वाली राजकीय मेडिकल कॉलेज, श्रीनगर (गढ़वाल) में विश्व में सबसे कम फीस में एम.बी.बी.एस. डिग्री।
- 380 शैय्याओं वाले इस मेडिकल कॉलेज की स्थापना से पर्वतीय क्षेत्र के लोगों को विशेषज्ञ सुविधा का लाभ।

ऊर्जा

- चिन्हित 25000 मेगावाट जल-विद्युत क्षमता के सापेक्ष अब तक 3146 मेगावाट विद्युत उत्पादन क्षमता सृजित।
- विद्युत पारेषण एवं वितरण में वाणिज्यिक एवं तकनीकी क्षति के वर्तमान स्तर को घटाकर 15 प्रतिशत तक लाने के प्रयास।

शिक्षा

- जनपद पौड़ी में एन.आई.टी. तथा ऊधमसिंह नगर में आई.आई.एम. की स्थापना का निर्णय।
- पं. दीनदयाल उपाध्याय उत्कृष्टता पुरस्कार योजना एवं शैलेश मटियानी राज्य शैक्षिक पुरस्कार योजना शुरू।
- रुद्रप्रयाग, चमोली, उत्तरकाशी, बागेश्वर एवं ऊधमसिंह नगर जनपदों में डॉ. श्यामा प्रसाद मुखर्जी अभिनव विद्यालय स्थापित करने की स्वीकृति।
- कूड़ा बटोरने वाले बच्चों की शिक्षा के लिए पहल योजना का सफलतापूर्वक संचालन।
- समाज के वंचित वर्ग के बच्चों की उत्कृष्ट शिक्षा हेतु ''देवभूमि मुस्कान'' योजना।

पेयजल

- ग्रामीण क्षेत्र में नदियों से प्राकृतिक रूप से छनित पेयजल उपलब्ध कराने की तकनीक विकसित।

औद्योगिक विकास

- विशेष पर्वतीय एकीकृत औद्योगिक प्रोत्साहन नीति 2008 लागू। लगभग 350 करोड़ रुपये पूँजी निवेश के प्रस्ताव।
- पर्वतीय एवं दुर्गम क्षेत्रों में अवस्थापना विकास के लिए निवेश हेतु निजी क्षेत्र को 50 लाख रुपये तक का अनुदान।

पर्यटन

- राज्य सरकार के प्रयासों से 120 करोड़ रुपये लागत के छः नये पर्यटन सर्किटों को केन्द्र से मंजूरी।
- वीर चन्द्र सिंह गढ़वाली पर्यटन स्वरोजगार योजना के अन्तर्गत स्वीकृत ऋणों पर स्टॉम्प ड्यूटी छूट की सीमा 10 लाख रुपये से बढ़ाकर 20 लाख रुपये।

महिला सशक्तीकरण एवं बाल विकास

- राज्य के बजट में महिलाओं के कल्याण के लिए विशेष व्यवस्था। पंचायतों में 50 प्रतिशत आरक्षण।
- राज्य में 99 परियोजनाओं के माध्यम से 1.5 लाख महिलाओं व 8.7 लाख बच्चों को लाभ।
- 7929 नये आंगनवाड़ी तथा 2444 मिनी आंगनवाड़ी केन्द्रों की स्थापना से 18.3 हजार महिलाओं को रोजगार।
- समाज में बालिकाओं की स्थिति में समानता लाने के लिए नन्दा देवी कन्या योजना लागू।

ग्राम्य विकास

- ग्रामों में सभी आवश्यक सुविधाएं उपलब्ध कराने हेतु प्रत्येक न्याय पंचायत से एक ग्राम का चयन करके 'अटल आदर्श ग्राम योजना' प्रारम्भ। मुख्यमंत्री ग्रामीण सड़क योजना प्रस्तावित।

औद्यानिकी

- मुख्यमंत्री जड़ी-बूटी विकास योजना शुरू। इसके तहत प्रदेश में जड़ी-बूटी विकास को प्रोत्साहित किया जाएगा।
- औषधि एवं सुगन्धित पौधों तथा जड़ी-बूटियों के कृषिकरण को प्रोत्साहन।
- औद्यानिकी उपज के सुगमतापूर्वक परिवहन हेतु रज्जुमार्ग निर्माण प्रस्तावित।

वन एवं पर्यावरण

- देहरादून से उत्तराखण्ड हरित प्रदेश बनाने का अभियान प्रारम्भ।
- मुख्यमंत्री वन पंचायत सुदृढ़ीकरण योजना शुरू।
- लगभग 12089 वन पंचायतों द्वारा लगभग 5.5 लाख हैक्टेयर वन क्षेत्र के संरक्षण का कार्य।
- राज्य कैम्पा का गठन—820.76 करोड़ रुपये प्राप्त।

शहरी विकास

- मुख्यमंत्री शहरी समेकित विकास एवं डॉ. श्यामा प्रसाद मुखर्जी निर्मल शहर पुरस्कार योजना शुरू।
- राष्ट्रीय नवीनीकरण मिशन के अन्तर्गत देहरादून, हरिद्वार, नैनीताल शहर के विकास की योजना।

स्पर्श गंगा योजना

- पतित पावनी गंगा की अविरलता एवं पवित्रता बनाये रखने के अभियान हेतु 5 करोड़ रुपये की व्यवस्था।

संस्कृत द्वितीय राजभाषा

- संस्कृत को द्वितीय राजभाषा का दर्जा देने वाला उत्तराखण्ड देश का पहला राज्य।

□□□

2

उत्तराखंड का इतिहास

उत्तराखंड पर्वतराज हिमालय की गोद में बसा हुआ है। यह प्राचीन काल से ही देवगण, ऋषिमुनि आदि का निवास-स्थल एवं तपोभूमि रहा है। इसी स्थल को पुराणों में 'मानस', 'केदारखण्ड' एवं 'कूर्मांचल' नाम दिया गया है।

उत्तराखंड का ऐतिहासिक सिंहावलोकन करने पर यह ज्ञात होता है कि अल्मोड़ा के चन्द राजवंश और श्रीनगर के पंवार राजवंश से पहले इस क्षेत्र में कत्यूरी नामक एक विशाल राज्य था, जिसके अन्तर्गत आधुनिक कुमायूँ, गढ़वाल, रुहेलखण्ड और पश्चिमी नेपाल का डोरीगढ़ सम्मिलित थे। इस राज्य का केन्द्र आधुनिक अल्मोड़ा जिले की कत्यूर घाटी में बैजनाथ के समीप स्थित कार्त्तिकेयपुर नाम का नगर था। कत्यूरी-युग के अन्तर्गत कुमायूँ-गढ़वाल पर निम्न सात राजवंशों ने शासन किया—

(क) बागेश्वर लेख से ज्ञात बसन्तनदेव का राजवंश

(ख) बागेश्वर लेख से ज्ञात खर्परदेव का राजवंश

(ग) बागेश्वर, पाण्डुकेश्वर और कंडारा लेख से ज्ञात निम्बर का राजवंश

(घ) पाण्डुकेश्वर और वागेश्वर लेख से ज्ञात सलोणादित्य का राजवंश

(ङ) बैजनाथ लेखों से ज्ञात पाल-वंश

(च) क्राचल्लदेव और अशोकचल्ल का शासन

(छ) आसन्तिदेव का राजवंश

कत्यूर वंश के पतन के फलस्वरूप यह क्षेत्र 'चन्द' और 'पंवार' शासकों के अधीन रहा। इसी बीच कुमायूँ और गढ़वाल के रूप में इसका विभाजन हो गया। 16वीं शताब्दी में गढ़वाल में 'पंवार' और कुमायूँ में 'चन्द' राजवंशों का एकछत्र शासन था। सन् 1771 में 'प्रद्युमन शाह' का गढ़वाल और कुमायूँ सहित सम्पूर्ण उत्तराखंड क्षेत्र पर अधिकार हो गया। उत्तराखंड का अन्तिम शासक 'प्रद्युमन शाह' को ही माना जाता है। सन् 1790 में कुमायूँ पर नेपाली गोरखाओं का अधिकार हो गया। सन् 1815 में अंग्रेजों ने गोरखाओं को हराकर उत्तराखंड पर अपना अधिकार कर लिया। सन् 1815 में उत्तराखंड 'ईस्ट इण्डिया कम्पनी' के अधीन हो गया। सन् 1816 में अंग्रेजों और गोरखाओं के बीच 'संगोली संधि' हुई। सन् 1901 में जब 'संयुक्त प्रान्त आगरा' एवं 'अवध' बना तो उत्तराखंड क्षेत्र को उसी में मिला दिया गया।

भारत को आजादी मिलने के बाद 'आगरा' एवं 'अवध प्रांत' 'उत्तर प्रदेश' राज्य कहलाया। भारत की आजादी की लड़ाई में उत्तराखंड के लोगों ने महत्त्वपूर्ण योगदान दिया। स्वतंत्रता प्राप्ति के पश्चात् हुए युद्धों में उत्तर प्रदेश के 2334 जवान शहीद हुए जिसमें आधे से अधिक उत्तराखंड से थे। उत्तराखंड में करीब 3 लाख से अधिक भूतपूर्व सैनिक हैं। भारतीय सेना में उत्तराखंड की दो रेजीमेंट गढ़वाल व कुमायूँ हैं।

उत्तराखंड के संघर्ष से गठन तक का काल-क्रम

उत्तराखंड के गठन को लेकर यहाँ के लोगों ने लम्बे समय तक जनान्दोलन किया। ये आन्दोलन आजादी के पहले से ही होते आ रहे हैं। उत्तराखंड के लम्बे संघर्ष को हम निम्न काल-क्रम में बाँट सकते हैं।

- क्षेत्रीय समस्याओं पर विचार के लिए 1926 में कुमायूँ परिषद् का गठन जिसके कर्त्ताधर्ता गोविन्द बल्लभ पंत, तारादत्त गेरोला तथा बदरीदत्त पांडे थे।

- 1938 में गढ़वाल के श्रीनगर में आयोजित कांग्रेस के अधिवेशन में पं॰ जवाहर लाल नेहरू द्वारा इस पर्वतीय क्षेत्र के निवासियों को अपनी परिस्थितियों के अनुसार, स्वयं निर्णय लेने तथा अपनी संस्कृति की समृद्धि के अधिकार को व्यापक समर्थन दिया गया।

- 1938 में श्रीदेव सुमन ने दिल्ली में 'गढ़देश सेवा संघ' की स्थापना की, जिसे बाद में हिमालय सेवा संघ नाम दिया गया।

- 1946 में हल्द्वानी सम्मेलन में बद्रीदत्त पाण्डे द्वारा पर्वत्तीय क्षेत्र को विशेष दर्जा तथा अनसूया प्रसाद बहुगुणा द्वारा कुमायूँ गढ़वाल को अलग इकाई के रूप में गठन की माँग की गई।

- स्वतंत्रता के पश्चात् 1950 में वृहद् हिमालयी राज्य (हिमाचल और उत्तराखंड मिलाकर) के लिए 'पर्वतीय जन विकास समिति' का गठन।

- 1955 में 'फजल अली आयोग' ने पर्वतीय क्षेत्र को अलग राज्य के रूप में गठित करने की संस्तुति दी।

- जून 1967 में 'पर्वतीय राज्य परिषद्' का गठन, जिसके अध्यक्ष दयाकृष्ण पांडे, उपाध्यक्ष गोविन्द सिंह मेहरा और महासचिव नारायण दत्त सुन्द्रियाल थे।

- 1970 में कुमायूँ राष्ट्रीय मोर्चा का गठन पी॰ सी॰ जोशी ने किया।

- 1979 में पृथक् पर्वतीय राज्य के गठन हेतु मसूरी में 'उत्तराखण्ड क्रान्ति दल' का गठन।

- जून, 1987 में कर्ण प्रयाग के सर्वदलीय सम्मेलन में उत्तराखंड के गठन के लिए संघर्ष की घोषणा।

- नवम्बर, 1987 को पृथक् उत्तराखंड राज्य के गठन हेतु नई दिल्ली में प्रदर्शन, राष्ट्रपति को ज्ञापन तथा हरिद्वार को प्रस्तावित राज्य में मिलाने की मांग।

- 1988 में भारतीय जनता पार्टी के शोबन सिंह जीमा की अध्यक्षता में 'उत्तराखंड उत्थान परिषद्' का गठन।

- सितम्बर 1988 में 'उत्तराखंड प्रदेश संघर्ष समिति' का गठन।

- फरवरी 1989 में अनेक संगठनों ने संयुक्त आन्दोलन चलाने के लिए 'उत्तराखण्ड संयुक्त संघर्ष समिति' का गठन किया।

- 1991—भाजपा सरकार द्वारा उत्तर प्रदेश विधानसभा में उत्तराखंड राज्य के गठन का प्रस्ताव पारित कराके केन्द्र सरकार को स्वीकृति हेतु भेजा गया।

- 1994—मुख्यमंत्री मुलायम सिंह यादव द्वारा उत्तराखंड के निर्माण हेतु कौशिक समिति का गठन किया गया।

- 1994 के जन आन्दोलन उत्तराखंड राज्य के निर्माण के लिए मील के पत्थर साबित हुए। 'उक्रांद' नेताओं ने अनशन, सम्पूर्ण प्रदेश में चक्का जाम, तोड़-फोड़ आदि किए। खटीमा में आन्दोलन-कारियों पर फायरिंग में अनेकों जानें गईं। बस द्वारा नई दिल्ली जा रहे आन्दोलनकारियों पर उत्तर प्रदेश के मुजफ्फरनगर में पुलिस द्वारा अत्याचार। पूरे राज्य में अनेक स्थानों पर धरना- प्रदर्शन, धरना-प्रदर्शन में अनेक आंदोलनकारियों ने जानें गवाईं।

- 15 अगस्त, 1996 को तत्कालीन प्रधानमन्त्री एच॰ डी॰ देवेगौड़ा द्वारा लाल किले से 'उत्तराखण्ड राज्य' के गठन की घोषणा तथा उत्तर प्रदेश विधान सभा की सहमति हेतु विधेयक प्रेषित।

- 27 जुलाई, 2000—सरकार द्वारा 'उत्तर प्रदेश पुनर्गठन विधेयक - 2000' लोकसभा में प्रस्तुत।

- अगस्त, 2000—लोकसभा द्वारा उक्त विधेयक पारित, राज्य सभा द्वारा विधेयक पारित, राष्ट्रपति द्वारा विधेयक को स्वीकृति

- 9 नवम्बर, 2000—देश के 27वें राज्य के रूप में नवगठित 'उत्तराखंड' अस्तित्व में आया।

उत्तराखंड संघर्ष आन्दोलन में हुए शहीद

उत्तराखंड के संघर्ष आन्दोलन में अनेक स्थानों पर आन्दोलनकारियों को शहीद होना पड़ा। कुछ महत्त्वपूर्ण स्थानों पर शहीद हुए लोगों के नाम निम्नलिखित हैं।

- 1 सितम्बर, 1994 को खटीमा गोली कांड में मारे जाने वाले लोगों के नाम हैं — प्रताप सिंह, परमजीत सिंह, भुवन सिंह, धर्मानन्द भट्ट, रामपाल, भगवान सिंह सिरोला और गोपी चन्द।

- 2 सितम्बर, 1994 को मसूरी कांड में मारे जाने वाले लोगों में — बलवीर सिंह नेगी, उमाशंकर त्रिपाठी, धनपत सिंह, बेलमती चौहान, रायसिंह बंगारी, हंसा धनाई, गुड्डू और मदन मोहन ममगाई प्रमुख हैं।

- 2 अक्टूबर, 1994 को दिल्ली में आयोजित रैली में हिस्सा लेने जा रहे आन्दोलनकारियों पर उत्तर प्रदेश के मुजफ्फरनगर में हुई फायरिंग में अनेकों लोगों को अपनी जानें गवाँनी पड़ीं। इसमें मारे गए कुछ लोगों के नाम गिरीश कुमार भद्री, सतेंद्र सिंह, रवीन्द्र रावत चौहान, अशोक कुमार केशिव, राजेश लखेड़ा और सूर्यप्रकाश थपलियाल हैं।

- 3 अक्टूबर, 1994 को हुए आन्दोलन में नैनीताल में प्रताप सिंह बिष्ट, कोटद्वार में पृथ्वी सिंह बिष्ट, राकेश देवरानी और देहरादून में राजेश रावत, दीपक वालिया और बलवंत सिंह जंगवाण को अपनी जानें गवाँनी पड़ीं।

□□□

3

प्राकृतिक रूपरेखा, जलवायु व मिट्टी

उत्तराखंड, भारत के सीमान्त राज्यों में से एक है। यहाँ का अधिकांश भाग पर्वतीय है। इस राज्य के उत्तर में हिमाचल प्रदेश एवं चीन, पूर्व में नेपाल, दक्षिण में उत्तर प्रदेश, पश्चिम में हरियाणा एवं हिमाचल प्रदेश स्थित हैं। हिमालय की तलहटी में बसा 'उत्तराखंड' मध्य हिमालय में 28°43' उत्तरी अक्षांश से 31°27' उत्तरी अक्षांश तथा 77°34' पूर्वी देशान्तर से 81°02' पूर्वी देशान्तर के बीच स्थित है। इस राज्य का आकार लगभग आयताकार है।

इस प्रदेश का लगभग 88 प्रतिशत भू-भाग पहाड़ी है। भूगर्भ की संरचना, नदी-घाटियां, प्राकृतिक वनस्पति, धरातल विन्यास की विविधता, पर्वत शिखरों की छटा, बर्फीले दर्रों और ग्लेशियरों आदि ने इसके प्राकृतिक भू-दृश्य को एक विशेष स्थिति प्रदान की है। उत्तराखंड को स्पष्ट रूप से तीन प्राकृतिक भागों में विभाजित किया जा सकता है—

(1) महान हिमालय
(2) मध्य हिमालय
(3) शिवालिक तथा दून की पहाड़ियाँ

1. महान हिमालय : इस प्राकृतिक उपभाग को हिमाद्रि के नाम से भी जाना जाता है। यह पर्वतीय भाग लगभग 50 कि॰मी॰ की चौड़ाई में विस्तृत है जिसकी अधिकांश पर्वत शृंखलाएं 4,800 से 6,000 मीटर तक ऊंची हैं। इस भाग में अनेक हिमनद भी पाए जाते हैं। परिणामस्वरूप भागीरथी, अलकनन्दा और यमुना आदि नदियों के उद्गम स्थल यहां पर स्थित हैं। हिमालय के इस भाग की मिट्टी तलछट की चट्टानों से निर्मित है जो अनेक स्थानों पर कट-छंटकर घाटियों के रूप में परिणत हो गई है। इस भाग में स्थित प्रमुख पर्वत चोटियों में नन्दा देवी (7,817 मीटर), कामेत (7,756 मीटर), बन्दरपूँछ (6,315 मीटर), माणा (7,273 मीटर), नन्दादेवी पूर्वी (7,434 मीटर), चौखम्भा (7,138 मीटर), त्रिशूल (7,120 मीटर), दूनागिरि (7,066 मीटर), पंचचूली (6,904 मीटर), नन्दाकोट (6,861 मीटर), बद्रीनाथ (7,138 मीटर) आदि हैं। इसके अतिरिक्त केदारनाथ, गंगोत्री और यमुनोत्री आदि प्रमुख हिमनद हैं, जिनकी ऊँचाई 6000 मीटर से अधिक है। यह भू-भाग जलवायु की दृष्टि से सबसे ठण्डा स्थान है क्योंकि इस क्षेत्र में स्थित चोटियां सदा हिमाच्छादित रहती हैं। महान हिमालय का भाग अत्यन्त पथरीला और कटा-फटा है जो अनेक पंखाकार आकृति वाली मोड़दार शृंखलाओं द्वारा निर्मित है। इस भाग

में मुख्य रूप से गंगा नदी अपवाह तन्त्र, यमुना नदी अपवाह तन्त्र तथा काली नदी अपवाह तन्त्र विद्यमान हैं। ये नदियां महान हिमालय के उच्च पर्वत शिखरों पर स्थित हिमनदों से पूरे वर्ष जल प्राप्त करती रहती हैं। पश्चिमी भाग को छोड़कर लगभग सारे भाग में गंगा नदी अपवाह तन्त्र विद्यमान है। इस भाग में वर्षा अधिकांशतः जून से मध्य सितम्बर तक होती है जिसकी मात्रा 100-200 से॰मी॰ तक होती है। शीत ऋतु में वर्षा नाममात्र की होती है, थोड़ी-सी वर्षा हिमपात के रूप में होती है। ग्रीष्मकाल में होने वाली वर्षा मानसूनी प्रकार की होती है जोकि पर्वतों को पार कर उत्तर की ओर नहीं जा पाती।

हिमालय के इस भाग में शीतोष्ण कटिबन्धीय सदाबहार प्रकार की वनस्पति पाई जाती है। इस क्षेत्र में सर, फर, साल, चीड़ और सागौन आदि के वृक्ष प्रमुख रूप से पाए जाते हैं। वृक्ष 10,000 फीट की ऊंचाई तक पाए जाते हैं तथा इससे अधिक ऊंचाई वाले क्षेत्र में अनेक प्रकार की झाड़ियां और घास आदि ही पाए जाते हैं। पर्वतीय भाग में स्थित घाटियों के निचले क्षेत्रों में वनस्पति का पूर्णतः अभाव पाया जाता है। यहां के निवासियों का प्रमुख कार्य पशु-पालन है, कृषि केवल घाटियों के निचले क्षेत्रों में ही होती है।

2. मध्य हिमालय : हिमालय के पर्वतीय भाग का यह क्षेत्र महान हिमालय के दक्षिण में स्थित है। इसके अन्तर्गत अल्मोड़ा, उत्तरकाशी, गढ़वाल, टेहरी, नैनीताल आदि जिले आते हैं। इस उप-भाग में पर्वत श्रेणियां सामान्यतः 3,000 से 4,000 मीटर तक ऊंची हैं जो प्रमुख श्रेणी के समानान्तर पूर्व से पश्चिम दिशा की ओर विस्तृत हैं। इन पर्वत श्रेणियों के मध्य कहीं-कहीं पर घाटियां स्थित हैं। मध्य हिमालय भू-संरचना की दृष्टि से काफी नवीन भाग है, जिसमें मुख्य रूप से अवसादी चट्टानें विद्यमान हैं। ये अवसादी चट्टानें लगभग 2,000 मीटर की ऊंचाई वाले क्षेत्रों में समतल मैदान के रूप में दिखाई देती हैं। जलवायु की दृष्टि से मध्य हिमालय उप-भाग में शीत ऋतु में कड़ाके की सर्दी पड़ती है। तापमान शून्य से भी नीचे पहुंच जाता है; परिणामस्वरूप बर्फ भी गिरती है। जबकि ग्रीष्मकाल में मौसम सुहावना रहता है। इस ऋतु में औसतन तापमान 18° से॰ से 20° से॰ तक रहता है। जुलाई में ग्रीष्मकालीन मानसून द्वारा यहां पर वर्षा अधिक होती है, जिसकी मात्रा 150 से॰मी॰ तक हो जाती है, इस कारण वर्षा ऋतु में यहां की नदियों का जलस्तर बढ़ जाता है। मध्य हिमालय के लगभग सभी भागों में ग्रीष्मकाल में पर्यटकों का आवागमन होता रहता है क्योंकि ग्रीष्मकाल में यहां का मौसम देश के मैदानी भागों की अपेक्षा अधिक ठण्डा रहता है। लगभग सम्पूर्ण मध्य हिमालय का 50 प्रतिशत भाग वनों से आच्छादित है। इस क्षेत्र में चीड़, फर, देवदार, साल आदि के वृक्ष अधिक मात्रा में पाए जाते हैं। ये वन आर्थिक दृष्टि से बहुत उपयोगी हैं क्योंकि इन वृक्षों की लकड़ी फर्नीचर आदि बनाने के काम आती है।

3. शिवालिक तथा दून की पहाड़ियां : हिमालय के इस भाग को 'पाद श्रेणियों' के नाम से भी जाना जाता है क्योंकि ये पहाड़ियां हिमालय के दक्षिण में स्थित हैं तथा अपेक्षाकृत निम्न ऊंचाई वाली हैं। उत्तर-पश्चिम से दक्षिण-पूर्व की ओर शिवालिक की पहाड़ियां काफी संकरी और नीचे की तरफ फैली हुई हैं। प्रमुख रूप से ये पहाड़ियां भी हिमालय पर्वत के समानान्तर ही फैली हुई हैं। शिवालिक के क्षेत्र में दक्षिणी अल्मोड़ा, मध्यवर्ती नैनीताल और देहरादून जिलों के भाग आते हैं जो 750 मीटर से 1500 मीटर की ऊंचाई पर स्थित हैं। भू-संरचना की दृष्टि से ये पहाड़ियाँ हिमालय पर्वत से काफी अलग हैं। शिवालिक की पहाड़ियों के दक्षिणी भाग में कम ऊंची पहाड़ियां और लघु हिमालय के मध्य कई चपटी घाटियां स्थित हैं। इन घाटियों को 'दून' के नाम से पुकारा जाता है। 25 से 35

कि॰मी॰ चौड़ाई एवं 350 से 750 मीटर ऊंचाई में फैली देहरादून जिले की यह घाटी काफी महत्त्वपूर्ण है। इस घाटी के आस-पास कोटा दून, पाटली दून, कोठारी दून, किरयाना दून आदि घाटियां भी स्थित हैं। शिवालिक तथा दून की पहाड़ियों वाले क्षेत्रों में ग्रीष्म ऋतु, हिमालय के पर्वतीय भाग की अपेक्षा गर्म होती है। इस ऋतु में तापमान 28° से॰ से 33° से॰ तक रहता है, जबकि शीत ऋतु में तापमान 4° से॰ से लेकर 9° से॰ तक रहता है। परिणमस्वरूप शीत ऋतु में हिमपात के रूप में थोड़ी-सी वर्षा भी हो जाती है। इस भाग में वर्षा सामान्यतः वर्षा ऋतु और ग्रीष्म ऋतु में होती है। वर्षा की मात्रा 150 से 220 से॰मी॰ तक रहती है। शिवालिक क्षेत्र में स्थित मसूरी, रानीखेत, चकराता, नैनीताल आदि भागों में ग्रीष्म ऋतु में मौसम काफी अच्छा रहता है, अतः मैदानी भागों से लोग यहां घूमने के लिए आते हैं। इस भाग में प्राकृतिक वनस्पति काफी मात्रा में पाई जाती है। यहां शीशम, आंवला, साल, चीड़, देवदार, बांस, ओक, वर्च आदि के वृक्ष अत्यधिक मात्रा में पाए जाते हैं जो आर्थिक दृष्टि से काफी महत्त्वपूर्ण हैं।

उत्तराखंड के ग्लेशियर (हिमनद)

	ग्लेशियर	जनपद	ऊंचाई (मी.)
1.	गंगोत्री	उत्तरकाशी	4000-6902
2.	मिलाम	पिथौरागढ़	4242
3.	पोटिंग	पिथौरागढ़	3650
4.	नामिभिक	पिथौरागढ़	4830
5.	पिण्डारी	बागेश्वर	3352-4625
6.	सुन्दरढूंगा	बागेश्वर	6053
7.	कफनी	बागेश्वर	3840

प्रमुख दर्रे

	दर्रा	सम्पर्क क्षेत्र
1.	श्रृंगकंठ	उत्तरकाशी-हिमाचल प्रदेश
2.	थागा ला	उत्तरकाशी-तिब्बत
3.	मुलिंग ला (5669 मी.)	उत्तरकाशी-तिब्बत
4.	भाणा (चिरबटिया अथवा डुगरी) (5608 मी.)	चमोली-तिब्बत
5.	नीति (5044 मी.)	चमोली-तिब्बत
6.	बाराहोती	चमोली-पिथौरागढ़
7.	कुंगरी-विंगरी	चमोली-तिब्बत
8.	दारमा	पिथौरागढ़-तिब्बत
9.	लिपुलेख	पिथौरागढ़-तिब्बत
10.	ट्रेलपास	बागेश्वर-पिथौरागढ़

उत्तराखंड की प्रमुख पर्वतीय गुफाएं

	गुफाएं	स्थिति
1.	कोटेश्वर गुफा	रुद्रप्रयाग
2.	लाखामंडल गुफा	देहरादून
3.	पाताल भुवनेश्वर गुफा	पिथौरागढ़
4.	शंकर गुफा	देव प्रयाग
5.	गोरखनाथ गुफा	श्रीनगर के पास-भक्त्याना में
6.	राम गुफा	बद्रीनाथ के पास
7.	शृंगी गुफा	उत्तरकाशी
8.	व्यास गुफा	बद्रीनाथ के पास
9.	स्कन्द गुफा	बद्रीनाथ के पास
10.	भीम गुफा	केदारनाथ के पास
11.	ब्रह्म गुफा	केदारनाथ के पास
12.	पांडुखोली गुफा	अल्मोड़ा
13.	सुमेरु गुफा	पिथौरागढ़
14.	भरत गुफा	लंगासू के पास
15.	हनुमान गुफा	लंगासू के पास
16.	मातंग गुफा	उत्तरकाशी
17.	वशिष्ठ गुफा	उत्तरकाशी

उत्तराखंड में प्रमुख पर्वत शिखर

	पर्वत शिखर	ऊँचाई (मीटर में)	स्थिति
1.	बंदर पूंछ	6,315	उत्तरकाशी
2.	नन्दाकोट	6,861	चमोली
3.	पंचचूली	6,904	चमोली
4.	द्रोणगिरि	7,066	चमोली
5.	त्रिशूल	7,120	चमोली
6.	चौखम्बा	7,138	चमोली
7.	माणा	7,273	चमोली
8.	नन्दादेवी पूर्वी	7,434	चमोली
9.	कामेट	7,756	चमोली, उत्तराखंड का दूसरा सर्वोच्च शिखर
10.	नन्दादेवी	7,817	चमोली, उत्तराखंड का सर्वोच्च शिखर

जलवायु

उत्तराखंड में धरातलीय संरचना के अनुरूप जलवायु की विभिन्नता पाई जाती है। दिन के समय गर्मी पड़ती है, परन्तु रात को तापमान हिमांक के नीचे पहुँच जाता है। हिमालय क्षेत्र का पर्वतीय भाग बर्फ से ढका रहता है, जहाँ शीतकाल में कड़ाके की ठंड पड़ती है और दिसम्बर से मार्च के मध्य हिमपात होता है। ग्रीष्मकाल में घाटियों में 900 मीटर से नीचे की जलवायु उष्णकटिबन्धीय रहती है, जबकि 4250 मीटर से ऊँचे स्थानों पर कड़ी ठंड पड़ती है व शिखरें हिमाच्छादित रहती हैं।

इस पहाड़ी प्रदेश के अल्मोड़ा, उत्तरकाशी, टिहरी, नैनीताल, पिथौरागढ़, चमोली, पौड़ी तथा देहरादून आदि जिलों की जलवायु अति आर्द्र एवं शीत है। राज्य का तापमान ग्रीष्म ऋतु में 12° से 16° तक रहता है लेकिन शीत ऋतु में अनेक स्थानों का तापमान 'शून्य' तक तथा कभी-कभी तो इससे भी नीचे चला जाता है।

उत्तराखंड में वार्षिक वर्षा का औसत 150 से 200 से.मी. तक रहता है। नैनीताल एवं मसूरी में वार्षिक वर्षा का औसत क्रमशः 165 से॰ मी॰ तथा 242 से॰ मी॰ रहता है। हिमालय क्षेत्र में सामान्यतः भारी वर्षा होती है।

मिट्टी

उत्तराखंड की मिट्टी को वन की और पहाड़ी मिट्टी कहा जाता है। सारे उत्तराखंड प्रदेश का करीब 88% भू-भाग पर्वतीय है। शेष 12% भू-भाग समतल है।

वन की और पहाड़ी मिट्टीः इसके अन्तर्गत हिमालय के अधोभाग के उपपर्वतीय भूखंड में पायी जाने वाली मिट्टी आती है। उत्तरी पहाड़ी संभाग की मिट्टी सामान्यतया छिछली और अपरिपक्व है तथा बनावट एवं गहराई में उसमें भिन्नता है। इसे चार स्पष्ट किस्मों में विभाजित किया जा सकता हैः (क) लाल-दोमट; (ख) वन की भूरी मिट्टी; (ग) भस्मी मिट्टी; (घ) चरागाह की मिट्टी।

(क) लाल-दोमटः इस किस्म की मिट्टी अधिकतर निम्नतर पहाड़ों की ढालों या पर्वतों के किनारे-किनारे पायी जाती है।

(ख) वन की भूरी मिट्टीः इस किस्म की मिट्टी उत्तराखंड के विस्तृत भाग में पायी जाती है।

(ग) भस्मी मिट्टीः यह कम ढालू स्थानों पर मिट्टी के नीचे तथा पहाड़ियों और पर्वत श्रेणियों के अंचलों में उप-उष्णदेशीय तथा समशीतोष्ण संभागों, दोनों के ही छायादार स्थानों में पायी जाती है।

(घ) चरागाह की मिट्टीः यह जलधाराओं के निकट पाई जाती है। उपपर्वतीय भू-खण्ड में यह मिट्टी हिमालय से आती है और पथरीली तथा छिछली होती है। इसमें मटियार-दोमट से लेकर बलुई-दोमट तक मिट्टी पायी जाती है। इसका वर्गीकरण इस प्रकार किया जा सकता है— (1) मटियार-दोमट, जो बहुत कम चूनेदार होती है। इसमें जैव पदार्थ अधिक मात्रा में होता है। सतह पर इसका रंग भूरा होता है। इसमें नाइट्रोजन की मात्रा अधिक होती है, (2) अत्यधिक चूनेदार दोमट, (3) कम चूनेदार दोमट, (4) गैर-चूनेदार दोमट और (5) बलुई-दोमट, जिसका रंग भूरा से लेकर लाल-भूरा तक होता है। अत्यधिक अन्तःस्रावी होने के कारण इसमें सूखे की स्थिति आ सकती है।

❑❑❑

शासन व्यवस्था

राज्य में विधान परिषद् नहीं है। उत्तराखंड में दो मंडल कुमायूँ व गढ़वाल के अन्तर्गत 13 जिलों में 110 तहसीलें, 18 उप तहसीलें एवं 67 उप मण्डल (परागना) हैं।

कुमायूँ मंडल के जिलेः 1. अल्मोडा, 2. बागेश्वर, 3. चंपावत, 4. नैनीताल, 5. पिथौरागढ़, 6. ऊधम सिंह नगर।

गढ़वाल मंडल के जिलेः 1. चमोली, 2. देहरादून, 3. पौड़ी गढ़वाल, 4. हरिद्वार, 5. रुद प्रयाग, 6. टिहरी गढ़वाल, 7. उत्तरकाशी।

कार्यपालिका

प्रदेश की कार्यपालिका शक्ति राज्यपाल में निहित है और उसका प्रयोग वह संविधान के अनुसार या तो स्वयं अथवा अपने अधीनस्थ अधिकारियों के माध्यम से करता है। राज्यपाल, जो भारत का नागरिक हो तथा 35 वर्ष से कम आयु का न हो, राष्ट्रपति द्वारा नियुक्त किया जाता है। राज्यपाल राष्ट्रपति की संतुष्टि तक अपना पद धारण करता है। उसकी कार्यावधि पद ग्रहण करने की तिथि से पांच वर्ष की होती है, किन्तु वह अपने पद की अवधि समाप्त होने पर भी अपने उत्तराधिकारी के पद ग्रहण करने तक पदासीन रह सकता है।

राज्यपाल को उसके कार्य संचालन में सहायता अथवा मंत्रणा देने के लिए मुख्यमंत्री की अध्यक्षता में गठित एक मंत्रिपरिषद् होती है। राज्यपाल राज्य का संवैधानिक प्रधान होता है। यद्यपि राज्य के शासन का समस्त कार्य उसी के नाम से होता है, किन्तु उसकी शक्तियों का प्रयोग मंत्रिपरिषद् ही करती है। सैद्धान्तिक रूप में राज्यपाल राज्य की कार्यकारिणी का अध्यक्ष होता है और मंत्रिपरिषद् उसको परामर्श देने वाली समिति होती है।

राज्य के शासन के सुचारु रूप से संचालन का उत्तरदायित्व राज्यपाल का ही है। परन्तु व्यवहार में राज्यपाल केवल मंत्रियों के निर्णय का समर्थन करता है। वह अपने व्यक्तित्व के अनुसार मंत्रिपरिषद् पर प्रभाव डाल सकता है। शासन की वास्तविक शक्ति मंत्रिपरिषद् के हाथ में होती है और उसके सम्बन्ध में वह महत्त्वपूर्ण निर्णय करती है। सिद्धान्त रूप में राज्यपाल मंत्रिपरिषद् के परामर्श मानने के लिए बाध्य नहीं है, किन्तु, फिर भी वह उसके परामर्श की उपेक्षा नहीं कर सकता। इसका कारण यह है कि मुख्यमंत्री विधानसभा के बहुमत दल का नेता होता है और उसके परामर्श की उपेक्षा करने

पर संवैधानिक कठिनाई उत्पन्न होने की आशंका रहती है। इस कारण राज्यपाल साधारणतः मंत्रिपरिषद् के परामर्श के अनुसार ही शासन का संचालन करता है। मंत्रिपरिषद् का गठन राज्यपाल ही करता है। संविधान के अनुसार मंत्रिगण राज्यपाल के प्रसादपर्यन्त ही अपने पदों पर कार्य करते हैं। किन्तु इसका यह अर्थ नहीं है कि राज्यपाल मंत्रियों को पदच्युत कर सकता है। मंत्रिपरिषद विधानसभा के प्रति उत्तरदायी होती है और जब तक मंत्रिपरिषद् को विधानसभा का विश्वास मत प्राप्त है, उस समय तक राज्यपाल किसी भी मंत्री को पदच्युत करने का साहस नहीं कर सकता। किन्तु राज्यपाल अपने अनुभव एवं योग्यता के आधार पर मंत्रिपरिषद् के कार्यों में सहायता कर शासन को उन्नत तथा व्यवस्थित रूप प्रदान कर सकता है। संविधान की धारा 167 के अनुसार, राज्यपाल को प्रदेश के प्रशासनिक विषयों की जानकारी प्राप्त करने का अधिकार प्रदान किया गया है। मुख्यमंत्री का यह कर्त्तव्य है कि वह समय-समय पर राज्यपाल को शासन सम्बन्धी विषयों की जानकारी देता रहे। यदि राज्यपाल चाहे तो किसी ऐसे विषय को, जिसके सम्बन्ध में एक मंत्री ने निर्णय लिया हो, उसे मंत्रिपरिषद् के सम्मुख प्रस्तुत करने के लिए मुख्यमंत्री से कह सकता है। प्रदेश में संवैधानिक तंत्र के असफल हो जाने पर राष्ट्रपति आपातकाल की घोषणा कर सकता है; ऐसी दशा में राज्यपाल राष्ट्रपति के प्रतिनिधि के रूप में शासन करता है। राष्ट्रपति को आपातकालीन स्थिति की घोषणा करने का परामर्श देते समय वह स्वविवेक से कार्य करता है और मंत्रीपरिषद् से कोई परामर्श नहीं लेता।

मंत्रिमण्डल का कार्य राज्य नीतियों का निर्धारण, राज्य कार्यपालिका पर नियंत्रण तथा विविध विभागों के मध्य समन्वय करना होता है। प्रत्येक विभाग का अध्यक्ष एक मंत्री अथवा राज्यमंत्री होता है। ये विधानसभा के प्रति सामूहिक रूप से उत्तरदायी होते हैं। मंत्रिमंडल के विभागों का वितरण मुख्यमंत्री करता है।

विधानमण्डल

संविधान के अनुच्छेद 168 के अनुसार प्रत्येक राज्य में एक विधानमण्डल की व्यवस्था की गई है जो गवर्नर (राज्यपाल) और कुछ राज्यों में दो सदनों तथा कुछ राज्यों में एक ही सदन से मिलकर बनते हैं। जिन राज्यों में दूसरा सदन है उसे विधान परिषद् कहते हैं तथा प्रत्येक राज्य का लोकप्रिय सदन विधानसभा कहलाता है। उत्तराखंड विधानमण्डल का एक ही सदन है—विधान सभा।

विधानसभा: प्रदेश के एकमात्र सदन का नाम विधानसभा है। आंग्ल-भारतीय समुदाय के नामजद सदस्यों को छोड़कर अन्य सभी सदस्यों का मतदाताओं द्वारा सीधा चुनाव होता है। चुनाव के लिए पूरे प्रदेश को भौगोलिक आधार पर अनेक निर्वाचन क्षेत्रों में इस प्रकार विभाजित किया जाता है कि 75 हजार जनसंख्या को एक से अधिक प्रतिनिधि प्राप्त न हो। संविधान में विधान सभाओं के सदस्यों की अधिकतम व न्यूनतम सीमाएं क्रमशः 500 और 60 रखी गई है। साथ ही यह व्यवस्था भी की गई है कि प्रत्येक जनगणना के उपरान्त निर्वाचन क्षेत्रों में संसद की इच्छानुसार जनसंख्या के आधार पर आवश्यक परिवर्तन किया जाएगा।

प्रत्येक निर्वाचन क्षेत्र से एक प्रतिनिधि का निर्वाचन होता है। संविधान के अनुच्छेद 332 के अनुसार अनुसूचित जातियों तथा अनुसूचित जनजातियों के लिए स्थान आरक्षित किए गए हैं।

उत्तराखंड विधानसभा में 71 सदस्य हैं। इसमें 70 सदस्यों का चुनाव सीधे जनता द्वारा किया जाता है जबकि एक सदस्य राज्यपाल द्वारा एंग्लो-इंडियन समुदाय से मनोनीत किया जाता है। प्रदेश विधानसभा का कार्यकाल 5 वर्ष का होता है, परन्तु राज्यपाल को यह अधिकार है कि वह इससे पूर्व भी विधानसभा को भंग कर दे। अपने नियत समय से पूर्व यदि विधानसभा भंग नहीं की जाती तो वह अपने प्रथम अधिवेशन के दिन से पांच वर्ष तक रहेगी और इसके बाद स्वयं भंग हो जाएगी। संसद को अधिकार है कि वह संकटकालीन घोषणा की अवधि में विधि द्वारा इसकी अवधि को एक वर्ष के लिए बढ़ा दे। घोषणा समाप्त होने पर यह अतिरिक्त अवधि किसी भी दशा में छः मास से अधिक नहीं होगी।

विधानसभा अपने सदस्यों में से दो सदस्यों को अध्यक्ष और उपाध्यक्ष चुनती है।

उत्तराखंड : परिसीमन, 2011

विधानसभा क्षेत्रों की जिलेवार संख्या

1.	उत्तरकाशी	—	3
2.	चमोली	—	4
3.	रुद्रप्रयाग	—	2
4.	टिहरी गढ़वाल	—	6
5.	देहरादून	—	9
6.	पौड़ी गढ़वाल	—	8
7.	पिथौरागढ़	—	5
8.	चंपावत	—	2
9.	अल्मोड़ा	—	7
10.	बागेश्वर	—	3
11.	नैनीताल	—	5
12.	ऊधमसिंह नगर	—	7
13.	हरिद्वार	—	9

विधान-सभा क्षेत्र : एक नजर में

1. पुरोला (सु.)	9. घंसाली (सु)	17. सहसपुर
2. यमुनोत्री	10. देवप्रयाग	18. धर्मपुर
3. गंगोत्री	11. नरेंद्रनगर	19. रायपुर
4. बद्रीनाथ	12. प्रताप नगर	20. राजपुर रोड (सु.)
5. थराली (सु.)	13. टिहरी	21. देहरादून कैंट
6. कर्णप्रयाग	14. धनोल्टी	22. मसूरी
7. केदारनाथ	15. चकराता (सु.)	23. डुईवाला
8. रूद्रप्रयाग	16. विकासनगर	24. ऋषिकेश

25. हरिद्वार	41. कोटद्वार	57. भीमताल
26. बीएचईएल रानीपुर	42. धारचूला	58. नैनीताल (सु.)
27. ज्वालापुर नरेंद्रनगर (सु.)	43. दीदीहाट	59. हल्द्वानी
28. भगवानपुर (सु.)	44. पिथौरागढ़	60. कालाढुंगी
29. झबरेरा (सु.)	45. गंगोलीहाट (सु)	61. रामनगर
30. पिरनकलियर	46. कपकोट	62. जसपुर
31. रुड़की	47. बागेश्वर (सु)	63. काशीपुर
32. खानपुर	48. द्वाराहाट	64. बाजपुर (सुरक्षित)
33. मंगलौर	49. सल्ट	65. गदरपुर
34. लक्सर	50. रानीखेत	66. रुद्रपुर
35. हरिद्वार ग्रामीण	51. सोमेश्वर (सु)	67. किच्छा
36. यमकेश्वर	52. अल्मोड़ा	68. सितारगंज
37. पौड़ी (सु.)	53. जागेश्वर	69. नानक मत्था (सुरक्षित)
38. श्रीनगर	54. लोहाघाट	70. खटीमा
39. चौभट्टा खाल	55. चंपावत	
40. लैंसडाउन	56. लालकुंआ	

न्यायपालिका

दीवानी व फौजदारी मामलों से सम्बन्धित प्रदेश में एक उच्च न्यायालय है। प्रदेश का उच्च न्यायालय नैनीताल में है। उच्च न्यायालय के अधीन प्रदेश के जिला न्यायालय व अन्य न्यायालय हैं।

प्रदेश की न्यायिक व्यवस्था दो भागों में बंटी है— प्रथम उत्तराखंड सिविल (न्यायिक) सर्विस और द्वितीय उत्तराखंड हायर जुडीशियल सर्विस। इनमें से प्रथम के अन्तर्गत मुन्सिफ और लघुवाद न्यायाधीश को मिलाकर सिविल जज तथा दूसरे के अन्तर्गत सिविल एवं सेशन जज (जिन्हें अब एडीशनल डिस्ट्रिक्ट सेशन जज भी कहा जाता है) आते हैं। प्रदेश न्यायिक जिलों में बंटा है, जिनमें प्रत्येक का नियंत्रण जिला न्यायाधीश द्वारा होता है। न्यायिक दण्डाधिकारी (जो पहले सीधे शासन के अधीन थे) पर उच्च न्यायालय का नियंत्रण होता है। परिणामस्वरूप राजस्व के मामलों को छोड़कर प्रदेश में अन्य न्यायिक मामलों को कार्यपालिका से अलग कर दिया गया है।

राजस्व के मामले कलेक्टर, अतिरिक्त या सहायक कलेक्टर द्वारा निर्णीत होते हैं। आयुक्त (कमिश्नर) या अतिरिक्त आयुक्त अपीलों की सुनवाई करते हैं। राजस्व का सबसे बड़ा न्यायालय राजस्व परिषद् है।

सम्पूर्ण देश की भांति उत्तराखंड में भी निःशुल्क कानूनी सहायता प्रदान करने के लिए लोक अदालतों की व्यवस्था की गई है। इनकी व्यवस्था व संचालन के लिए प्रदेश सरकार ने राज्य स्तर पर उत्तराखंड कानूनी सहायता एवं परामर्श बोर्ड की स्थापना की है। विभिन्न जिलों में बोर्ड की इकाइयों का भी गठन किया गया है जिन्हें जिला कानूनी सहायता व परामर्श समिति कहा जाता है।

लोक अदालतों में सुचारु रूप से कार्य करने हेतु जिला कानूनी सहायता व परामर्श समिति के समक्ष केवल वे आवेदक अपने मामले रख सकते हैं जिनकी वार्षिक आय कम होती है। हालांकि

अनुसूचित जाति, जनजाति, पिछड़े वर्ग, महिलाओं व सैनिकों पर किसी प्रकार का प्रतिबंध नहीं है। इन समितियों द्वारा किए जाने वाले कार्यों के तीन मुख्य आधार हैं—प्रचार व प्रसार, निःशुल्क कानूनी परामर्श व सहायता एवं सुलह-समझौता द्वारा शीघ्र ही वादकारियों को न्याय दिलाना। इन लोक अदालतों में दीवानी, फौजदारी, चकबन्दी, राजस्व, विवाह एवं तलाक, भरण-पोषण तथा अन्य प्रकार के ऐसे मामलों में विचार किया जाता है।

प्रदेश शासन की अन्य इकाइयां

उत्तराखंड में ग्राम शासन का प्रबन्ध करने के लिए जनपद स्तर पर जिला परिषद् की स्थापना की गई है। परिषद् का कार्यकाल 5 वर्ष का होता है। प्रदेश जिला परिषदों के सदस्य वही व्यक्ति बन सकते हैं, जो व्यक्ति प्रदेश विधान सभा के लिए मतदान के अधिकारी हों। जो 21 वर्ष से कम आयु का हो, साथ ही राजद्रोह या अन्य किसी भंयकर अपराध में दण्डित हो चुका हो, जिला परिषद् के लिए खड़ा नहीं हो सकता। जिला परिषद् का एक अध्यक्ष और एक उपाध्यक्ष होता है।

ग्रामों में शान्ति और व्यवस्था स्थापित करने हेतु ग्रामीणों में से ही निर्वाचित पंचों वाली ग्राम पंचायतों का गठन किया जाता है। ग्राम पंचायत का अध्यक्ष सरपंच या ग्राम प्रधान होता है। इसके सहयोग के लिए करीब पांच पंच और करीब 11 सदस्य होते हैं। जिस प्रकार ग्रामों का प्रबन्ध जिला परिषद् करती है, उसी प्रकार नगरों का प्रबन्ध नगर पालिका करती है। जिन नगरों की जनसंख्या 20 हजार से अधिक है, उन नगरों में नगरपालिकाओं का गठन किया गया है। जिन नगरों की जनसंख्या 1 लाख से अधिक है, उन नगरों में नगर निगम हैं।

नगरीय स्वायत्त शासन

राज्य में नगरों की व्यवस्था तथा विकास हेतु त्रिस्तरीय स्वायत्त शासन प्रणाली की व्यवस्था की गई है। इन त्रिस्तरीय नगरीय निकायों को नगर क्षेत्र एवं जनसंख्या के अनुरूप वर्गीकृत किया गया है। उत्तराखंड में 43 नगर पंचायत, 41 नगरपालिका परिषद् एवं 8 नगर निगम हैं।

उत्तराखंड शासन के विभाग

राज्य सरकार ने प्रदेश में 38 विभागों का गठन किया है। इनमें से सर्वाधिक 15 विभागों के मुख्यालय राजधानी देहरादून में तथा 6 विभागों के मुख्यालय नैनीताल में स्थापित किए गए हैं। कई अन्य प्रमुख शहरों में एक या दो विभागों के मुख्यालय भी स्थापित किए गए हैं–

देहरादून—पुलिस, सतर्कता, सिंचाई, जल निगम, चुनाव कार्यालय, कोषागार, चिकित्सा, मुद्रणालय, नगर एवं ग्राम्य निदेशालय, संपत्ति, खाद्य, बाट-माप एवं उपभोक्ता संरक्षण।

श्रीनगर—उद्योग एवं हथकरघा, खादी वस्त्रोद्योग, चीनी उद्योग, सूचना प्रौद्योगिकी, इलेक्ट्रॉनिक्स एवं खनिज विभाग।

नैनीताल—ऊर्जा निगम, विद्युत सेफ्टी, वन संरक्षक।

हल्द्वानी (नैनीताल)—सेवायोजन, श्रम, समाज कल्याण, परिवहन एवं आवास।

रामनगर—शिक्षा

गोपेश्वर—पशुधन एवं मत्स्य विकास।

रानीखेत—कृषि एवं उद्यान, सैनिक कल्याण।

अल्मोड़ा—लोक निर्माण विभाग, निदेशक वैकल्पिक ऊर्जा, सहकारी समितियों के रजिस्ट्रार।

ऊधम सिंह नगर—महानिरीक्षक कारागार, उप गन्ना आयुक्त।

नरेन्द्र नगर (टिहरी)—होमगार्ड कमांडेंट।

पौड़ी—विभागीय विशेषज्ञ संवर्ग।

जिला, तहसील तथा विकास खण्ड (2015-16)

जिला	क्षेत्रफल (वर्ग किमी)	तहसील	विकास खण्ड
1. अल्मोड़ा	3,144	1. अल्मोड़ा, 2. रानीखेत, 3. भिकियासैंण, 4. सल्ट, 5. सोमेश्वर, 6. चौखुटिया, 7. द्वाराहाट, 8, भनोली, 9. जैंती।	1. धौलादेवी, 2. सल्ट, 3. स्यालदे, 4. भिकियासैंण, 5. ताड़ीखेत, 6. द्वाराहाट, 7. चौखुटिया, 8. लमगडा, 9. हवालबाग, 10. ताकुला, 11. भैंसिया दीना।
2. उत्तरकाशी	8,016	1. डुण्डा, 2. बड़कोट, 3. पुरौला, 4. भटवाड़ी 5. मोरी, 6. चिन्यालीसौड़।	1. भटवाड़ी, 2. डुण्डा, 3. चिन्यालीसौंड, 4. नौगांव, 5. पुरौला, 6. मोरी।
3. ऊधमसिंह नगर	2,542	1. काशीपुर, 2. किच्छा, 3. खटीमा, 4. सितारगंज, 5. जसपुर, 6. बाजपुर, 7. गदरपुर, 8. रुद्रपुर।	1. काशीपुर, 2. जसपुर, 3. बाजपुर, 4. गदरपुर, 5. रुद्रपुर, 6. खटीमा, 7. सितारगंज।
4. चम्पावत	1,766	1. चम्पावत, 2. पूर्णागिरी, 3. पाटी, 4. लोहाघाट, 5. बाराकोट।	1. चम्पावत, 2. पाटी, 3. लोहाघाट, 4. बाराकोट।
5. चमोली	8,030	1. चमोली, 2. जोशीमठ, 3. कर्णप्रयाग, 4. थराली, 5. पोखणी, 6. गैरसैंण, 7. घाट	1. जोशीमठ, 2. कर्णप्रयाग, 3. नारायणबगड़, 4. दसौली, 5. घाट, 6. थराली, 7. देवाल, 8. गैरसैंण, 9. पोखारी।

जिला	क्षेत्रफल (वर्ग किमी)	तहसील	विकास खण्ड
6. टिहरी, गढ़वाल	3,642	1. टिहरी, 2. प्रतापनगर, 3. देवप्रयाग, 4. नरेन्द्रनगर, 5. घनसाली, 6. जाखणीधार 7. धनोल्टी, 8. कण्डी सौड़, 9. नौनबाग, 10. गजा ।	1. जौनपुर, 2. चम्बा, 3. थौलधार, 4. टिहरी, 5. प्रतापनगर, 6, जाखणीधार 7. देवप्रयाग, 8. कीर्तिनगर, 9. नरेन्द्र नगर, 10. घनसाली ।
7. देहरादून	3,088	1. देहरादून, 2. चकराता, 3. विकासनगर, 4. ऋषिकेश, 5. त्यूणी, 6. कालसी, 7. डोईवाला ।	1. डोईवाला, 2. रायपुर, 3. सहसपुर, 4. विकासनगर, 5. कालसी, 6. चकराता ।
8. नैनीताल	4,251	1. नैनीताल, 2. हल्द्वानी, 3. धारी, 4. कोश्या कुटौली, 5. रामनगर, 6. कालाढुंगी, 7. बेतालघाट, 8. लालकुआँ ।	1. ओखलकाण्डा, 2. बेतालघाट, 3. रामगढ़, 4, भीमताल, 5. धारी, 6, कोटाबाग, 7. हल्द्वानी, 8. रामनगर ।
9. पौड़ी गढ़वाल	5,329	1. कोटद्वार, 2. पौड़ी, 3. थालीसैंण, 4. धुमाकोट, 5. श्रीनगर, 6. लैन्सडाउन, 7. यमकेश्वर, 8. चौबट्टाखोल, 9. सतपुली ।	1. खिरसू, 2. पणाखेत, 3. पोखड़ा, 4. पौड़ी, 5. कल्जीखाल, 6. यमकेश्वर, 7. बीरोखाल, 8. थालीसैंण, 9. द्वारीखाल, 10, दुगड्डा, 11, कोट, 12. नैनीडाण्डा, 13. लैन्सडाउन, 14. पावो 15. रिखणीखाल ।
10. पिथौरागढ़	7,090	1. धारचूला, 2. मनुस्यारी, 3. पिथौरागढ़, 4. डीडीहाट, 5. गंगोलीहाट, 6. बेरीनाग, 7. देवलथल, 8. गणाई, 9. थल, 10. बंगापानी, 11. कनालीटीना ।	1. कनालीछीना, 2. डीडीहाट, 3. बेरीनाग, 4. धारचूला, 5. मुनस्यारी, 6. गंगोली हाट, 7. मूनाकोट, 8. पिथौरागढ़ ।
11. बागेश्वर	2,241	1. बागेश्वर, 2. कपकोट, 3. गरुण, 4. कांडा, 5. दुगनाकरी, 6. काफलीगैर ।	1. गरुड़, 2. बागेश्वर, 3. कपकोट ।
12. रुद्रप्रयाग	1,984	1. रुद्रप्रयाग, 2. उखीमठ, 3. जखोली ।	1. उखीमठ, 2. अगस्तमुनि, 3. जखोली ।
13. हरिद्वार	2,360	1. हरिद्वार, 2. रुड़की 3. लक्सर, 4. भगवानपुर ।	1. रुड़की, 2. भगवानपुर, 3. नारसन, 4. बहादराबाद, 5. लक्सर, 6. खानपुर ।

राज्य के जिलों की स्थापना अवधि एवं मुख्यालय

क्रम सं.	जिला	स्थापना	मुख्यालय
1.	अल्मोड़ा	1854	अल्मोड़ा
2.	नैनीताल	1890	नैनीताल
3.	टिहरी गढ़वाल	1948	टिहरी
4.	पौड़ी	1839	पौड़ी
5.	पिथौरागढ़	1960	पिथौरागढ़
6.	उत्तरकाशी	1960	उत्तरकाशी
7.	चमोली	1960	गोपेश्वर
8.	देहरादून	1815	देहरादून
9.	रुद्रप्रयाग	1995	रुद्रप्रयाग
10.	चम्पावत	1995	चम्पावत
11.	बागेश्वर	1995	बागेश्वर
12.	ऊधमसिंह नगर	1995	रुद्रपुर
13.	हरिद्वार	1988	हरिद्वार

वर्ष 1864 से 2011 तक उत्तराखंड में गांवों की संख्या

वर्ष	गाँवों की संख्या	वर्ष	गाँवों की संख्या
1864	10,954	1961	14,266
1896	10,721	1971	14,970
1901	12,914	1981	15,959
1911	11,798	1991	15,597
1921	13,012	2001	15,651
1941	14,128	2011	15,745
1951	14,843		

5

वन तथा पशु-पक्षी

वन, प्रकृति द्वारा हमें प्रदान की गई एक अमूल्य निधि है तथा ये हमारी सभ्यता, संस्कृति, समृद्धि एवं प्रगति के प्रतीक हैं। ये प्राकृतिक सौन्दर्य में वृद्धि करने के साथ-साथ हमारे पर्यावरण को प्रदूषित होने से रोकते हैं, जलवायु को संयत रखते हैं, भूमि तथा जल-संरक्षण में महत्त्वपूर्ण भूमिका निभाते हैं, वन्य-जीवों को संरक्षण प्रदान करते हैं तथा हमारे जीवन को आनन्दयमय बनाते हैं।

उत्तराखंड में वन-संरक्षण की प्रक्रिया का प्रारम्भ 1800 ई. से हुआ। उस समय देहरादून, कुमायूँ तथा तराई क्षेत्र में साल वनों के काटने का निषेध किया गया, परन्तु 1855 से 1861 के बीच बड़ी मात्रा में वनों की कटाई की गई। अन्ततः 1867 में कुमायूँ के कमिश्नर श्री रेमजे, जो उस समय वन-प्रबन्ध को भी देख रहे थे, ने प्रथम बार साल वनों को संरक्षित किए जाने का प्रयास किया। वनों के वैज्ञानिक प्रबन्ध हेतु सर्वप्रथम 1884 ई. में पहला 'कार्य योजना वन विभाग' स्थापित किया गया। परन्तु द्वितीय विश्व युद्ध के दौरान वनों को बड़ी मात्रा में नष्ट किया गया, जिस कारण वनों के समस्त वैज्ञानिक प्रबन्ध की प्रक्रिया के बावजूद वन सम्बन्धी सारी व्यवस्था लड़खड़ा गई और फिर नये सिरे से वन-संरक्षण की आवश्यकता महसूस हुई।

1947 में स्वतन्त्रता प्राप्ति के बाद जमींदारी उन्मूलन के परिणामस्वरूप जो वन क्षेत्र वन विभाग में शामिल किए गए, उनकी दशा भी सोचनीय थी। इसलिए इन वन क्षेत्रों के संरक्षण और विकास की आवश्यकताओं को देखते हुए वन विकास के विभिन्न कार्यक्रम आरम्भ किए गए। 1948 में 'केन्द्रीय वानिकी परिषद्' की स्थापना की गई तथा 1950 में वन महोत्सव अभियान बड़े स्तर पर आरंभ किया गया। 1952 में वानिकी से सम्बन्धित अनेक कार्यक्रमों का संचालन करने के लिए नये सिरे से नई राष्ट्रीय वन नीति निर्धारित की गई। इस शृंखला में अनेक प्रकार के वन विकास कार्यक्रम जैसे - वनीकरण, रोपण, वन संचार में सुधार, वन क्षेत्र का सीमांकन, वन संसाधनों की सूची तथा कार्य योजनाओं को बनाने के कार्य किए गए। इसके अतिरिक्त 1952 में ही वन्य जीवों के संरक्षण की महत्ता को ध्यान में रखते हुए 'भारतीय वन्य जीव परिषद्' की स्थापना की गई।

वन पहले केन्द्रीय सरकार के संरक्षण में होते थे, परन्तु सन् 1935 से वे राज्य सरकारों की सम्पत्ति बन गए हैं। उत्तराखंड के 'वन विभाग' का संगठन आमतौर पर निम्न प्रकार है:

1. चीफ कन्जरवेटर ऑफ फॉरस्ट्स (राज्य का वन प्रबन्धक)
2. कन्जरवेटर ऑफ फॉरेस्ट (क्षेत्र निरीक्षक)

3. उप अरण्यपाल (वनखण्ड अधिकारी)

4. फॉरेस्टर रेन्जर या सहायक रेन्जर (उप अरण्यपाल के सहायक)

5. फॉरेस्टर (वन उपखण्डों की देख-रेख करने वाले)

6. फॉरेस्ट गाइर्स (फॉरेस्टरों के नीचे काम करने वाले)

प्रदेश के वनों को कई क्षेत्रों में बांट दिया गया है। प्रत्येक वन क्षेत्र का निरीक्षण कन्जरवेटर ऑफ फॉरेस्ट करता है। जब कई क्षेत्र होते हैं तो एक प्रधान कन्जरवेटर ऑफ फॉरेस्ट्स होता है, जो पूरे प्रदेश के वनों का प्रबन्धक होता है। प्रत्येक वन क्षेत्र में कई इकाई (Circle) होते हैं, ये इकाई अनेक वनखण्ड और उपखण्डों में विभाजित होते हैं, जिनके अधिकारी क्रमशः अरण्यपाल, उप अरण्यपाल, रेन्जर या सह-रेन्जर तथा फॉरेस्टर होते हैं। फॉरेस्टरों की सहायता के लिए फॉरेस्ट गाइर्स होते हैं।

वन-सम्बन्धी शिक्षा उत्तराखंड के देहरादून नगर के 'इण्डियन फॉरेस्ट कॉलेज' नामक संस्थान में दी जाती है। इस कॉलेज की स्थापना 1878 में 'फॉरेस्ट स्कूल ऑफ देहरादून' के नाम से हुई थी। 1914 में देहरादून में एक 'फॉरेस्ट रिसर्च इन्स्टीट्यूट' की स्थापना हुई। तत्पश्चात् 1929 में कुलागढ़ (देहरादून) में एक और वन अनुसंधानशाला बनी। 1 अप्रैल, 2001 से नवगठित 'उत्तराखंड वन निगम' स्वतन्त्र रूप से कार्य कर रहा है।

उत्तराखंड में तीन प्रकार के वन पाए जाते हैं:

1. उप-हिमाद्रि तथा हिमाद्रि वनः ये वन 2900 से 3500 मीटर की ऊंचाई वाले ऐसे क्षेत्रों में पाए जाते हैं, जो वृक्षों के लिए उपयुक्त नहीं हैं। इन वनों में जुनीपुर की कंटीली बौनी झाड़ियां, मध गुमालती लता आदि पाई जाती हैं। इससे अधिक ऊंचाई पर झाड़ियां पाई जाती हैं। सामान्यतः इन वन-क्षेत्रों में वर्षा अधिक होती है परन्तु वन्य-पेड़ों के पहाड़ी ढालों पर स्थित होने के कारण जल पेड़ों की जड़ों में नहीं ठहर पाता है।

2. हिमालय के आर्द्र समशीतोष्ण वनः ये चीड़ और उप-हिमाद्रि वन क्षेत्रों के मध्य 1600 से 2900 मीटर के बीच पाए जाते हैं। ये मुख्यतः कंटीली प्रजातियों के तथा सदैव हरे-भरे रहने वाले वन होते हैं। इन वनों के प्रमुख वृक्ष हैं: देवदार, बीच, बर्च आदि। इनके साथ चिनार, एल्म, रोडोडैंड्रोन, अखरोट, मैपल भी पाये जाते हैं।

3. उप-उष्ण प्रदेशीय चीड़ वनः ये वन निचले हिमालय क्षेत्रों में हिमालय आर्द्र समशीतोष्ण वन तथा उष्ण प्रदेशीय आर्द्र पर्णपाती वन क्षेत्रों के बीच पाए जाते हैं। इस क्षेत्र में प्रमुखतः चीड़ वृक्ष पाये जाते हैं।

वनों की सुरक्षाः जनसंख्या में वृद्धि तथा आर्थिक कारणों से वनों पर निरन्तर दबाव बढ़ता जा रहा है, परिणामस्वरूप वन नियमों का उल्लंघन, वन उपज की चोरी, वृक्षों के अवैध कटाव, अवैध शिकार आदि की घटनाएं भी बढ़ती जा रही हैं। हथियारों से लैस अराजक तत्व नाजायज कटाव व शिकार करते हैं। निहत्था होने के कारण इन अपराधों को रोकने में वन कर्मचारी असमर्थ रहते हैं। अतः सुरक्षा-व्यवस्था को और अधिक सुदृढ़ करना आवश्यक हो गया है। वनों के निरीक्षण और

देखभाल करने के लिए 31 सशस्त्र सुरक्षा दल (प्रति दल एक हेड कान्स्टेबल तथा 3 कान्स्टेबल) तथा 2 सुरक्षा दल, जिनमें प्रति दल 117 भूतपूर्व सैनिक रखने की व्यवस्था की गई है।

औद्योगिक एवं पल्पवुड वृक्षारोपणः दो योजनाओं क्रमशः आर्थिक व औद्योगिक महत्त्व की प्रजातियों का वृक्षारोपण तथा शीघ्र उगने वाली प्रजातियों का वृक्षारोपण को मिलाकर सातवीं पंचवर्षीय योजनाकाल में औद्योगिक एवं पल्पवुड वृक्षारोपण योजना के नाम से नई योजना कार्यान्वित की गई। इस योजना के अन्तर्गत काष्ठ आधारित उद्योगों जैसे — माचिस, प्लाईवुड, हार्ड बोर्ड, पर्टिकल बोर्ड, पैकिंग केस, कत्था, फर्नीचर आदि की आवश्यकताओं की आपूर्ति के लिए उपयुक्त प्रजातियों का वृक्षारोपण किया जाता है।

1991-92 के पूर्व से विभाग में चल रही योजनाएं — (1) सड़कों के किनारे वृक्षों का प्रबन्ध; (2) लघु वन उपज का सर्वेक्षण एवं विकास; तथा (3) निम्नवर्गीय वनों का पुनरोद्धार — औद्योगिक पल्पवुड वृक्षारोपण में सम्मिलित कर ली गई हैं।

वन-पार्कों का विकासः शहरों के कोलाहलयुक्त वातावरण एवं प्रदूषित वायुमण्डल के कारण वन-पार्कों का महत्त्व दिन-प्रतिदिन बढ़ता जा रहा है। इसी उद्देश्य से यह योजना चलाई जा रही है। इस योजना के अन्तर्गत वन-पार्कों, पिकनिक स्पॉट आदि का निर्माण किया जा रहा है।

रामगंगा जलागम क्षेत्रीय घाटी परियोजनाः कालागढ़ में रामगंगा के जलागम क्षेत्र में अनेक भू-संरक्षण कार्य जैसे वन विभाग द्वारा भूमि सुधार, चरागाहों का विकास, वृक्षारोपण आदि किए जा रहे हैं।

टिहरी बांध जलागम क्षेत्रों में भू-संरक्षण कार्यः यह योजना 1992-93 के अन्तिम चरण में टिहरी बांध जलागम क्षेत्र में वनीकरण एवं भू-संरक्षण कार्यों हेतु प्रारम्भ की गई। 1991-92 के अन्त तक 1256.84 लाख रुपए के व्यय से 18,466 हेक्टेयर क्षेत्र में वनीकरण एवं चरागाह विकास तथा 1,179 लघु अभियान्त्रिक कार्य किए गए।

विभिन्न पशु-पक्षीः पशु जगत पेड़ों पर खाद्य के लिए ही निर्भर नहीं रहते, वरन इनसे उन्हें रहने की सुविधा भी प्राप्त होती है। पशु-पक्षियों की विविधता कुछ सीमा तक वनस्पतियों की भारी विविधता पर निर्भर करती है। उत्तराखंड में अनेक प्रकार के पशु-पक्षी पाए जाते हैं। इनकी अनेक प्रजातियां हैं। यहां पर पाए जाने वाले पशु-पक्षियों का संक्षिप्त विवरण निम्नलिखित हैः

जल-जन्तु (मछलियां)ः महसेर, हिलसा, सौल, सौली, टेंगना, पढ़िना, रसेला, वित्तल, रोहू, मृगाल कट्टा, लाबी, मंगुर, क्यूचिया, ईल, सींधी, मिरर कार्प और ट्राउट आदि मछलियां तथा मेंढक और टोड।

रेंगने वाले जन्तुः बमानिया, पिट वाइपर, छिपकली, गोह, कोबरा सांप, कछुआ, क्रेत, धामन और मगर।

उड़ने वाले पक्षीः चील, गिद्ध, मयूर, तोता, कोयल, कबूतर, उल्लू, नीलकण्ठ और गौरय्या।

स्तनधारी प्राणीः चमगादड़, छछूंदर, साही, गिलहरी, खरगोश, नेवला, गाय, भैंस, बकरी, भेड़, सूअर।

अन्य पशु-पक्षीः शेर, चीता, पहाड़ी तेंदुआ, सांभर, चीतल, काकर, काला हिरन, हाथी, नीलगाय, काला-भूरा भालू, पहाड़ी बकरी, पहाड़ी भेड़, अजगर, लकड़बग्घा, जंगली कुत्ता आदि। पक्षियों में मुर्गा-मुर्गी, तीतर, बटेर, बत्तख, बुलबुल, कलहंस और सारस आमतौर पर पाए जाते हैं।

उत्तराखंड के कुछ वन्य पशु लुप्त होते जा रहे हैं। इस कारण जंगली जानवरों के शिकार पर रोक लगा दी गई है।

वन्य प्राणियों के संरक्षण हेतु भारत सरकार ने **'इण्डियन वाइल्ड लाइफ (प्रोटेक्शन) एक्ट' 1972** में पारित किया। इस अधिनियम में विशेषकर उन वन्य जीवों के संरक्षण की व्यवस्था की गई है जिनकी जाति अथवा उपजाति के लुप्त होने का खतरा है। संरक्षित वन्य जीवों के शिकार पर पूर्ण प्रतिबन्ध लगाकर उसे दण्डनीय अपराध घोषित कर दिया गया है।

'भारत वन्य प्राणी बोर्ड' इस विषय की प्रमुख संस्था है जो समय-समय पर केन्द्र सरकार को परामर्श देती है। 1976 में किए गए 42वें संविधान संशोधन के उपरान्त 'वन तथा वन्य प्राणी' विषय अब समवर्ती सूची में आ गया है तथा केन्द्र एवं राज्य सरकार दोनों ही इसके संरक्षण हेतु कदम उठा सकती हैं।

वन्य पशुओं के संरक्षण को दृष्टि में रखते हुए तथा उनकी दुर्लभ प्रजातियों की रक्षा हेतु उत्तराखंड में अनेक पशु विहारों की स्थापना की गई है। इस बात को ध्यान में रखते हुए 1990-91 में नन्दा देवी राष्ट्रीय पार्क की स्थापना एवं 'कस्तूरी मृगफार्म का विकास' नामक योजना स्वीकृत की गई थी। 1981-82 में 'पशु विहार का सघन प्रबन्ध' नामक योजना भी स्वीकृत की गई जिसके अन्तर्गत उत्तराखंड में पशु विहार, केदारनाथ पशु विहार, फूलों की घाटी, राष्ट्रीय पार्क कैमूर के विकास का कार्य आदि को इस योजना में शामिल कर लिया गया। 1991-92 से इस योजना में 'टाइगर वाच योजना' भी शामिल कर ली गई।

उत्तराखंड में लुप्तप्राय व्याघ्रों के संरक्षण के लिए **'कार्बेट पार्क व्याघ्र परिरक्षण'** नामक योजना केन्द्र सरकार के सहयोग से चलाई जा रही है। इस योजना के अन्तर्गत व्याघ्र प्रजातियों का संरक्षण, उनका संवर्धन एवं प्रजनन आदि का अध्ययन किया जाता है।

देहरादून, सहारनपुर व पौड़ी-गढ़वाल जनपदों के राजाजी, मोतीपुर व चीला वन्य जीव विहारों के क्षेत्रों को सम्मिलित करते हुए 8.20 वर्ग कि.मी. क्षेत्र को 'राजाजी राष्ट्रीय पार्क' के रूप में 1983 में स्थापित किया जा चुका है।

उत्तराखंड क्षेत्र में 'स्नो लैपर्ड परियोजना' नामक योजना हिम तेंदुआ (स्नो लैपर्ड) की लुप्तप्राय प्रजातियों के संरक्षण हेतु बनाई गई। 1990-91 में यह योजना लागू की गई।

चर्म शोधन एवं पशु शव उपयोगः पशुओं की मृत्यु के उपरान्त उनकी खाल का उत्पादन प्रदेश में बड़ी संख्या में हो रहा है। उत्तम चर्म उत्पादन हेतु आवश्यक है कि पशुओं की खाल को वैज्ञानिक ढंग से शोधन किया जाए। पशुपालन विभाग द्वारा इस कार्य हेतु शव उपयोग केन्द्र की स्थापना देहरादून में की गई है।

उत्तराखंड एक अति संपन्न वन सम्पदा वाला राज्य है। उत्तराखंड राज्य का 45.43% भू-भाग वन क्षेत्र है तथा करीब 36% भू-भाग अन्य भूमि है जिसमें खेती के लिए मात्र 13.06% भूमि है। राज्य के वनों में लगभग 2,000 बहुमूल्य जड़ी-बूटियाँ उत्पन्न होती हैं।

प्रशासकीय दृष्टि से उत्तराखंड में भी वनों को छः वर्गों में विभाजित किया गया है :

(i) आरक्षित वन (Reserved Forests)

(ii) रक्षित वन (Protected Forests)

(iii) अवर्गीकृत वन (Unclassified Forests)

(iv) राजकीय वन (State Forests)

(v) सामुदायिक वन (Communal Forests)

(vi) निजी वन (Private Forests)

उत्तराखंड राज्य सरकार ने गांवों को वन से जोड़ने हेतु 'अपना गांव - अपना वन योजना' प्रारम्भ की है। इस योजना के अन्तर्गत गांवों के आस-पास साल, सागौन, चीड़, बांझ तथा तुन जैसी इमारती लकड़ी के वृक्षों को लगाया जा रहा है।

उत्तराखंड में जिलेवार वन क्षेत्र (2017)

क्रम संख्या	जिले	भौगालिक क्षेत्र वर्ग किमी.	2017 के अनुमानानुसार वर्ग किमी.			कुल वर्ग किमी.	कुल भूमि का प्रतिशत
			सघन वन	कम सघन वन	खुले वन		
1	2	3	4	5	6	7	8
1.	अल्मोड़ा	3,139	199	837	682	1,718	54.64
2.	बागेश्वर	2,246	162	762	337	1,261	56.27
3.	चमोली	8,030	443	1,580	686	2,709	33.74
4.	चंपावत	1,766	367	593	264	1,224	69.31
5.	देहरादून	3,088	636	626	343	1,605	51.98
6.	पौड़ी गढ़वाल	5,329	552	1,925	917	3,394	63.69
7.	हरिद्वार	2,360	75	277	236	588	24.92
8.	नैनीताल	4,251	765	1,742	541	3,048	71.70
9.	पिथौरागढ़	7,090	505	965	608	2,078	29.31
10.	रुद्रप्रयाग	1,984	252	580	309	1,141	57.51
11.	टिहरी गढ़वाल	3,642	272	1,085	708	2,065	56.70
12.	उधमसिंह नगर	2,542	150	193	93	436	17.15
13.	उत्तरकाशी	8,016	591	1,719	718	3,028	37.77
	कुल	53,483	4,969	12,884	6,442	24,295	45.43

उत्तराखंड में पशुओं की संख्या (2007)

क्रम सं.	जिले	भैंस/भैंसा	भेड़ (देशी)	बकरी/बकरा	घोड़े	सूअर
1.	उत्तरकाशी	38042	89724	100451	868	109
2.	चमोली	51957	53536	80648	1138	205
3.	रुद्रप्रयाग	42366	13199	28986	370	0
4.	टिहरी गढ़वाल	106576	24155	134245	1031	12
5.	देहरादून	65451	15485	126852	1777	439
6.	पौड़ी गढ़वाल	57405	23376	172976	546	187
7.	पिथौरागढ़	77688	39043	177529	289	28
8.	बागेश्वर	44723	20040	85769	137	0
9.	अल्मोड़ा	117938	4721	186391	808	3
10.	चंपावत	37573	57	65136	648	0
11.	नैनीताल	122480	132	83370	2612	113
12.	उधम सिंह नगर	184855	2656	66838	1343	423
13.	हरिद्वार	272464	4287	26115	1522	4031
	कुल	1219518	290411	1335306	13089	5550

उत्तराखंड में मुर्गीपालन (2007)

क्रम संख्या	जिले	लेयर	ब्रोयलर	बत्तख	अन्य	कुल
1.	उत्तरकाशी	0	0	0	0	0
2.	चमोली	600	600	0	0	1200
3.	रुद्रप्रयाग	0	10370	0	0	10370
4.	टिहरी गढ़वाल	0	5400	0	0	5400
5.	देहरादून	139180	197157	0	10883	347220
6.	पौड़ी गढ़वाल	135	1435	0	0	1570
7.	पिथौरागढ़	1442	22332	0	120	23894
8.	बागेश्वर	0	11015	0	0	11015
9.	अल्मोड़ा	1229	6654	0	208	8091
10.	चंपावत	2000	8450	700	0	11150
11.	नैनीताल	3654	329691	2	1078	334425
12.	उधम सिंह नगर	869927	301760	28	804	1172519
13.	हरिद्वार	3000	3400	0	0	6400
	कुल	1021167	898264	730	13093	1933254

वन्य-जीवन (Wildlife)

1. राष्ट्रीय पार्क (2017)

   (i) संख्या   6

   (ii) क्षेत्रफल   4915 वर्ग किमी

2. जंगली-जन्तु सेंच्यूरी (2017)

   (i) संख्या   7

   (ii) क्षेत्रफल   2690 वर्ग किमी

3. महत्वपूर्ण जंगली जानवर

   (i) बाघ (Tiger) (2014)   संख्या :   340

   (ii) तेंदुआ (Leopard)   संख्या : 2335

   (iii) हाथी   संख्या : 1346

❑❑❑

नदियां एवं झीलें

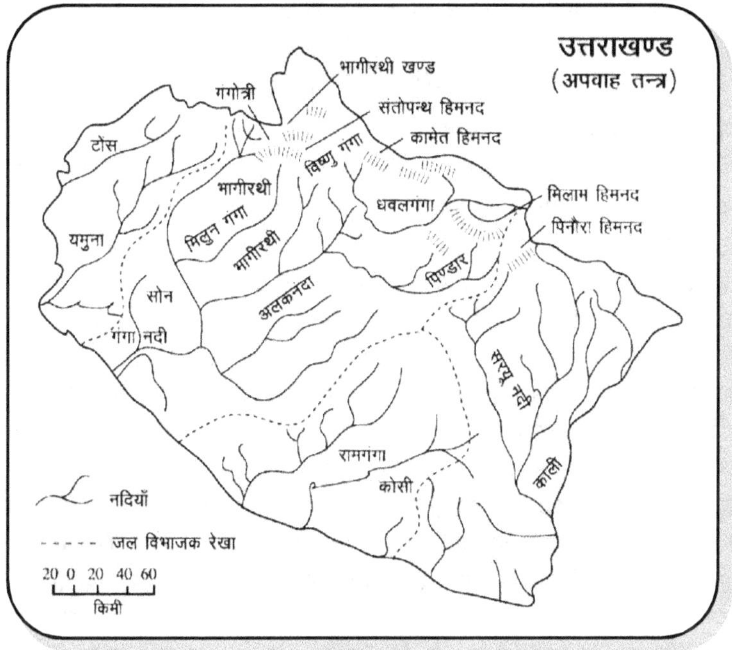

जल प्रवाह

गंगा और यमुना उत्तराखंड की प्रमुख नदियाँ हैं। इनका बहाव उत्तर में हिमालय द्वारा निर्धारित है। गंगा, भागीरथी के नाम से गंगोत्री (5,611 मीटर) से निकलती है और हरिद्वार तक आते-आते यह शिवालिक पहाड़ियों के बीच से मैदान में आती है तथा धौली, पिण्डार, अलकनन्दा और मन्दाकिनी जैसी अनेक छोटी-बड़ी नदियों का पानी एकत्र कर लेती है। उत्तर प्रदेश में आने के बाद यह धीरे-धीरे दक्षिण से पूर्व की तरफ बहने लगती है तथा इसके दोनों किनारों पर कई सहायक नदियां आकर

मिलती हैं। बायें किनारे पर रामगंगा और गोमती अपनी सहायक नदी काली और शारदा के साथ तथा घाघरा, राप्ती और गण्डक दाहिने किनारे पर मिलती हैं।

यमुना का उद्गम यमुनोत्री ग्लेशियर है जो 6,315 मीटर की ऊंचाई पर स्थित है। यह स्थान गंगोत्री से बहुत दूर नहीं है। घाघरा नदी का उद्गम राक्स ताल के समीप से होता है। सतलज, सिन्धु और ब्रह्मपुत्र नदियों के उद्गम स्थल भी हिमालय पर्वत श्रृंखला के सुदूर उत्तरी भाग में हैं। इन नदियों के अलावा गंगा के मैदान के उत्तरार्द्ध की जल-प्रवाह प्रणाली में अनेक छोटी-छोटी नदियां हैं, जैसे कोसी, गोला, सई और कल्याणी।

हिमालय से निकलने वाली नदियां लगभग पूरे वर्ष पानी से भरी रहती हैं, इसका कारण यह है कि हिमालय से निकलने वाली नदियों में बर्फ पिघलने से गर्मियों में भी पानी कम नहीं होता है। एक और कारण यह है कि हिमालय क्षेत्र में अधिक वर्षा होती है।

प्रमुख नदियां

गंगा नदीः इसका उद्गम गोमुखी हिमानी से है, जो गंगोत्री के पास समुद्र तल से 5,611 मीटर से अधिक ऊंचाई पर स्थित है। इसकी दो शीर्ष नदी अलकनन्दा एवं भागीरथी आकर देवप्रयाग में मिलती हैं। दक्षिण, दक्षिण-पश्चिम दिशा का अनुसरण करते हुए गंगा हरिद्वार के पास पहाड़ों से नीचे उतरती है। यह नदी हरिद्वार से पहले दक्षिण और उसके बाद दक्षिण-पूर्व की ओर प्रवाहित होती है। इलाहाबाद के निकट इसमें यमुना नदी आकर मिल जाती है, जिसे संगम के नाम से जाना जाता है। यहां से यह पूर्व की ओर अपना मार्ग बनाती है तथा आगे चलकर गाजीपुर के निकट इसमें गोमती और बलिया के निकट घाघरा नदी आ मिलती है। पटना के पास सोन नदी तथा कुछ आगे चलकर गण्डक और कोसी नदियां भी इसमें आकर मिल जाती हैं। फरक्का के बाद गंगा की मुख्य धारा पूर्व एवं दक्षिण-पूर्व की ओर बहती हुई बंगलादेश में प्रवेश करती है; यहां इसे पद्मा के नाम से जाना जाता है। यहीं से यह कई अलग-अलग धाराओं में बंटकर डेल्टाई मैदान से होती हुई समुद्र की ओर बहती है। भागीरथी-हुगली क्षेत्र के नाम से पुकारे जाने वाले गंगा के इस भाग में प्रायद्वीपीय पठार से आई हुई द्वारिका, अजय, रूपनारायण, हल्दी आदि कई धाराएं मिलती हैं। बंगलादेश में चन्दनपुर के पास और समुद्र में मिलने से पहले पद्मा नदी ब्रह्मपुत्र नदी में मिलती है, जिसे वहां पर यमुना और मेघना कहते हैं। इसके किनारे पर हरिद्वार, ऋषिकेश, कानपुर, इलाहाबाद, वाराणसी, पटना, मुंगेर, भागलपुर, मुर्शिदाबाद आदि महत्त्वपूर्ण नगर स्थित हैं। इसकी कुल लम्बाई 2,525 कि॰मी॰ है।

यमुना नदीः इसका उद्गम स्थान यमुनोत्री हिमखण्ड है जो बन्दरपूंछ के पश्चिम ढाल पर स्थित है। यहां से यह नदी दक्षिण-पश्चिम की ओर बहती है। आगे चलकर नागतिब्ब पर्वत श्रेणी को पार कर अपनी सहायक टोंस नदी से मिलती है। देहरादून जिले में कुछ दूरी तय करने के पश्चात् यह शिवालिक श्रेणी को काटती है और उत्तर प्रदेश में प्रविष्ट होती है। यहां पर यह दक्षिण की ओर प्रवाहित होती है। यह एक वृहत् चाप का निर्माण करती है। चम्बल, केन, बेतवा, सिन्धु आदि इसकी सहायक नदियां हैं। भू-गर्भशास्त्रियों के मतानुसार यमुना नदी कभी दक्षिण अथवा

दक्षिण-पश्चिम दिशा में राजस्थान की ओर प्रवाहित होती थी और तत्कालीन सरस्वती नदी इसकी प्रमुख सहायक नदी थी। दिल्ली, मथुरा, आगरा, इटावा आदि नगर इसके किनारे स्थित हैं। इसकी कुल लम्बाई 1,300 कि. मी. है।

रामगंगाः इसका उद्गम स्थान गढ़वाल जिले में हिमालय की मुख्य श्रेणी के कुछ दक्षिण की ओर है। उद्गम स्थान से 150 कि.मी. तक इसकी गति गम्भीरता प्रदान कर मैदानी क्षेत्र में प्रवेश करती है। उत्तरी भाग में वर्षा अधिक होने के कारण इसमें भयंकर बाढ़ आ जाती है। यह नदी दक्षिण-पूर्व की दिशा में प्रवाहित होती हुई मुरादाबाद, रामपुर, बरेली, बदायूं और शाहजहांपुर जिलों से होती हुई फर्रुखाबाद तथा हरदोई जिलों के कुछ भागों में प्रवाहित होती हुई कन्नौज के पास गंगा में मिलती है। इसकी कुल लम्बाई 600 कि.मी. है।

शारदा नदीः यह नदी मिलाप हिमनद, पूर्वोत्तर कुमायूँ तथा तिब्बत के सीमान्त क्षेत्र से निकलती है। यह काली नदी के नाम से भी प्रसिद्ध है, वहां पर इसे काली नदी न कहकर काली गंगा के नाम से जाना जाता है। यह नदी कुमायूँ और नेपाल की सीमा बनाती है। 160 कि.मी. मार्ग तय करने के बाद पंचेश्वर के पास इसमें सरयू या पूर्वी रामगंगा नदी मिलती है और नीचे आने पर इसका नाम काली गंगा या काली से शारदा अथवा गौरी गंगा हो जाता है। कुछ लोग इस नदी को सरयू भी कहते हैं। अति तीव्र धारा से लहराती हुई यह ब्रह्मदेव के निकट मैदानी भाग में प्रवेश करती है। यह नदी उत्तर प्रदेश के पीलीभीत जिले से नेपाल की सीमा निर्धारित करती है। पीलीभीत में चौकिया नदी इसमें आ मिलती है। सांप की भांति टेढ़ी-मेढ़ी चाल चलती हुई यह नदी बहराम घाट के निकट घाघरा नदी में मिल जाती है।

नदियों के किनारे बसे उत्तराखंड के प्रमुख नगर

नगर	नदियां	नगर	नदियां
बद्रीनाथ ऋषिकेश	अलकनंदा गंगा नदी	हरिद्वार	गंगा नदी

झीलें

उत्तराखंड में झीलों की प्रायः अधिकता है। यहां की ज्यादातर झीलें कुमायूँ क्षेत्र में हैं जो मुख्यतः भूगर्भीय शक्तियों के द्वारा भूमि के धरातल में परिवर्तन के कारण निर्मित हुई हैं। इस प्रदेश की प्रमुख झीलों का संक्षिप्त विवरण निम्नलिखित हैः

भीमताल झीलः यह झील उत्तराखंड के कुमायूँ क्षेत्र की सबसे बड़ी झील है। यह काठगोदाम से 10 कि.मी. उत्तर में स्थित है। यह झील समुद्रतल से 1332 मीटर की ऊंचाई पर स्थित है। इस झील के मध्य में एक छोटा-सा द्वीप है, जो ज्वालामुखी चट्टानों से निर्मित है। आस-पास के क्षेत्र की सिंचाई के उद्देश्य से इस झील से अनेक छोटी-छोटी नहरें निकाली गई हैं।

नौकुचियाताल झीलः यह झील भीमताल से 4 कि॰मी॰ दक्षिण-पूर्व की ओर स्थित है। यह झील समुद्र तल से 1292 मीटर की ऊँचाई पर स्थित है। यह 1004 मीटर लम्बी, 750 मीटर चौड़ी और 45 मीटर गहरी है। यह कुमायूँ क्षेत्र की सबसे गहरी झीलों में से एक है।

नैनी झीलः यह झील भी उत्तराखंड के कुमायूँ क्षेत्र के नैनीताल जिले में स्थित है। नैनीताल नगर इसी झील के तट पर स्थित है। यहां पर नैनी देवी का मन्दिर है, संभवतः इसी के नाम पर इस नगर और झील का नाम नैनी पड़ा। झील के केवल दक्षिणी-पूर्वी भाग को छोड़कर चारों ओर ऊंचे पहाड़ हैं। इस झील की लम्बाई 1500 मीटर, चौड़ाई 510 मीटर और गहराई 30 मीटर है। इस झील में नौका विहार भी काफी किया जाता है। कई प्रकार की मछलियां भी इस झील में पाई जाती हैं।

सातताल झीलः यह झील सात छोटी-छोटी झीलों का समूह है। यह नैनीताल से 20 कि॰मी॰ की दूरी पर स्थित है। इसकी गहराई 19 मीटर है और यह समुद्र तल से 1288 मीटर की ऊंचाई पर स्थित है।

रूपकुण्डः उत्तरकाशी में 4780 मीटर की ऊंचाई पर स्थित यह झील 500 वर्गफुट क्षेत्र में विस्तृत है। यह अगस्त-सितम्बर महीनों के अलावा अन्य महीनों में जमी रहती है। इसे कंकाली-ताल भी कहते हैं क्योंकि यहां पर 600 साल पुराने सैकड़ों कंकाल मिले थे।

देवरिया तालः रुद्रप्रयाग के पास, गढ़वाल मंडल की यह सर्वाधिक आकर्षक झील है। इसकी लम्बाई लगभग डेढ़ कि॰मी॰ है तथा यह अनुपम प्राकृतिक दृश्यों से भरपूर है।

सहस्त्र तालः टिहरी गढ़वाल में करीब 5,500 मीटर की ऊंचाई पर यह झील स्थित है। यह फूलों से चारों ओर से घिरी है। इस झील के पारदर्शी जल में करीब 40 मीटर नीचे चौकोर पत्थरों की चौकियां बिछी हैं। ऐसी मान्यता है कि यहीं ऋषि तपस्या करते थे।

उत्तराखंड की प्रमुख नहरें

उत्तराखंड राज्य की अधिकांश नहरों का प्रवाह क्षेत्र उत्तर प्रदेश राज्य है। राज्य की प्रमुख नहरें निम्नलिखित हैं:

- **नानक सागर नहरें:** नैनीताल के आसपास निर्मित बांधों से निकली इन नहरों से कुमायूं क्षेत्र की लगभग डेढ़ लाख हेक्टेयर क्षेत्र की सिंचाई होती है।
- **रामगंगा योजना नहरें:** गढ़वाल के कालागढ़ के पास बांध बनाकर लगभग 3,200 कि॰मी॰ लम्बी नहरों की श्रृंखला से करीब 17.05 लाख एकड़ भूमि की सिंचाई होती है।
- **शारदा नहरः** उत्तर प्रदेश एवं नेपाल की सीमा पर 'बनबसा' से निकाली गई इस नहर की लम्बाई 12,368 कि॰मी॰ है। इस नहर पर खटीमा पावर हाउस स्थित है।

उत्तराखंड की नदियाँ : एक दृष्टि में

	नदी	उत्तराखंड में प्रवाह क्षेत्र		लंबाई (किमी.)
1.	लोहावती	एब्बर माऊंट	– काली	48
2.	लधिया	थाली	– चूका	52
3.	कुटी	लांपियाधूरा	– काली	54
4.	नन्दाकिनी	नन्दा घुंघटी	– नन्द प्रयाग	56

5.	नयार (पश्चिमी)	खिरसू	-	सतपुली	67
6.	मन्दाकिनी	केदारनाथ	-	रुद्रप्रयाग	72
7.	नयार (पूर्वी)	गडरी	-	सतपुली	76
8.	धौली (कु.)	गोवान खना हिमानी	-	तवाधार	91
9.	धौली (ग.)	देववन हिमानी	-	विष्णुप्रयाग	94
10.	गंगा	देवप्रयाग	-	हरिद्वार	96
11.	गौला	पहाड़पानी	-	किच्छा	102
12.	गोरी	मिलम हिमरली	-	जौलजीवी	104
13.	पिंडर	पिंडारी ग्लेशियर	-	कर्णप्रयाग	105
14.	रामगंगा (पू.)	पोटिंग ग्लेशियर	-	रामेश्वर	108
15.	यमुना	यमुनोत्री	-	धालीपुर	136
16.	सरयू	भद्रतुंग	-	पंचेश्वर	146
17.	टौंस	हर की दून	-	डाक पत्थर	148
18.	रामगंगा (प.)	दूधातोली	-	कालागढ़	155
19.	कोसी	कौसानी	-	सुल्तानपुर	168
20.	अलकनन्दा	सतोपंथ	-	देवप्रयाग	195
21.	भागीरथी	गौमुख	-	देवप्रयाग	205
22.	काली	लिपुलेख	-	टनकपुर	252

उत्तराखंड के प्रमुख ताल/सरोवर/जलाशय

1. देवरिया ताल	– उखीमठ के निकट
2. भेंकल ताल	– बधाण
3. रिस्पना ताल	– रिस्पना नदी का उद्गम
4. काँसरो ताल	– रायवाला रेलवे स्टेशन के निकट
5. चन्दबाड़ी ताल	– देहरादून में चन्द्र भागा नदी का उद्गम
6. विष्णु ताल	– सत्यपथ के नजदीक बद्रीनाथ
7. सत्यपथ ताल	– अलकनन्दा का उद्गम
8. रूप कुंड	– बेदनी बुग्याल के निकट
9. मणिभद्र सरोवर	– बिरही नदी के पूर्व में
10. विन्दु सरोवर	– विन्दुमती धारा का उद्गम
11. वेणु सरोवर	– वेणुमती का उद्गम
12. दिव्य सरोवर	– विल्व पर्वत
13. बेनी ताल	– आदि बदरी की पहाड़ी पर

14. सुखताल	– घाट के निकट
15. झलताल	– सुखताल के निकट
16. सहस्रताल	– धाती कठूड़ पट्टी
17. सहस्रताल	– दुपटा कटार नामक हिमशिखर की तलहटी
18. आंध्री ताल	– फूलों की घाटी के मध्य
19. लिंग ताल	– फूलों की घाटी के मध्य
20. यम ताल	– सहस्र ताल के समीप
21. वासुकी ताल	– केदारनाथ के निकट
22. चोरा-बाड़ी ताल	– केदारनाथ के निकट
23. बिरही ताल	– बिरही गंगा
24. डोडी ताल	– गंगोरी के निकट
25. नचिकेता ताल	– धनारी के पचाण गांव व कोल्ड गांव के मध्य
26. काण ताल	– डोडी ताल के पीछे
27. दुग्ध ताल	– दूधातोली

■ ■ ■

7

कृषि एवं सिंचाई

उत्तराखंड कृषि के क्षेत्र में बहुत पिछड़ा हुआ राज्य है। यहाँ की प्राकृतिक बनावट कृषि के प्रतिकूल है। यही कारण है कि यहाँ खेती करने में अनेक परेशानियाँ उत्पन्न होती हैं। यहाँ कृषि के लिए भूमि बहुत सीमित है। उत्तराखंड में कुल प्रतिवेदित क्षेत्र 56,72,636 हेक्टेयर है। राज्य में शुद्ध कृषित क्षेत्र 7,06,090 हेक्टेयर है। पर्वतीय क्षेत्र होने से यहाँ समतल भूमि की कमी है। यहाँ पर पहाड़ी ढालों पर सीढ़ीनुमा कृषि की जाती है। यहाँ के प्रमुख खाद्यान्न मोटे अनाज हैं। चावल, गेहूँ, जौ की भी कृषि सीमित क्षेत्रों में होती है। कुमायूँ और गढ़वाल मण्डलों में चाय की खेती की जाती है। फलों के उत्पादन में उत्तराखंड का कश्मीर के बाद पूरे भारत में दूसरा स्थान है। यहाँ फल, सब्जी एवं दुग्ध उत्पादन की काफी सम्भावनाएं हैं।

राज्य की प्रमुख फसलें एवं उनके उत्पादक क्षेत्र

- **गेहूँ :** उत्तराखंड में नैनीताल एवं देहरादून में गेहूँ उत्पादित किया जाता है।
- **चावल :** देहरादून चावल उत्पादन में अग्रणी है। देहरादून में उत्तम किस्म का बासमती चावल पैदा होता है।
- **जौ :** गढ़वाल मण्डल में उत्पन्न होता है।
- **चाय :** उत्तराखंड में कुमायूँ और गढ़वाल मण्डलों में हिमालय और शिवालिक की पहाड़ियों के मध्य चाय का उत्पादन किया जाता है। अल्मोड़ा, गढ़वाल, नैनीताल, चमोली, पिथौरागढ़ और देहरादून आदि जिलों में चाय के बागान हैं। प्रदेश में चाय की कृषि प्रमुख रूप से हिमालय की तलहटी में स्थित तराई वाले भागों में होती है। यहाँ पर हिमालय और शिवालिक की पहाड़ियों के मध्य स्थित पर्वतीय ढालों पर झाड़ियाँ लगाकर चाय पैदा की जाती है क्योंकि इन पर्वतीय ढालों पर ताप और जलवृष्टि प्राप्त होने के साथ-साथ चाय की झाड़ियों का ठण्डी हवाओं से बचाव भी हो जाता है।
- **सन्तरा :** अल्मोड़ा, नैनीताल, देहरादून
- **लीची :** देहरादून
- **नीबू :** नैनीताल, अल्मोड़ा
- **सेब :** नैनीताल, अल्मोड़ा

पर्वतीय क्षेत्र की जलवायु का 1000 व 5000 फुट ऊँचाई वाला भाग फल एवं बेल उगाने हेतु उत्तम क्षेत्र है। यहाँ पर फलों के व्यावसायिक उत्पादन एवं बागवानी हेतु अनेक सरकारी केन्द्र स्थापित किए गए हैं।

उत्तराखंड में अधिकांश जोतें सीमान्त कृषकों की हैं। कृषि उत्पादन बहुत कम होता है। इसका प्रमुख कारण सिंचाई की सुविधाओं का अभाव होना है। उत्तराखंड में फसल चक्र अधिक मूल्य वाली फसलों की तरफ उन्मुख है। यहाँ पर अधिक मूल्य वाली फसलों जैसे मसाले, बेमौसमी सब्जियाँ, फलोद्यान, पुष्पोद्यान तथा जड़ी-बूटी आदि की सम्भावनाएं अधिक हैं।

उत्तराखंड की राज्य सरकार ने किसानों के हित के लिए अनेक महत्त्वपूर्ण कदम उठाए हैं। राज्य सरकार ने वित्तीय वर्ष 2000-2001 से बैंकों के माध्यम से किसानों को 'किसान क्रेडिट कार्ड' वितरित करने शुरू किए हैं। सरकार द्वारा बैंकों के माध्यम से 'किसान क्रेडिट कार्ड' का वितरण लगातार जारी है।

उत्तराखंड के कर्मकारों का विवरण

क्रम संख्या	कर्मकारों का वर्गीकरण	प्रतिशत
1.	कृषक	58.13
2.	अन्य सेवाओं में कार्यरत कर्मकार	34.61
3.	कृषि श्रमिक	6.40
4.	घरेलू उद्योग	0.86
	योग	100.00

भूमि उपयोग

क्रम संख्या	भूमि उपयोग	वर्ष 2014-15 (000 हेक्टे. में)
1.	कुल प्रतिवेदित क्षेत्रफल	5992604
2.	वन भूमि	3799953
3.	ऊसर तथा कृषि अयोग्य भूमि	228200
4.	कृषि के अतिरिक्त अन्य उपयोग में लाई गई भूमि	233792
5.	कृषि योग्य बंजर भूमि	316984
6.	स्थायी चरागाह तथा अन्य चराई की भूमि	192077
7.	अन्य क्षेत्र जो वास्तविक बोये गए क्षेत्र में सम्मिलित नहीं हैं	387817
8.	वर्तमान परती	57276
9.	अन्य परती	86334
10.	बोया गया वास्तविक क्षेत्रफल	700171

सिंचाई

उत्तराखंड का ज्यादातर भू-भाग पहाड़ी होने के कारण यहाँ सम्पूर्ण कृषि भूमि पर सिंचाई उपलब्ध नहीं है। सिंचाई की सुविधा वहाँ सम्भव है जहाँ, भूमि सींचने के लिए छोटी-छोटी वाहिकाएँ बनी हैं। इन वाहिकाओं को उत्तराखंड में गूल कहते हैं। नदियों के मार्ग में बड़े-बड़े अवरोध खड़े करके पानी को इन गूलों में मोड़ दिया जाता है। उत्तराखंड में नहरों की कुल लम्बाई 11915 (2013-14) किलोमीटर है। राज्य के कुल 5,53,928 हेक्टेयर कृषि क्षेत्र में सिंचाई की जा रही है। उत्तराखंड की प्रमुख नहरें हरिद्वार के पास से गंगा से निकली हुई ऊपरी गंगा नहर और बनबसा के पास से निकली शारदा नहर है। उत्तराखंड में सिंचाई की सुविधा की वृद्धि हेतु मुख्य निर्माणाधीन परियोजनाएं निम्नलिखित हैं।

पूर्वी गंगा नहर परियोजना : इस परियोजना के अन्तर्गत हरिद्वार में नवनिर्मित भीम गोंडा शीर्ष के बायीं ओर 48.55 कि.मी. लम्बी व 4850 क्यूसेक क्षमता की मुख्य नहर निकाली गई है। मुख्य नहर से पांच शाखायें चन्दोक, नगीना, नजीबाबाद, नहटोर व अलावलपुर शाखा निकाले जाने का प्रावधान है। इन शाखाओं की लम्बाई 155.25 कि.मी. तथा वितरण प्रणालियों की कुल लम्बाई 1488 कि.मी. है। इन शाखाओं से वर्षा ऋतु में गंगा नदी में उपलब्ध अतिरिक्त पानी का उपयोग कर बिजनौर एवं मुरादाबाद जनपदों में गंगा तथा रामगंगा दोआब के 233 हजार हेक्टेयर कृषि-योग्य क्षेत्र में 105.00 हजार हेक्टेयर धान की सिंचाई सुविधा प्रदान की जायेगी।

इस परियोजना की अनुमानित लागत 258.48 करोड़ रुपये है।

ऊपरी गंगा नहरः यह नहर गंगा नदी के दाहिने किनारे से हरिद्वार के समीप से निकाली गई है। इसका निर्माण कार्य 1842 में प्रारम्भ हुआ था और 1854 में समाप्त हुआ। इसके लगभग सभी कार्यों का समय-समय पर पुनरोद्धार होता रहा है। इसमें मुख्य माट ब्रान्च, देवबन्द व अनूपशहर ब्रान्च हैं। खरीफ की फसल की अतिरिक्त सिंचाई सुविधा हेतु उपरोक्त तीनों प्रणलियों का आधुनिकीकरण प्रस्तावित है। इस परियोजना की अनुमानित लागत 13.26 करोड़ रुपये है।

जमरानी बांध परियोजना : नैनीताल का तराई व भाभर क्षेत्र, प्रदेश के उपजाऊ क्षेत्रों में से है। यहां सिंचाई के उचित साधन उपलब्ध न होने के कारण कृषि का पर्याप्त विकास अभी तक नहीं हो पाया है। अतः खाद्य समस्या तथा पीने के पानी की समस्या को देखते हुए तथा इस क्षेत्र में अधिक सिंचाई सुविधा उपलब्ध कराने के उद्देश्य से जिला नैनीताल में जमरानी बांध परियोजना, जिसके प्रथम चरण में गोला नदी पर काठगोदाम के निकट गोला बैराज, पोषक नहरों का निर्माण, वर्तमान नहर प्रणाली का पुनरोद्धार आदि कार्य तथा द्वितीय चरण में रोलर काम्पैक्टेड कंक्रीट बांध का निर्माण प्रस्तावित है। इस बांध के निर्माण से 60,600 हेक्टेयर भूमि में सिंचाई सुविधा उपलब्ध होगी तथा 15 मेगावाट विद्युत भी उत्पन्न की जायेगी। परियोजना के निर्माण से हल्द्वानी, काठगोदाम तथा नैनीताल के भाभर क्षेत्र में पेयजल उपलब्ध कराया जायेगा।

प्रथम चरण के कार्य पूर्ण हो गये हैं। मुख्य बांध का निर्माण कार्य प्रारम्भ नहीं किया जा सका है।

शारदा सहायक परियोजनाः इस परियोजना के अन्तर्गत आने वाले प्रमुख कार्य हैं— घाघरा के ऊपर 1,003 मीटर लम्बा बांध, 28 कि॰मी॰ की सम्पर्क नहर, शारदा नदी पर 811 मीटर लम्बा बांध, 269 कि॰मी॰ लम्बी फीडर नहर, 6,450 कि॰मी॰ लम्बी वितरण प्रणाली का निर्माण एवं 2,570 कि॰मी॰ लम्बी नहर का निर्माण।

उपर्युक्त कार्य पांच चरणों में पूरा होना है। इसमें प्रथम तथा द्वितीय चरण पूर्ण हो गया है। शेष तीन चरणों पर कार्य चल रहा है। अब तक पूर्ण हुए निर्माण कार्य से कुल 15.82 लाख हेक्टेयर सिंचाई क्षमता उत्पन्न की जा चुकी है।

उत्तराखंड में सिंचाई की स्थिति : एक दृष्टि में

(A)	शुद्ध एवं सकल सिंचित क्षेत्र			
1.	नहर	2015-16	हेक्टेयर	78743
2.	नलकूप	2015-16	हेक्टेयर	187925
3.	अन्य कूप	2015-16	हेक्टेयर	39207
4.	हौज/तालाब	2015-16	हेक्टेयर	31
5.	अन्य स्रोत	2015-16	हेक्टेयर	24058
6.	शुद्ध सिंचित क्षेत्र	2015-16	हेक्टेयर	329964
7.	सकल सिंचित क्षेत्र	2015-16	हेक्टेयर	542483
(B)	सिंचाई अधिसंरचना			
1.	नहर की लम्बाई	2015-16	किमी	12421
2.	लिफ्ट नहर की लम्बाई	2015-16	किमी	281
3.	नलकूप (राज्य)	2015-16	संख्या	1458
4.	पम्प सेट (बोरिंग/फ्री बोरिंग)	2015-16	संख्या	55783
5.	हौज	2015-16	संख्या	37521
6.	गूल	2015-16	किमी	30217
7.	हाइड्रम	2015-16	संख्या	1475
8.	राज्य नहर के अंतर्गत C.C.A.	2015-16	लाख हेक्टेयर	3.645
9.	सिंचाई से प्राप्त राजस्व	2015-16	लाख रुपये	294.48

❑❑❑

8

खनिज पदार्थ

उत्तराखंड में खनिज पदार्थ पर्याप्त मात्रा में उपलब्ध हैं, विशेषकर इस प्रदेश के कुमायूं और गढ़वाल आदि क्षेत्र में खनिज पदार्थ काफी मात्रा में विद्यमान हैं। इस क्षेत्र का वर्तमान ही नहीं अपितु भूतकाल भी यहां पर निहित खनिज संपदा का प्रमाण देता है। गोरखा शासन में इस क्षेत्र से विपुल खनिज पदार्थों की प्राप्ति हुई। उस समय 50,000 रु. वार्षिक की आय रायल्टी के रूप में सरकार को इन खनिजों से होती थी। अंग्रेजी शासनकाल में खनिज उपयोग के परीक्षण किये गये परन्तु यातायात के साधनों की कमी, दुर्गम पर्वत शिखरों, ईंधन की कमी तथा खोज के उचित और श्रेष्ठ साधनों के अभाव में इस क्षेत्र को अनुत्पादक समझकर छोड़ दिया गया। स्वतन्त्रता प्राप्ति के पश्चात् तांबा, सीसा, लोहा, सोना तथा अन्य खनिज पदार्थों की खुदाई होती रही है। इस प्रदेश के पर्वतीय भागों में ही अधिक मात्रा में खनिज पदार्थ उपलब्ध होते हैं। यद्यपि कुछ वर्षों से 'भारतीय भूवैज्ञानिक सर्वेक्षण-सर्वे ऑफ इण्डिया' तथा राज्य के भूविज्ञान और उत्खनन विभाग ने कुछ नये खनिज क्षेत्रों का पता लगाया है किन्तु उनका लाभप्रद होना शंकायुक्त ही है। उत्तराखंड से प्राप्त खनिज पदार्थों का संक्षिप्त विवरण निम्नलिखित है:

मैग्नेसाइटः भारत का विशालतम मैग्नेसाइट भण्डार उत्तराखंड के कुमायूँ क्षेत्र में मौजूद है। गढ़वाल मण्डल के चमोली जिले में भी यह पर्याप्त मात्रा में उपलब्ध है। मैग्नेसाइट मुख्यतः झिरौली, देवलधार, तपोवन, पोखरी, बेलाकुची, जोशीमठ, मन्दाकिनी घाटी, पिण्डर घाटी आदि स्थानों में विद्यमान है। अल्मोड़ा जिले के झिरौली व पिथौरागढ़ जिले के चण्डाक में मैग्नेसाइट निकालने का कार्य चल रहा है। चण्डाक में 1 करोड़ 73 लाख रुपए की लागत से स्थापित मैग्नेसाइट परियोजना के प्रथम भट्टे ने 26 अक्टूबर, 1977 से कार्य आरम्भ किया। यह पर्वतीय क्षेत्र में झिरौली के पश्चात् अपने प्रकार की दूसरी योजना है।

मैग्नेसाइट की बड़ी उपयोगिता है। लोहा, इस्पात और सीमेन्ट के कारखानों की विशाल भट्टियों में तापसह ईंटों के रूप में मैग्नेसाइट बड़े पैमाने पर प्रयुक्त होता है। इसको अल्यूमीनियम, तांबा, निकेल, जस्ता या अन्य धातुओं में मिलाकर अनेक प्रकार की मिश्रित धातु बनाई जाती है। साथ ही तेल को साफ करने और तेजाब बनाने में इसका प्रयोग होता है।

खड़िया (चाक)ः मैग्नेसाइट व खड़िया सामान्यतः साथ-साथ पाए जाते हैं, क्योंकि इनका जननिक सम्बन्ध है। यह पर्वतीय क्षेत्र में खड़िया-जखेरा, आगर-गिरिछीना, लोहार घाटी, मुवानी, देवस्थल, काण्डा, राई आगर, चमोली तहसील के तरोसी व हुऐना क्षेत्र से प्राप्त होती है। मन्दाकिनी घाटी व पिण्डर घाटी में खड़िया के भण्डार हैं।

खड़िया का प्रयोग अनेक प्रकार की शृंगार सामग्री, मूर्तियां, कलस, सजावटी सामान, कीटनाशक द्रव्यों, खाद, क्राफ्ट पेपर, विद्युत उपकरणों व चिकनाई के पाउडर बनाने में होता है।

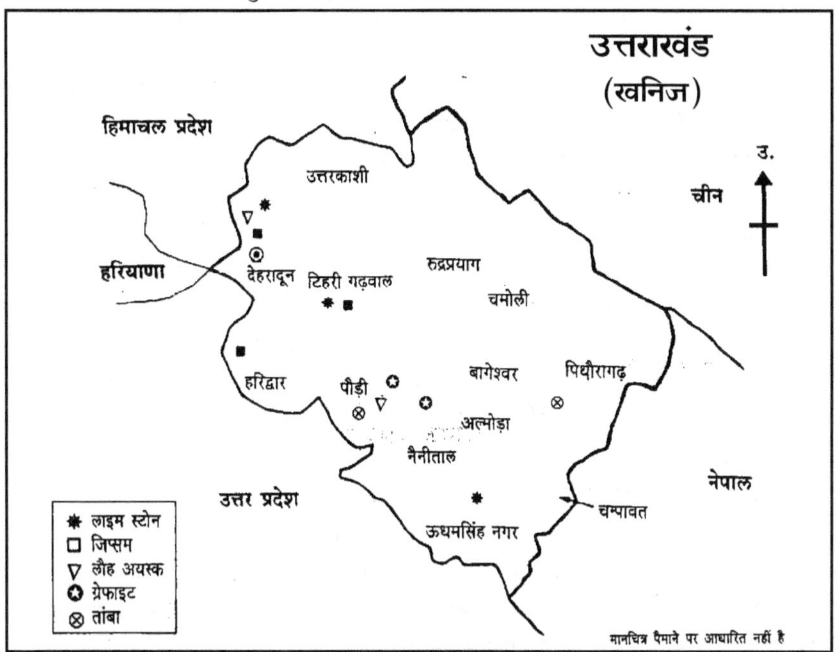

चूना पत्थर व संगमरमरः चूना पत्थर कुमायूं व गढ़वाल में प्राप्त होता है। यह गढ़वाल में ऊखी मठ तहसील, अलकनन्दा घाटी, पिण्डर व लोहबा पट्टी के मध्यवर्ती भाग में टिहरी व देहरादून के सीमावर्ती भागों में, नीलकण्ठ के पास व ऋषिकेश के पूर्व में विपुल मात्रा में मौजूद है। पिथौरागढ़ जिले के गंगोलीहाट तथा नैनीताल व अल्मोड़ा जिले में यह प्रचुर मात्रा में पाया जाता है। चमोली तहसील की अलकनन्दा घाटी व विरही गंगा घाटी में संगमरमर पाया जाता है। लगभग 4 मिलियन टन संगमरमर मसूरी के पास प्राप्त हुआ है।

रॉक फास्फेट्सः मसूरी (देहरादून) तथा टिहरी-गढ़वाल जिले में रॉक फास्फेट्स का उत्खनन कार्य 'पायराइट्स फास्फेट्स एण्ड केमिकल्स लिमिटेड' द्वारा किया जा रहा है। दुरमाला, किमोई, मसराना, माल देवता और चमसारी में रॉक फास्फेट के अपार भण्डार हैं। इसके नये क्षेत्र नैनीताल जिले में प्राप्त हुए हैं। इस खनिज का उपयोग उर्वरक उद्योग और अम्लीय मृदा के उपचार में होता है।

सोनाः इसकी प्राप्ति शारदा और रामगंगा नदियों की रेत से होती है। यह एक बहुमूल्य धातु है। अलकनन्दा और सोन नदी में पिण्डार की बालू में कणों के रूप में भी यह प्राप्त होता है। सोने का उपयोग औषधियां बनाने, इलैक्ट्रोप्लेटिंग, फोटोग्राफी, कांच की चूड़ी को चमकीला बनाने और आभूषण बनाने में किया जाता है।

लोहाः लोहा उत्तराखंड के नैनीताल जिले के रामगढ़, कालादूंगी, गढ़वाल की चांदपुर पट्टी में राजबगुना, कालीफाट, दूधातोली, चोपड़ा, लोहा गांव, दशोली आदि में पाया जाता है।

कोयलाः इसकी खुदाई का कार्य उत्तराखंड में कुमायूँ व गढ़वाल क्षेत्रों में किया जा रहा है। भारतीय भू-गर्भ सर्वेक्षण विभाग के निर्देशन में कुमायूँ और गढ़वाल क्षेत्रों में कोयले की खुदाई का काम हो रहा है।

पाथर व पटालः पर्वतीय भाग में अतीतकाल में मकानों की छतों में प्रयुक्त होने वाले पाथर इस बात के प्रतीक हैं कि यह उत्तराखंड में सर्वत्र पाया जाता है। अल्मोड़ा जिले में उत्तम प्रकार का पटाल विपुल मात्रा में विद्यमान है। मकानों की छतों, आंगन, नालियों, सड़कों आदि के निर्माण में इसका प्रयोग होता है।

सीसाः यह पिथौरागढ़ जिले में चण्डाक, देवलगढ़ रालम तथा भैंसखाल; अल्मोड़ा के रांई में, गढ़वाल में नागपुर क्षेत्र में, देहरादून जिले में टोंस नदी की घाटी में कुमा-बुरेला और मुघौल में पाया जाता है। कुछ सीसा अल्मोड़ा जिले (चैना पानी और बिलौन क्षेत्र में) पाया जाता है। इसका प्रयोग मुख्य रूप से यातायात उपकरणों तथा रासायनिकों के निर्माण में होता है। यह भारी व लचीली धातु है।

जिप्समः उत्तराखंड में देहरादून जिले में खियरकुली व भाटा गांवों के आस-पास; नैनीताल जिले के धापिला गांव के पास; गढ़वाल जिले में खरारी घाटी, खेरा, लक्ष्मन झूला, गुधथानी क्षेत्र में जिप्सम के भंडार उपलब्ध हैं।

गन्धकः यह उत्तराखंड में नन्द प्रयाग से 50 किलोमीटर पूर्व सुटौल गांव के निकट पाया जाता है।

यूरेनियमः इसकी उपलब्धता के संकेत उत्तराखंड के टिहरी गढ़वाल क्षेत्र में मिले हैं।

टैल्कः यह उत्तराखंड में पिथौरागढ़ तथा अल्मोड़ा जिलों में पाया जाता है। यह अत्यन्त ही कोमल खनिज है। इसका उपयोग सौन्दर्य प्रसाधन, टेल्कम पाउडर, पेन्ट्स, साबुन, कीटनाशक पाउडर, टैक्सटाइल तथा कागज आदि के निर्माण में किया जाता है।

चांदीः यह उत्तराखंड के अल्मोड़ा जिले में कुछ मात्रा में प्राप्त होती है।

एस्बेस्टसः यह उत्तराखंड के गढ़वाल (ऊखी मठ और कांधेरा में) तथा अल्मोड़ा जिले में प्राप्त होता है। इसका उपयोग मुख्य रूप से सीमेंट निर्माण एवं विद्युत उपकरणों में किया जाता है। एस्बेस्टस में अधिक ताप सहन करने एवं रासायनिक क्रिया से अधिक प्रभावित न होने की क्षमता होती है। इस कारण औद्योगिक क्षेत्र में इसका काफी प्रयोग होता है। इसमें चूने और मैग्नीशियम का मिश्रण पाया जाता है।

तांबाः उत्तराखंड का कुमायूँ क्षेत्र तांबे का मुख्य उत्पादक क्षेत्र है। चमोली जिले में नागनाथ, धमैथी, पोखरी, धनपुर और मोहनलाल क्षेत्रों में तांबा पाया जाता है। इसके अलावा तांबा नैनीताल, अल्मोड़ा, पौड़ी गढ़वाल, टिहरी गढ़वाल, पिथौरागढ़, देहरादून आदि जिलों में भी पाया जाता है। टिहरी गढ़वाल की भागीरथी घाटी और पौड़ी गढ़वाल का लगभग 96 किमी. लंबा क्षेत्र एक तांबा उत्पादक क्षेत्र है, जहाँ तांबा एवं जस्ता एक साथ पाया जाता है। अल्मोड़ा के धिरोली गाँव के पास फलंमती पहाड़ी श्रेणी और बागेश्वर के समीप थेलीपाटन में भी तांबे के भंडार की खोज की गई है।

☐☐☐

९

प्रमुख राष्ट्रीय पार्क व अभयारण्य

उत्तर प्रदेश से अलग होने के बाद उत्तराखंड का कुल वन्य क्षेत्र 24,295 वर्ग किमी रह गया जबकि उत्तर प्रदेश में मात्र 14,679 वर्ग किमी क्षेत्र ही इसके अधीन है। उत्तर प्रदेश के विभाजन के बाद प्रसिद्ध राष्ट्रीय कार्बेट उद्यान, फूलों की घाटी आदि उत्तराखंड के हिस्से बन गए। इस प्रकार 6 राष्ट्रीय उद्यान व 7 वन्य जीव विहार उत्तराखंड के अंग बन गए।

जिम कार्बेट नेशनल पार्कः यह भारत का प्रथम राष्ट्रीय उद्यान है। इस राष्ट्रीय उद्यान की स्थापना रामनगर (नैनीताल) में 1935 ई॰ में की गई। 520.80 वर्ग कि॰मी॰ में विस्तृत यह पार्क अनेक जंगली जानवरों व पक्षियों की 300 नस्लों के पाए जाने के कारण प्रसिद्ध है। इस पार्क में शेर-चीते, हाथी जैसे जंगली जानवर पाए जाते हैं। वर्तमान में इस पार्क का संबंध 'बाघ परियोजना' से है।

नन्दा देवी राष्ट्रीय पार्कः 625 वर्ग कि॰मी॰ में फैला एवं 2400 से 6817 मीटर ऊंचाई पर स्थित यह पार्क चमोली में स्थित है। इसकी स्थापना 1982 में की गई थी। यह पार्क प्राकृतिक दृश्यों और अत्यन्त दुर्लभ हिमालयी जीव-जन्तुओं के कारण प्रसिद्ध है।

फूलों की घाटी राष्ट्रीय पार्कः यह उद्यान बद्रीनाथ के पास 87 वर्ग कि॰मी॰ में 3352 से 6500 मीटर की ऊंचाई पर दुर्लभ फूलों और पौधों की प्राकृतिक शोभा का केन्द्र है। इसकी स्थापना 1981 में की गई थी। यहां पर हिमालयी काला भालू, कस्तूरी हिरण और अनेक पक्षी देखने को मिलते हैं।

राजाजी राष्ट्रीय पार्कः देहरादून, सहारनपुर व पौड़ी-गढ़वाल जिलों के राजाजी, मोतीपुर व चीला वन्य जीव विहारों के क्षेत्रों को सम्मिलित करते हुए 820 वर्ग कि॰मी॰ क्षेत्र को राजाजी राष्ट्रीय पार्क के रूप में 1983 में स्थापित किया गया। इस पार्क में भालू, हाथी, तेंदुए, चीते, सांभर, भौंकने वाले हिरन, बड़ी छिपकलियां, अजगर और अनेक प्रकार के पक्षी पाए जाते हैं।

केदारनाथ अभयारण्यः जिला चमोली के 975.20 वर्ग कि॰मी॰ में बर्फ से ढंकी पहाड़ियों के मध्य के इस क्षेत्र में पर्वतीय जीव-जन्तुओं को देखा जा सकता है।

चीला वन्यजीव अभयारण्यः 249 वर्ग कि॰मी॰ में 300 से 1,345 मीटर ऊंचाई के बीच प्राकृतिक परिवेश में हाथी देखने को मिलते हैं तथा अन्य पशु-पक्षियों को भी इस अभयारण्य में आसानी से देखा जा सकता है। यह स्थान कोटद्वार क्षेत्र में स्थित है।

मोतीचूर अभयारण्यः हरिद्वार जिले के 89 वर्ग कि०मी० में फैले इस अभयारण्य में अनेक प्रकार के दुर्लभ पक्षी और तरह-तरह के जंगली जानवर देखने को मिलते हैं।

अस्कोट अभयारण्यः पिथौरागढ़ जिले में स्थित यह अभयारण्य हिमालयी चीते, भालू, कस्तूरी हिरन, हिमालयी पक्षियों तथा प्राकृतिक दृश्यों के कारण प्रसिद्ध है।

गोविन्द वन्यजीव अभयारण्यः उत्तरकाशी जिले के 472 वर्ग कि०मी० क्षेत्र में 1,300 से 6,315 मीटर ऊंचाई पर यह अभयारण्य है। इस अभयारण्य में चीता, तेंदुआ, लकड़बग्घा और मगरमच्छों की अनेक किस्मों को देखा जा सकता है।

उत्तराखंड के राष्ट्रीय उद्यान : एक दृष्टि में

- कार्बेट नेशनल पार्क, रामनगर, नैनीताल, स्थापना-1935, क्षेत्रफल-521 वर्ग कि०मी०।
- नन्दा देवी राष्ट्रीय उद्यान, चमोली, स्थापना-1982 क्षेत्रफल-625 वर्ग कि०मी०।
- फूलों की घाटी राष्ट्रीय उद्यान, चमोली, स्थापना-1981, क्षेत्रफल-87 वर्ग कि०मी०।
- राजाजी राष्ट्रीय उद्यान, देहरादून, क्षेत्रफल-820 वर्ग कि०मी०।
- गंगोत्री राष्ट्रीय उद्यान, उत्तरकाशी, क्षेत्रफल-2,390 वर्ग कि०मी०।
- गोविन्द राष्ट्रीय उद्यान, उत्तरकाशी, क्षेत्रफल-472 वर्ग कि०मी०।

उत्तराखंड के वन्यजीव अभयारण्य : एक दृष्टि में

नाम	स्थापना वर्ष	क्षेत्रफल वर्ग कि०मी०	जनपद
गोविन्द वन्यजीव अभयारण्य	1955	486	उत्तरकाशी
केदारनाथ वन्यजीव अभयारण्य	1972	975	चमोली
अस्कोट वन्यजीव अभयारण्य	1986	600	पिथौरागढ़
सोना नदी वन्यजीव अभयारण्य	1987	301	गढ़वाल
विन्सर वन्यजीव अभयारण्य	1988	46	अल्मोड़ा
मसूरी वन्यजीव अभयारण्य	1993	11	देहरादून
नंदौर वन्यजीव अभयारण्य	2012	269.96	नैनीताल एवं चम्पावत

हाथियों के संरक्षण क्षेत्र की स्थापना

केन्द्र सरकार ने उत्तराखंड के सभी संरक्षित वनों को जोड़कर हाथी संरक्षण क्षेत्र बनाने का निश्चय किया है। शिवालिक हाथी संरक्षित क्षेत्र बनने से अब इसके अन्तर्गत 5,180 वर्ग किमी का क्षेत्र आ जाएगा। पहले हाथियों के संरक्षण के नाम पर केवल राजाजी राष्ट्रीय पार्क का 247 वर्ग किमी का क्षेत्र ही था। शिवालिक संरक्षित क्षेत्र बनने से इस संरक्षित वन का सम्पूर्ण नियंत्रण एक ही इकाई के पास आ जाएगा। इसके अन्तर्गत राजाजी पार्क व कार्बेट पार्क की सीमा एक हो जाएगी। भारतीय वन्य जीव संस्थान के आँकड़ों के अनुसार उत्तराखंड के जंगलों में इस समय हाथियों की कुल संख्या 1346 है।

❑❑❑

10

प्रमुख मेले व त्योहार

उत्तराखंड के प्रमुख मेले

उत्तराखंड में प्रतिवर्ष अनेकों मेले लगते हैं। कुछ प्रमुख मेलों का वर्णन निम्नलिखित है:

पर्यटन उत्सवों पर लगने वाले मेले

- **श्री गोवर्धन पूजाः** श्रीकृष्ण के जीवन से सम्बन्धित घटनाओं के स्मरण में उत्तराखंड के अधिकांश भागों में श्री गोवर्धन पूजा का आयोजन किया जाता है।
- **ग्रीष्मोत्सव (अल्मोड़ा):** गर्मियों में पर्यटकों को आकर्षित करने के लिए अल्मोड़ा में अनेक कार्यक्रमों का आयोजन किया जाता है।
- **शरदोत्सवः** पर्यटकों के आकर्षण के लिए अल्मोड़ा, मसूरी, रानीखेत, पिथौरागढ़, चमोली, आदि स्थानों पर शरदोत्सवों का आयोजन किया जाता है।
- **सुरखण्डा उत्सव (टिहरी गढ़वाल):** सुरखण्डा देवी की पूजा के अवसर पर टिहरी गढ़वाल में इस उत्सव का आयोजन किया जाता है।

अन्य प्रमुख मेले

बाला सुन्दरी मेला (काशीपुर): काशीपुर में चैत्र मास की शुक्ल अष्टमी से दस दिन तक बाला सुन्दरी मेला लगता है जिसमें पार्वती जी की पूजा की जाती है तथा यहां नवविवाहित जोड़े सफल दाम्पत्य हेतु मनौती मांगने आते हैं।

नन्दादेवी (नैनीताल): कर्क व मकर संक्रान्ति के दो मेले नन्दा देवी की पूजा-अर्चना हेतु लगते हैं। अल्मोड़ा में भी यह मेला लगता है; जिसमें तीन दिन तक लोक संस्कृति की मनमोहक व दुर्लभ झांकियां देखने को मिलती हैं।

पीरान कलियर (रुड़की): हजरत साहब के उर्स पर यह मेला लगता है जिसमें हिन्दू-मुस्लिम दोनों ही मन्नतें मांगने आते हैं।

देवी धुरा मेला (पिथौरागढ़): प्रत्येक पूर्णमासी के दिन इस विचित्र मेले का आयोजन किया जाता है। इसमें शामिल लोग एक-दूसरे पर पत्थर बरसाते हैं; फिर पुजारी उनके बीच समझौता कराता है।

जलजीवा मेला (पिथौरागढ़): यह एक व्यावसायिक मेला है। इसका आयोजन पिथौरागढ़ जिले के जलजीवा नामक स्थान पर किया जाता है।

मानेश्वर मेला (पिथौरागढ़): इस मेले के अवसर पर मानेश्वर नामक चमत्कारी पत्थर की शिला पर मनौती मांगी जाती है।

टपकेश्वर सिद्ध का मेला (देहरादून): टपकेश्वर सिद्ध के शिव मन्दिर में शिवरात्रि के अवसर पर इस मेले का आयोजन किया जाता है।

झण्डा मेला (देहरादून): झण्डा मन्दिर में सिखों और अन्य धर्मानुयायियों का यह वार्षिक मेला है जिसमें विशेष प्रकार के बांस से बने ध्वज (निशान) की पूजा होती है।

कुम्भ और अर्द्धकुम्भः सदियों से भारतवर्ष में चार तीर्थ नगरों हरिद्वार, प्रयाग, उज्जैन और नासिक के कुम्भ, सिंहस्थ कुम्भ और अर्द्धकुम्भ नामक विराट पर्व आस्थावान भारतीयों को अपनी ओर आकर्षित करते रहे हैं। भारत के इन चार पारम्परिक कुम्भस्थलों में से एक उत्तराखंड में है और उत्तराखंड के इस नगर में कुम्भ ही नहीं अपितु अर्द्धकुम्भ का योग भी बनता है। हरिद्वार के कुम्भ के तीसरे वर्ष प्रयाग में कुम्भ होता है और उसके तीन वर्ष बाद हरिद्वार में अर्द्धकुम्भ आ जाता है। हरिद्वार के अर्द्धकुम्भ के तीसरे वर्ष बाद फिर प्रयाग (इलाहाबाद) में अर्द्धकुम्भ का योग बन जाता है। प्रारम्भ से ही यह परम्परा चली आ रही है।

'कुम्भ दर्शन' के लेखक कवि-मनीषी डॉ॰ जगदीश गुप्त ने अपनी पुस्तक में कुम्भ पर्व की पौराणिकता का उल्लेख तीन कथाओं के माध्यम से किया है। इनमें से एक कथा तो 'विष्णुयाग' की कलशोत्पत्ति कथा ही है, दूसरी महर्षि दुर्वासा की कथा है तथा तीसरी कद्रू-विनता की कथा है।

इन पुराकथाओं के आवरण से निकलकर यदि हम खगोलशास्त्रीय आधार पर देखें तो पाएंगे कि हरिद्वार में कुम्भ योग तब बनता है जब बृहस्पति कुम्भ राशि में तथा सूर्य मेष राशि में होते हैं। प्रयाग में बृहस्पति का वृषस्थ और सूर्य का मकर राशि में संक्रमण कुम्भ पर्व लाता है जबकि बृहस्पति का सिंहस्थ और चन्द्र-सूर्य दोनों के मेषस्थ होने पर उज्जैन में सिंहस्थ का सुयोग उपस्थित करता है। नासिक में बृहस्पति के साथ-साथ सूर्य और चन्द्रमा भी सिंहस्थ हो जाते हैं तब कुम्भ का योग होता है।

हर कुम्भ स्थल पर कुम्भ का योग खगोलशास्त्रीय परम्परा के अनुसार बारह वर्षों के बाद ही आता है। चूंकि यह मुख्यतः बृहस्पति की विभिन्न राशियों की स्थिति पर ही निर्भर करता है इसलिए बृहस्पति की चाल और राशियों में उसकी स्थिति ही कुम्भ का निर्णय करती है। सामान्यतया बृहस्पति 4332.5 दिनों या कहिए 11 वर्ष 11 महीने और 27 दिनों में 12 राशियों की अपनी परिक्रमा पूरी कर लेता है। यानी हर राशि में बृहस्पति करीब 361 दिन रहता है। जब यह पांचवीं राशि में स्थित होता है तब चन्द्र-सूर्य के भी सिंहस्थ होने पर नासिक और सूर्य के सिंहस्थ होने पर उज्जैन में शुभ योग माना जाता है। यही संयोग हरिद्वार में अर्द्धकुम्भ का सुयोग लाता है। दूसरी ओर बृहस्पति जब ग्यारहवीं राशि कुम्भ में स्थित होता है और जब उस वर्ष सूर्य मेष राशि में संक्रमण करता है तो हरिद्वार में ही पूर्णकुम्भ या महाकुम्भ का योग उपस्थित हो जाता है।

पूर्णागिरि देवी का मेला (टनकपुर): यह स्थान टनकपुर से 24 कि॰मी॰ दूर स्थित है। यह पूर्णागिरि देवी का मन्दिर है। पौराणिक मतानुसार जब सती ने अपना शरीर होम कर दिया था और भगवान शंकर उसे लेकर इधर से निकले तो सती के शरीर के कुछ अंग यहां गिरे थे। प्रतिवर्ष चैत्र मास में इस मन्दिर में विशाल मेले का आयोजन किया जाता है, जिसमें पूर्णागिरि देवी की पूजा-अर्चना के लिए लोग आते हैं।

त्योहार

उत्तराखंड में विभिन्न सम्प्रदाय के लोगों द्वारा कई त्योहार मनाए जाते हैं। हिन्दुओं द्वारा मनाए जाने वाले प्रमुख त्योहार निम्न हैं:

त्योहार	तिथि
1. सम्वत्सरारम्भ	चैत्र शुक्ल प्रतिपदा
2. रामनवमी	चैत्र शुक्ल नवमी
3. हनुमान जयन्ती	चैत्र शुक्ल पूर्णिमा
4. शीतला अष्टमी	वैशाख कृष्ण अष्टमी
5. वट सावित्री व्रत	ज्येष्ठ कृष्ण त्रयोदशी
6. गंगा दशहरा	ज्येष्ठ शुक्ल दशमी
7. निर्जला एकादशी	ज्येष्ठ शुक्ल एकादशी
8. कबीर जयन्ती	ज्येष्ठ शुक्ल पूर्णिमा
9. हरियाली तीज	श्रावण शुक्ल तृतीया
10. नागपंचमी	श्रावण शुक्ल पंचमी
11. तुलसी जयन्ती	श्रावण शुक्ल सप्तमी
12. रक्षा बन्धन	श्रावण शुक्ल पूर्णिमा
13. हल षष्ठी	भाद्रपद कृष्ण षष्ठी
14. जन्माष्टमी	भाद्रपद कृष्ण अष्टमी
15. गणेश चतुर्थी	भाद्रपद शुक्ल चतुर्थी
16. राधा अष्टमी	भाद्रपद शुक्ल अष्टमी
17. अनंत चतुर्दशी	भाद्रपद शुक्ल चतुर्दशी
18. पितृ विसर्जन अमावस्या	आश्विन (क्वार) कृष्ण-अमावस्या
19. नवरात्रि (प्रारम्भ)	आश्विन शुक्ल प्रतिपदा
20. दुर्गानवमी	आश्विन शुक्ल नवमी
21. विजयादशमी	आश्विन शुक्ल दशमी
22. शरद पूर्णिमा	आश्विन शुक्ल पूर्णिमा
23. करवा चतुर्थी	कार्तिक कृष्ण चतुर्थी
24. अहोई अष्टमी	कार्तिक कृष्ण अष्टमी
25. धनतेरस	कार्तिक कृष्ण त्रयोदशी
26. नरक चौदस	कार्तिक कृष्ण चतुर्दशी
27. दीपावली	कार्तिक कृष्ण अमावस्या
28. अन्नकूट	कार्तिक शुक्ल प्रतिपदा
29. भाई दूज	कार्तिक शुक्ल द्वितीया
30. देवोत्थानी एकादशी	कार्तिक शुक्ल एकादशी

31.	कार्तिक पूर्णिमा	कार्तिक शुक्ल पूर्णिमा
32.	संकट चतुर्थी	पौष कृष्ण प्रतिपदा
33.	मकर संक्रान्ति	माघ कृष्ण प्रतिपदा
34.	मौनी अमावस्या	माघ शुक्ल अमावस्या
35.	वसन्त पंचमी	माघ शुक्ल पंचमी
36.	महाशिवरात्रि	फाल्गुन कृष्ण चतुर्थी
37.	होली	फाल्गुन शुक्ल पूर्णिमा

अन्य धर्मावलम्बियों के त्योहार

1.	क्रिसमस	25 दिसम्बर
2.	नववर्ष	1 जनवरी
3.	ईस्टर	मार्च
4.	गुड फ्राइडे	मार्च
5.	रमजान	
6.	ईद-उल-जुहा	
7.	ईद-उल-फितर	
8.	मुहर्रम	
9.	बारावफात	
10.	शब-ए-बरात	
11.	गुरु नानक दिवस	
12.	महावीर जयन्ती	

उपरोक्त त्योहारों के अतिरिक्त उत्तराखंड में 26 जनवरी और 15 अगस्त जैसे राष्ट्रीय त्योहार भी धूमधाम से मनाए जाते हैं।

उत्तराखंड के मेले : एक दृष्टि में

	स्थान का नाम	मेले
1.	मसूरी	शरदोत्सव
2.	पिथौरागढ़, लोहागढ़	शरदोत्सव
3.	अल्मोड़ा	नन्दा देवी मेला
4.	अल्मोड़ा	ग्रीष्मोत्सव, शरदोत्सव
5.	पिथौरागढ़	पूर्णागिरि मेला, थाल मेला
6.	पिथौरागढ़	ज्वालजीवी मेला
7.	पौड़ी गढ़वाल	मकर संक्रान्ति मेला, ठाडामंडी पौड़ी
8.	पौड़ी गढ़वाल	स्व. वीरचन्द सिंह गढ़वाली की समाधि पर होने वाले सांस्कृतिक कार्यक्रम

9.	टिहरी गढ़वाल	सुरखण्डा शरदोत्सव, देवी मेला
10.	पिथौरागढ़	शरदोत्सव
11.	लैन्सडाउन (पौड़ी)	शरदोत्सव
12.	रानीखेत, अल्मोड़ा	शरदोत्सव
13.	पौड़ी गढ़वाल	भुवनेश्वरी देवी मंदिर
14.	बागेश्वर, अल्मोड़ा	उत्तरकाशी मेला
15.	टिहरी गढ़वाल	विकास प्रदर्शनी
16.	टिहरी गढ़वाल	कूब्जापुरी मेला
17.	अल्मोड़ा	बागेश्वर मेला
18.	चमोली	शरदोत्सव
19.	उत्तरकाशी	माघ मेला
20.	श्रीनगर (पौड़ी)	कमलेश्वर मेला
21.	जोशीमठ (चमोली)	शरदोत्सव जोशीमठ, गोचर मेला
22.	ज्वालपा देवी (गढ़वाल)	नवरात्र मेला, ज्वालपा देवी
23.	लैन्सडाउन तहसील (पौड़ी)	ताड़केश्वर मेला
24.	कर्णप्रयाग तहसील (चमोली)	नन्दादेवी मेला, नौटी चमोली

उत्तराखंड की धार्मिक यात्राएं

धार्मिक आयोजनों का केन्द्र होने के कारण उत्तराखंड में धार्मिक यात्राओं का अपना अलग ही महत्व है। समय-समय पर आयोजित होने वाली उत्तराखंड की कुछ प्रमुख धार्मिक यात्राएं निम्नलिखित हैं।

कैलाश मानसरोवर यात्रा : उत्तराखंड की धार्मिक यात्राओं में कैलाश मानसरोवर यात्रा का सर्वाधिक महत्व है। कैलाश मानसरोवर 22,028 फीट की ऊँचाई पर स्थित है। सम्प्रति इस यात्रा का आयोजन भारत के विदेश मंत्रालय के निर्देशन में कुमायूँ मंडल विकास निगम द्वारा किया जाता है। इस यात्रा की कुल लम्बाई 864 किमी. है। यह यात्रा दिल्ली से प्रारम्भ होती है व मांगती (तवाघाट) तक बस यात्रा के उपरांत पैदल यात्रा शुरू होती है जो गाला (2378 मी.), बूदी 20 किमी. (2740 मी.), गुंजी 17 किमी. (3200 मी.), कालापानी 9 किमी. (3570 मी.), नाबीढांग 4 किमी. (4200 मी.), लिपूलेख 12 किमी. (5125 मी.) तकलाकोट तथा दारचिन होते हुए कैलाश मानसरोवर पर समाप्त होती है।

पंवाली कांठा-केदार यात्रा : देश की पवित्र धार्मिक यात्राओं में से एक केदार धाम यात्रा के इस पैदल मार्ग की लम्बाई 29 किलोमीटर है। अगस्त-सितम्बर महीने में यह यात्रा देवी-देवता की डोली के साथ या सपरिवार की जाती है। भाट्या बुग्याल, पंवाली कांठा के विस्तार में फैले बुग्याल क्षेत्र से त्रिजुणी नारायण होकर यह यात्रा केदारनाथ धाम पहुँचती है।

नन्दा राजजात : लगभग 20 दिन की नन्दा राजजात यात्रा विश्व की एक अनोखी पदयात्रा है जिसमें गढ़वाल-कुमायूँ ही नहीं वरन् भारत और विदेशों से भी भारी संख्या में लोग आकर भाग लेते

हैं। ऐतिहासिक तथ्यों के आधार पर 'नंदा राजजात' का आयोजन सदियों से गढ़वाल के राजाओं द्वारा होता आया है। नन्दा राजजात चमोली जनपद के नौटी गाँव से प्रारम्भ होकर हेमकुंड तक पहुँचती है। इस नन्दा राजजात का शुभारंभ कांसवा के कुंवरों की थोकदारी में चार सींगों वाले काले मेढ़े के जन्म लेने के साथ ही शुरू हो जाता है जो राजजात में देवी के वाहन के रूप में इस 'राजजात' की अगुवाई करता है। हेमकुंड पहुँचने पर यात्रा के समापन में हवन-पूजन के बाद मेढ़े को शृंगार, आभूषण, खाद्य एवं वस्त्र सामग्री के साथ छोड़ दिया जाता है और पूजा-अर्चना से संबंधित अन्य वस्तुएं विसर्जित कर दी जाती हैं।

सहस्र ताल-महाश्र ताल यात्रा : देवी-देवताओं की डोली व 'निसाण' (ध्वज) के साथ यह यात्रा भाद्रपद के महीने में होती है। अपनी-अपनी सुविधानुसार ये यात्राएं किसी भी गाँव-क्षेत्र से शुरू होती हैं। टिहरी उत्तरकाशी के विभिन्न क्षेत्रों से होकर यह यात्रा बूढ़ाकेदार से महाश्र ताल होकर और धुत्तू से होकर 14 हजार फीट ऊँचाई पर स्थित सहस्रताल समूह तक जाती है।

दृयवोरा : यह धार्मिक यात्रा पिथौरागढ़ जिले के कुछ भागों में संपन्न होती है। इस देव यात्रा में ग्रामवासी साल-डेढ़ साल तक विभिन्न मंदिरों, तीर्थों एवं गांवों में रात बिताते हुए अपनी यात्रा पूरी करते हैं।

खतलिंग-रुद्रा देवी महायात्रा : यह यात्रा उत्तराखंड के 'पांचवां धाम' यात्रा के नाम से प्रचलित है। यह यात्रा टिहरी जिले के सीमान्त उच्च हिमालयी क्षेत्र में प्रतिवर्ष सितम्बर माह में होती है। यह यात्रा धुत्तू सीमांत गांव गंगी, विरोध, नौ मुठ्ठी, भुमक उड्यार होते हुए रुद्रा गैरू व संसार के विचित्र लटकते-झूलते खतलिंग ग्लेशियर के नीचे भृगुगंगा के उद्गम तक जाती है।

नृत्य उत्सव

हिलजात्रा : हिलजात्रा एक प्रतीकात्मक उत्सव है, जो कि पिथौरागढ़ के कुमौड़ बजेटी, रखलगांव (विशाड़) व इसके परिष्कृत स्वरूप में कनालीछिना व अस्कोट के क्षेत्र में उत्साह के साथ मनाया जाता है। यह मुख्यतः चरवाहों एवं कृषकों का उत्सव है। हिलजात्रा वस्तुतः खुले आसमान के नीचे विभिन्न चारागाह एवं कृषि कार्यों से संबंधित गतिविधियों को दर्शित करने वाला स्वांग नृत्य है, जिसमें देव समूह की राक्षसों एवं दुरात्माओं पर विजय का दृश्य भी एक अद्भुत स्वांग नृत्य के रूप में प्रदर्शित किया जाता है।

□□□

प्रसिद्ध मन्दिर

उत्तराखंड में विभिन्न प्रकार के मंदिर मिलते हैं। शिल्प शास्त्रों के अनुसार मंदिरों के निर्माण के लिए जिन तीन शैलियों का वर्णन किया गया है उनमें से नागर शैली ही उत्तराखंड में अधिक प्रसिद्ध थी। उत्तराखंड के विभिन्न स्थानों पर स्थित प्रमुख मंदिर निम्नलिखित हैं:

हरिद्वार

यूं तो हरिद्वार प्रमुख रूप से स्नान-तीर्थ है परन्तु इस पंचपुरी हरिद्वार जिले में अनेक दर्शनीय धार्मिक स्थल भी हैं:

मायादेवी का मन्दिरः मायापुरी हरिद्वार की अधिष्ठात्री देवी मायादेवी का मन्दिर धार्मिक स्थलों में प्रमुख है। सर अलेक्जेंडर कनिंघम ने उन्नीसवीं शताब्दी में इसी मन्दिर में दसवीं शताब्दी के भग्नावशेष देखे थे। मायादेवी का मन्दिर उन शक्तिपीठों में से एक है जहां महामाया सती का हृदय और नाभि अंग गिरा था। यह मन्दिर रेलवे स्टेशन और हर की पौड़ी के मध्य सड़क के पूरब में स्थित है। इस मन्दिर पर ही प्राचीन भैरव मन्दिर है। ये दोनों मन्दिर पंच दशनाम श्री जूना अखाड़े की देखरेख में हैं।

दक्षेश्वर महादेव का मन्दिरः कनखल का दक्षेश्वर महादेव का मन्दिर प्राचीन मन्दिरों की श्रेणी में दूसरा है। इस मन्दिर में महाशिवरात्रि और श्रावण के हर सोमवार को विशेष मेला लगता है। इस मन्दिर के संरक्षक पंचायती श्री महानिर्वाणी अखाड़े ने इसका जीर्णोद्धार करवाकर इसे भव्य रूप दे दिया है। इसके निकट ही श्री गणेश, हनुमान, काल भैरव और दशमहाविद्याओं के भव्य मन्दिर हैं। पास ही श्री आनन्दमयी मां की गुरुगद्दी है। इस परिसर के सामने श्री आनन्दमयी मां का आश्रम और मां की भव्य समाधि भी स्थित है।

तिलभाण्डेश्वर महादेव और रामेश्वर महादेव के मन्दिरः कनखल के अन्य मन्दिरों में तिलभाण्डेश्वर महादेव और रामेश्वर महादेव के मन्दिर प्रमुख हैं। तिलभाण्डेश्वर तो सतीघाट के उत्तर में गंगा तट पर ही है जबकि रामेश्वर महादेव मन्दिर हरिद्वार — कनखल मार्ग पर श्रीरामकृष्ण सेवाश्रम के निकट के तिराहे पर स्थित है। यह मन्दिर अपने शिल्प के लिए हरिद्वार के मन्दिरों में महत्त्वपूर्ण है। किसी समय में यहां तीन प्रमुख अखाड़ों की गुरुगद्दी हुआ करती थी। इस मन्दिर का निर्माण मिर्जापुरी पत्थरों और राजस्थान तथा हैदराबाद के कारीगरों द्वारा संवत् 1983 में किया गया था।

महिषासुर-मर्दिनी का मन्दिरः कनखल में हाल ही में स्थापित महिषासुर-मर्दिनी का मन्दिर भी प्रमुख रूप से दर्शनीय है।

बिल्वकेश्वर महादेव का मन्दिरः हरिद्वार में बिल्वपर्वत की तलहटी में स्थित बिल्वकेश्वर महादेव का मन्दिर अपनी पौराणिकता और उस स्थल पर हिमालय की पुत्री शैलजा उमा गौरी द्वारा शिव की प्राप्ति के लिए घोर तपस्या किए जाने के कारण महत्त्वपूर्ण है। अपनी घोर तपस्या के दौरान उमा यहां केवल पत्ते खाकर रहीं। बाद में तो पत्ते खाना भी छोड़कर वे अपर्णा हो गई थीं। वहीं एक बिल्व (बेल) के पेड़ के नीचे महादेव शिव ने उमा की तपस्या से प्रसन्न होकर उन्हें दर्शन दिए थे। उसी स्थल पर बाद में श्री शंकराचार्य ने शिवालय की स्थापना की थी।

पशुपतिनाथ महादेव का मन्दिरः हरिद्वार में ही श्रवणनाथ मठ द्वारा संरक्षित पशुपतिनाथ महादेव का मन्दिर विशेष दर्शनीय है। संवत् 1876 में बाबा श्रवणनाथ द्वारा स्थापित इस मन्दिर में कसौटी पत्थर से बना चतुर्मुखी शिवलिंग है। मन्दिर का वास्तुशिल्प और भव्य नन्दीगण दर्शकों को आकर्षित करते हैं। इस मन्दिर की स्थापना के पश्चात् लाखों रुपए की लागत से एक भव्य भंडारा आयोजित किया गया था और तब उदयपुर, मेवाड़, बीकानेर के राजा और नेपाल नरेश के दूत विशेष रूप से उपस्थित हुए थे। यह बात मन्दिर के शिलालेख पर अंकित है।

हर की पौड़ी के मन्दिरः हरिद्वार में हर की पौड़ी के मन्दिर स्नानार्थियों के लिए सर्वसुलभ हैं। यहां के प्राचीन 'विष्णुचरण पादुका मन्दिर' का उल्लेख इतिहासकार शर्फुद्दीन ने भी किया है। तब पहाड़ पर उत्कीर्ण जो चरण पादुका थी आज वह एक छोटे मन्दिर की शक्ल में है। ब्रह्मकुण्ड के बीचों-बीच आमेर नरेश मिर्जा राजा मानसिंह द्वारा अपने जीवनकाल में बनाए गए अष्टकोणी प्रस्तर स्तम्भ पर निर्मित 'श्री गंगा मन्दिर' अपने छतरीनुमा शिल्प के कारण मानसिंह की छतरी के नाम से प्रसिद्ध है। अकबर के जमाने में बना यह मन्दिर इस क्षेत्र का प्राचीनतम मन्दिर है। इसके अतिरिक्त यहां महन्तानी कौरादेवी, सरदार वशिष्ठ परिवार और श्रीमती सुशीला देवी कौशिक की निजी सम्पत्ति से बने चार प्रमुख मन्दिर और हैं। महन्तानी का 'अठखंबा मन्दिर' गंगा की धारा से काफी ऊंचाई पर स्थित है और महन्तानी के ही दूसरे मन्दिर 'श्री गंगाधर महादेव' के मुकाबले प्राचीन है। 'गंगाधर महादेव का मन्दिर' जिसे अब 'गंगा-भागीरथ का मन्दिर' बना दिया गया है, मिर्जा राजा मानसिंह वाले 'श्रीगंगा मन्दिर' के करीब जल में स्थित है। वहीं पास में हर की पौड़ी के पश्चिमी घाट पर श्री सरदार रामरक्खा वशिष्ठ की पुरानी हवेली के स्थान पर अब 1938 के बाद से 'श्री लक्ष्मीनारायण का मन्दिर' प्रतिष्ठित है। इस मन्दिर के तलघर में विघ्नविनाशक श्री गणेश की विशाल प्रतिमा है। कौशिक परिवार की सम्पत्ति कहलाने वाला 'श्रीगंगा मन्दिर' वर्तमान अस्थिप्रवाह घाट के सामने स्थित है। हर की पौड़ी के विस्तृत घाट के उत्तर में कांगड़ा के राजा संसारचन्द्र द्वारा बनवाए गए दो मन्दिर हैं। एक में केवल महादेव लिंग रूप में प्रतिष्ठित हैं जबकि दूसरे मन्दिर में लाल, काले और सफेद संगमरमर की देव प्रतिमाएं स्थापित हैं तथा शिल्प और मूर्तिकला की दृष्टि से अद्वितीय हैं। इन मूर्तियों में कार्तिकेय, सूर्य, इन्द्र, यम, दुर्गा, नृसिंह आदि चौबीस देवी-देवता प्रतिष्ठित हैं।

गंगा मन्दिरः हरिद्वार में ही कांची कामकोटि पीठ के जगद्गुरू शंकराचार्य श्री जयेन्द्र सरस्वती जी द्वारा स्थापित दक्षिण शैली का 'मकरवाहिनी गंगा' का एक भव्य मन्दिर है। इस मन्दिर में दक्षिण भारतीय मूर्त्तिकला के नमूने के रूप में काले पत्थर की गंगा की प्रतिमा है।

हरिद्वार के अन्य मन्दिरः हरिद्वार के पूर्वी भाग में गंगा की धारा से सटे हुए नील पर्वत पर जम्मू के राजा सुचेत सिंह द्वारा 1886 में शिखर पर 'चंडीदेवी' और तलहटी में 'नीलेश्वर महादेव' के मन्दिरों की पुनर्प्रतिष्ठा की गई थी। नीलेश्वर मन्दिर के पास ही वन से घिरा हुआ 'गौरी-शंकर' का भी मन्दिर है जो अब हरिद्वार-नजीबाबाद मार्ग बन जाने के बाद इस मार्ग के किनारे आ गया है। नीलपर्वत की एक चोटी पर हनुमान की माता 'अंजनीदेवी का मन्दिर' भी है। 'मंसादेवी का मन्दिर' गंगा की धारा के दाहिने किनारे पर हरिद्वार नगर से सटे बिल्वपर्वत पर है। हरिद्वार-ऋषिकेश मार्ग पर श्री दूधाधारी बाबा द्वारा स्थापित 'श्री राघवेन्द्र मन्दिर', सप्तसरोवर मार्ग पर स्थित स्वामी सत्यमित्रानन्द गिरि द्वारा स्थापित 'भारत माता का मन्दिर', पावन धाम के 'कांच मन्दिर', शांतिकुंज का 'गायत्री मन्दिर' आदि हरिद्वार के प्रसिद्ध मन्दिर हैं।

ऋषिकेश

भरत मन्दिरः ऋषिकेश में 'भरत जी का मन्दिर' है। किंवदन्ती के अनुसार भगवान राम के छोटे भाई भरत यहाँ कुछ समय के लिए रहे थे।

नीलकंठ मन्दिरः ऋषिकेश नगर से लगभग 12 कि॰मी॰ दूर सागर तल से 1,675 मीटर ऊंची एक पहाड़ी पर स्थित प्रसिद्ध 'नीलकंठ महादेव का शिव मन्दिर' है।

अल्मोड़ा

चितई मन्दिरः अल्मोड़ा से 4 कि॰मी॰ दूर 'चितई मन्दिर' देखने लायक है।

जोगेश्वर के मन्दिरः यह प्रसिद्ध शिव मन्दिर अल्मोड़ा से 34 कि॰मी॰ दूर है यह एक घाटी में स्थित है और चारों तरफ से देवदार के घने व लम्बे वृक्षों से घिरा हुआ है। यहां पर पुरातत्त्वीय महत्त्व के लगभग 164 मन्दिर एक साथ स्थित हैं जो कि समय-समय पर बनाये गये थे। इनसे उस समय की नक्काशीदार सजावटी स्थापत्य कला का पता चलता है।

बैजनाथ के मन्दिरः यह स्थान अल्मोड़ा जिले में अल्मोड़ा नगर से 41 मील उत्तर की ओर स्थित है। यहां से निकट गरुड़ नगर तक बस जाती है। यहां से बैजनाथ के प्राचीन कलावशेष थोड़ी ही दूर रह जाते हैं। मन्दिरों का एक समूह बैजनाथ सरोवर के तट पर है, जहां इन मन्दिरों की शोभा बड़ी मनोहर लगती है। ये मन्दिर शिखर-शैली के हैं। उत्तराखण्ड में प्रायः यही शैली मिलती है। पार्वती की मूर्ति के दायें-बायें शिव-पार्वती, लक्ष्मी-नारायण, गणेश, सूर्य आदि की लघु प्रतिमाएं रखी हैं।

कटारमल का सूर्य मन्दिरः यह स्थान अल्मोड़ा से लगभग 9 मील पश्चिम में है। अल्मोड़ा से 7 मील दूर कोसी तक बस द्वारा जाया जा सकता है, यहां से पहाड़ के ऊपर चढ़कर कटारमल पहुंचते हैं। उत्तराखण्ड का महत्त्वपूर्ण सूर्य-मन्दिर इसी स्थान पर है। प्रधान मन्दिर का मुख्य अंश टूट गया है। इस मन्दिर की बड़ी मूर्त्ति सूर्य देवता की है, जो ऊंचाई में 3 फुट 8 इंच तथा चौड़ाई में 2 फुट है। सूर्य भगवान कमल के आसन पर बैठे हैं। उनके सिर पर अलंकृत मुकुट तथा

पीछे प्रभामण्डल है। मूर्ति की चौकी पर सारथी अरुण तथा सूर्य के सात घोड़े अंकित हैं। यह मूर्ति भूरे रंग के पत्थर की है। यह 12वीं शताब्दी की कृति है।

इस मन्दिर का मण्डप काफी बड़ा है। इसमें शिव-पार्वती, लक्ष्मी-नारायण, नृसिंह आदि की मूर्तियां हैं। मन्दिर के दरवाजे लकड़ी के हैं। इनकी ऊंचाई 8 फुट तथा चौड़ाई 3 फुट है। इन दरवाजों पर देवी-देवताओं, पशु-पक्षियों तथा कमलादि के अलंकरण अत्यन्त सुन्दरता के साथ किये गये हैं।

रानीखेत

द्वाराहाट के मन्दिरः यह स्थान रानीखेत से 12 मील उत्तर में है। यहां भी बड़ी संख्या में मन्दिर हैं। मन्दिरों के तीन समूह 'कचेहरी', 'मनिया' और 'रतनदेव' के नाम से प्रसिद्ध हैं। इनमें से कुछ ही मन्दिरों में प्रतिमाएं हैं, शेष खाली हैं। चौथा गूजरदेव मन्दिर है, जो कला की दृष्टि से सर्वश्रेष्ठ है। इसके चारों ओर दीवारों पर उत्कीर्ण शिलापट्ट लगे हैं। इन शिलापट्टों पर विविध आकर्षक मुद्राओं में स्त्रियों और पुरुषों के चित्र हैं। ये सब बड़ी सजीवता के साथ चित्रित किये गये हैं। वास्तव में गूजरदेव मन्दिर इस क्षेत्र में अपने ढंग का अकेला मन्दिर है। परन्तु अब इस विशाल मन्दिर का केवल नीचे का अंश ही शेष बचा है।

देहरादून

लाखामण्डल का मन्दिरः यह स्थान देहरादून जिले के जौनपुर परगने में है। देहरादून से 58 मील दूर चकराता तक बस द्वारा जाया जा सकता है और वहां से पूर्व में 22 मील दूर लाखामण्डल है। यह स्थान मूर्तियों का भण्डार है। जनश्रुति है कि यहाँ लाखों मूर्तियां मिलने के कारण इसका नाम लाखामण्डल हुआ। यह स्थान यमुना नदी के निकट ही बसा है और यहां का प्राकृतिक सौन्दर्य ही निराला है।

लाखामण्डल में एक ही प्राचीन मन्दिर है। उसके भीतर कला की राशि भरी है। शिव, दुर्गा, सप्तमातृका, कुबेर, लक्ष्मी-नारायण, कार्तिकेय, सूर्य आदि की अनेक सुन्दर प्रतिमाएं यहां संगृहीत हैं। मन्दिर के बाहर छठी शताब्दी की दो मानवाकार प्रतिमाएं हैं। ये जय-विजय की हैं, जो हाथ में दण्ड धारण किये हैं। मन्दिर की बाहरी दीवारों पर गंगा, लक्ष्मी तथा महिषमर्दिनी की प्रतिमाएं लगी हैं।

अन्य मूर्तियाँ एक गोदाम में सुरक्षित हैं। इनकी संख्या बहुत बड़ी है और इनका समय पांचवीं शताब्दी से लेकर बारहवीं शताब्दी तक है। इनमें कुछ महत्त्वपूर्ण शिलालेख भी हैं।

टपकेश्वर मन्दिरः यहां पर चट्टानों और गुफाओं से बना प्राकृतिक शिव मन्दिर है, जिसमें प्राकृतिक रूप से बने शिवलिंग पर स्वतः ही चट्टानों से पानी टपकता रहता है। यहां शिवरात्रि पर मेला लगता है।

बद्रीनाथ

बद्रीनाथः बद्रीनाथ का यह मन्दिर वैदिककालीन है। इस मन्दिर को आदि शंकराचार्य ने आठवीं शताब्दी में बनवाया था।

मातामूर्ति मन्दिरः यह श्री बद्रीनाथ की माता का मन्दिर है।

केदारनाथ

केदारनाथ मन्दिरः इस मन्दिर को आठवीं शताब्दी में आदि शंकराचार्य ने बनवाया था। इसी स्थान पर पहले एक मन्दिर पाण्डवों ने बनवाया था।

भैरवनाथ मन्दिरः केदारनाथ मन्दिर के बाहर मन्दिर के रक्षक देवता भैरवनाथ का मन्दिर है।

चमोली

त्रिजुगी नारायण मन्दिरः इस स्थान पर भगवान शिव का पार्वती से विवाह हुआ था। आज भी इस स्थान पर अखण्ड अग्नि जल रही है, जो विवाह के कुण्ड से ली गई मानी जाती है।

उत्तरकाशी

गंगोत्री मन्दिरः गंगोत्री, गंगा का उद्गम स्थल है। राजा भगीरथ गंगा नदी को पृथ्वी पर लाने के लिए इसी स्थान पर तपस्यारत रहे थे। यह मन्दिर गंगा के किनारे पत्थरों से बना हुआ है।

यमुनोत्री मन्दिरः जयपुर की महारानी ने इस मन्दिर को पुनः बनवाया था, इससे पहले यह किसने बनवाया था, ज्ञात नहीं है। यमुना नदी की यहां पूजा होती है। पास ही सूर्य कुण्ड है।

उत्तराखंड के आश्चर्य

1.	सुखाताल	अल्मोड़ा
2.	चितई मंदिर (परमोच्च न्यायालय)	अल्मोड़ा
3.	नलदमयंती ताल	नैनीताल
4.	देवीधुरा का पाषाण युद्ध	चम्पावत
5.	हाट कालिका	पिथौरागढ़
6.	पाताल भुवनेश्वर	पिथौरागढ़

नगरों के चर्चित उपनाम

हरिद्वार	गंगाद्वार, पावन नगर, कुंभ नगर, मायापुरी, कपिला
नैनीताल	झीलों का नगर, सरोवर नगरी
अल्मोड़ा	बाल मिठाई का नगर
पिथौरागढ़	छोटा कश्मीर
देहरादून	दून, लीची नगर, सैनिक नगर
मसूरी	पहाड़ों की रानी
ऋषिकेश	गंगानगर, संतनगर, कब्जाभ्रक

□□□

12

अनुसूचित जातियां व जनजातियां

प्रदेश की अनुसूचित जातियां

1. अगरिया	17. कोल	34. धरिया	51. चमार, धूसिया झूसिया, जाटव
2. बहलिया	18. शिल्पकार	35. हबूड़ा	52. धनगर
3. बजनिया	19. सहरिया	36. कलाबाज	53. धोबी
4. बलाई	20. पासी, तरमाली	37. करवल	54. दुसाध
5. बनमानुष	21. नट	38. खटीक	55. गोंड़
6. बसोर	22. मंझवार	39. कोरी	56. हरी
7. बेड़िया	23. बधिक	40. सांसिया	57. कंजर
8. भुइयार	24. बैगा	41. परहिया	58. खैरहा
9. चेरो	25. बाजगी	42. मुसहर	59. खरोट
10. धानुक	26. बाल्मिकी	43. लाल बेगी	60. तुरैहा
11. डोम	27. बांसफोर	44. बादी	61. सनोरिया
12. धरमी	28. बावरिया	45. बैसवार	62. पतरी
13. ग्वाल	29. भांतू	46. बलहार	63. पंखा
14. हेला	30. बौरिया	47. बंगाली	64. मजहबी
15. कपरिया	31. दबगर	48. बरवार	65. कोरवा
16. खरवार (बनवंसी) के अलावा)	32. धरकार	49. बेलदार	
	33. डोमर	50. भुइया	

प्रदेश की जनजातियां

उत्तराखंड की प्रमुख जनजातियों में भोटिया, बुक्सा, जौनसारी, राजी और थारू हैं। इनके अतिरिक्त अन्य जनजातियों में शौका और माहीगीर मुख्य हैं। उत्तराखंड की ये जनजातियां लगभग सभी जिलों में निवास करती हैं। ऊधमसिंह नगर जिले में इनकी संख्या सर्वाधिक है। इसके बाद दूसरा स्थान देहरादून जिले का है।

थारू

निवास क्षेत्रः थारू जनजाति उत्तराखंड में नैनीताल से लेकर उत्तर प्रदेश के गोरखपुर एवं तराई क्षेत्र में निवास करती है।

उत्पत्ति एवं वंशः ये किरात वंश के हैं तथा कई उपजातियों में विभाजित हैं। थारू नाम की उत्पत्ति के विषय में इतिहासकारों द्वारा अनेक संभावनाएं व्यक्त की गई हैं। कुछ विद्वानों के विचार से 'थार' का अर्थ है 'मदिरा' और 'थारू' का अर्थ है 'मदिरा पान करने वाला'। चूंकि ये मदिरा का सेवन पानी की तरह करते हैं, अतः थारू कहलाते हैं। कुछ विद्वानों का कहना है कि थारू जाति के लोग राजपूताना के 'थार' मरुस्थल से आकर यहां बसे हैं, इसी कारण ये थारू कहलाते हैं।

शारीरिक गठनः थारू जाति के लोग कद में छोटे, चौड़ी मुखाकृति और पीले रंग के होते हैं। पुरुषों से स्त्रियां कहीं अधिक आकर्षक और सुन्दर होती हैं।

वेष-भूषाः थारू पुरुष लंगोटी की तरह धोती लपेटते हैं और बड़ी चोटी रखते हैं, जो हिंदुत्व का प्रतीक है। थारू स्त्रियां रंगीन लंहगा, ओढ़नी, चोली और बूटेदार कुर्ता पहनती हैं। इन्हें आभूषण प्रिय हैं। शरीर पर गुदना गुदवाना भी इन्हें रुचिकर लगता है।

आवास और गृहः थारू जाति के लोग अपना घर मिट्टी और ईंटों का नहीं बनाते हैं। इनके मकान लकड़ी के लट्ठों और नरकुलों के द्वारा बनाये जाते हैं। इनके मकान उत्तर-दक्षिण की ओर होते हैं और द्वार पूर्व की ओर होता है। इनके मकानों में कई कमरे होते हैं। घर में एक पूजाघर भी होता है।

भोजनः थारूओं का भोजन मुख्य रूप से चावल है। मछली, दाल, गाय-भैंस का दूध, दही तथा जंगल से आखेट किये गये जन्तुओं का मांस भी खाते हैं। ये सुअर और मुर्गी पालते हैं और उनका मांस व अण्डे भी प्रयोग करते हैं। इनके भोजन का समय निर्धारित होता है। समयानुसार उनके अलग-अलग नाम हैं। जैसे-कलेवा (प्रातः का नाश्ता), मिझनी (दोपहर का भोजन) और बेरी (शाम का भोजन)। थारू लोग मांस और मदिरा का अधिक प्रयोग करते हैं। मदिरा थारूओं का मुख्य पेय है, जिसे वे शुभ अवसरों पर खूब पीते हैं। ये चावल द्वारा निर्मित 'जाड़' नामक मदिरा स्वयं बनाते हैं।

पारिवारिक व्यवस्थाः थारू जाति में संयुक्त परिवार प्रथा है। नेपाल की तराई में अनेक ऐसे थारू मिलते हैं जिनके पारिवारिक सदस्यों की संख्या पांच सौ तक होती है। परिवार का वृद्ध व्यक्ति ही सम्पूर्ण परिवार का मुखिया होता है, जो परिवार के अन्य सदस्यों को उनकी क्षमता के अनुसार कार्य सौंप देता है। फिर वे ही व्यक्ति उस कार्य के लिए उत्तरदायी होते हैं। कार्यों में एक पखवाड़े के उपरान्त परिवर्तन कर दिया जाता है, जिससे कार्यों के प्रति सरसता बनी रहे। यहां भाई-बहन, मां-बेटी, सास-बहू, प्रेमी-प्रमिका, पति-पत्नी, ननद-भावज और देवर-भौजाई के उभयपक्षीय अर्थात् कटु एवं मधुर सम्बन्धों का आकर्षक रूप दिखाई देता है।

विवाह प्रथाः थारूओं की विवाह प्रथा अत्यन्त विचित्र है। इनमें वर पक्ष की ओर से किसी मध्यस्थ व्यक्ति द्वारा विवाह की बातचीत चलाई जाती है। थारूओं में अभी तक बदला विवाह अर्थात् बहनों के आदान-प्रदान की प्रथा थी, परन्तु अब यह प्रथा कम होती जा रही है। दोनों ओर से जब विवाह तय हो जाता है तो उसे 'पक्की पोढ़ी' कहते हैं। इस समय दोनों पक्षों में एक समझौता होता है जिसके अन्तर्गत वर पक्ष के लोगों को एक निश्चित मात्रा में चावल, दाल इत्यादि वधू पक्ष वालों

को उस समय तक देना पड़ता है जब तक कि वर-वधू का विवाह नहीं हो जाता। थारू लोग अपनी बारातें गांव के बाहर चप्पेदार खेतों में ठहराते हैं। द्वारचार के समय लड़के और लड़की के पिता को एक अंगोछा से बांध दिया जाता है, फिर बीस तक गिनती पढ़कर छोड़ देते हैं। थारूओं में विधवा विवाह की भी प्रथा है। अगर कोई विवाहित लड़की जिसका गौना न आया हो और उसका पति मर जाये तो उसका पिता उसे किसी के घर भेज देगा और बिरादरी को एक भोज देगा। इस प्रकार के विवाह भोज को लठभखा भोज कहते हैं। अगर किसी विवाहित स्त्री का पति (जिसका गौना हो चुका हो) मर जाता है तो उस लड़की के ससुराल वाले किसी युवक को खोजकर लाते हैं और घर के बाहर लड़की को लड़के और लड़के को लड़की की पोशाक पहना देते हैं। तदुपरान्त लड़की आगे-आगे तथा लड़का उसके पीछे-पीछे अपने मकान में प्रवेश करते हैं। इस प्रकार वे दोनों पति-पत्नी के रूप में जीवनयापन करने लगते हैं।

धर्मः थारू हिन्दू धर्म को मानते हैं। इनके अनेक देवी-देवता होते हैं। ये भूत-प्रेत और जादू-टोना इत्यादि में विश्वास करते हैं। ये देवी काली को अधिक मानते हैं। भैरव और महादेव भी इनके आराध्य देव हैं। इनका शिवलिंग पत्थर का न होकर बांस का होता है। ये राम-कृष्ण की भी पूजा करते हैं। थारूओं के अनेक छोटे-छोटे देवी-देवता भी होते हैं। ये पीपल की पूजा करते हैं। इसके अतिरिक्त ये कहीं - कहीं गाय, बन्दर, सांप आदि की भी पूजा करते हैं।

पर्व-त्योहारः थारू जनजाति के लोग हिन्दुओं के सभी त्योहार मनाते हैं। मकर संक्रान्ति, होली, कन्हैया अष्टमी (जन्माष्टमी), दशहरा और बजहर थारूओं के मुख्य त्योहार हैं। होली के दिनों में स्त्री-पुरुष दोनों ही मदिरा पीकर गाते हैं तथा साथ-साथ नशे में मस्त होकर नृत्य करते हैं। होली का पर्व फाल्गुन पूर्णिमा से आठ दिनों तक लगातार मनाया जाता है। इस पर्व के अवसर पर रंग-अबीर का खुलकर प्रयोग होता है। बजहर नामक त्योहार ज्येष्ठ अथवा वैशाख के दिनों में होता है। उस दिन गांव की समस्त स्त्रियां गांव छोड़कर खाना बनाने के आवश्यक सामान के साथ निकट के किसी ऐसे स्थान पर चली जाती हैं, जहां पीपल अथवा बरगद का पेड़ होता है। उस स्थान पर वे सभी खाना बनाती हैं। भोजन के उपरांत पूजा-पाठ और नृत्य-संगीत आदि का कार्यक्रम होता है, पुरुष भी वहीं पर भोजन इत्यादि करते हैं। रात्रि के समय उनका वहाँ रहना वर्जित होता है, जबकि स्त्रियां रात्रि में वहीं रहती हैं। मकर संक्रान्ति और दशहरा का पर्व थारू लोग बड़े उल्लास से मनाते हैं। मकर संक्रान्ति को प्रातः जल्दी सोकर उठते हैं तथा नदी या तालाब में स्नान आदि कर एक-दूसरे को प्रणाम करते हैं तथा दान-पुण्य आदि भी किया जाता है। इस दिन थारू खिचड़ी खाते हैं एवं शराब का सेवन करते है। रात्रि में नृत्य आदि होता है। दशहरा का पर्व कुछ क्षेत्रों में क्वार माह में मनाया जाता है। दूज के दिन ये लोग मकई और जौ मिलाकर किसी मिट्टी के बर्तन में बोकर रख देते हैं। जब वह उग आता है तब अष्टमी के दिन देवताओं पर चढ़ाते हैं तथा नवमी के दिन जानवरों को खिलाते हैं। तदुपरान्त इन जानवरों की बलि दी जाती है। बलि का गोश्त थारू लोग अपने परिचितों व रिश्तेदारों में बांटते हैं। सभी लोग मिल-जुलकर गाना-बजाना एवं नृत्य करते हैं तथा शराब पीते हैं।

अर्थव्यवस्थाः थारूओं की अर्थव्यवस्था कृषि-प्रधान है। ये लोग मुख्यतः धान की खेती करते हैं। इसके अतिरिक्त दालें, तिलहन तथा गेहूं की भी कृषि करते हैं। प्रत्येक थारू परिवार सब्जियां स्वयं उगाता

है। सब्जियों में आलू, सेम, बैंगन, भिण्डी, अरबी, गोभी, मूली, शलजम, टमाटर, प्याज, लहसुन, आदि मुख्य हैं।

इनके अन्य व्यवसायों में पशुपालन, लकड़ी की कटाई, शिकार, वन्य भूमियों से लकड़ी, जड़ी-बूटी, फल-फूल एकत्र करना और कुटीर उद्योग हैं। शिक्षित थारू सरकारी नौकरियां भी करने लगे हैं। भारत तथा उत्तराखंड सरकार थारू जनजातियों के सामाजिक और आर्थिक उत्थान हेतु निरन्तर प्रयत्नशील हैं। इस हेतु अनेक योजनाओं को भी प्रारम्भ किया गया है। शिक्षा के प्रसार से इस जनजाति के लोगों में सांस्कृतिक चेतना आयी है और इनका जीवन सुधर रहा है।

भोटिया

इनका वास्तविक नाम गढ़वाल, सीमान्त में 'मारछा', 'तोलछा' और 'जाड़' तथा कुमायूँ सीमान्त में 'शौका' है। भोटिया शब्द की उत्पत्ति 'भोट' शब्द से हुई है। भोट शब्द का प्रयोग उत्तराखंड में स्थित भोट प्रदेश में निवास करने वाले लोगों के लिए किया जाता है। यह भोट प्रदेश राज्य के उत्तर-पर्वतीय क्षेत्र में तिब्बत एवं नेपाल के साथ सीमा बनाता है। ये लोग उत्तराखंड के धारचूला, मुनस्यारी, बेरी नाग, डीडी हाट, भटवाड़ी (उत्तरकाशी), जोशीमठ, माणा, नीति, गोपेश्वर, कपकोट, बागेश्वर, गरुण व बैजनाथ आदि के लगभग 291 ग्रामों में निवास करते हैं।

उत्पत्तिः भोटिया मंगोल प्रजाति के वंशज हैं और ये हिमालय के तिब्बती बरमन परिवार से सम्बन्धित छह बोलियां बोलते हैं।

वस्त्रः साधारणतः भोटिया लम्बा कोट, पाजामा और पहाड़ी टोपी पहनते हैं। इनकी स्त्रियां ऊंची बांह वाला कोट धारण करती हैं, जिसे इनकी भाषा में चुंग कहते हैं। यह टखनों तक लटकता रहता है। कमर को ये आमतौर पर कसे रहती हैं तथा कमर के नीचे तक कुर्ता पहनती हैं जिसे फूया बेल कहते हैं। इनमें दो प्रकार की टोपियां प्रचलित हैं। साधारण टोपी को चुगठी कहते हैं तथा अधिक घने बालों वाली टोपी को चुकल कहते हैं। ये मूंगे की माला आदि भी खूब पहनती हैं।

धर्मः भोटिया स्वयं को खस या राजपूत मानते हैं तथा राजपूतों के समस्त कुलनाम इनमें पाये जाते हैं। उत्तरकाशी में रहने वाले भोटिया जनजाति के कुछ लोगों द्वारा बौद्ध धर्म भी अपना लिया गया है। तिब्बत निवासियों के संसर्ग में पर्याप्त काल तक रहने के बावजूद ये लोग अपनी हिन्दू परम्परा एवं धर्म की रक्षा दृढ़तापूर्वक करते आये हैं। ये लोग गावला नामक देवता की पूजा करते हैं। बैंग रैंग चिम नामक देवता भी इनमें पूजा जाता है।

निवास क्षेत्रः भोटिया जनजाति के लोग वृहत् हिमालय की हिमाच्छादित चोटियों के मध्य गहरी एवं संकरी घाटियों में निवास करते हैं। ये शीतकाल के अलावा वर्ष भर 2,134 से 3,648 मीटर की ऊंचाई पर अपना निवास बनाते हैं और शीतकाल के आरम्भ होते ही अपने परिवार एवं पशुओं के साथ 'मुनसा' (शीतकालीन आवास) की ओर प्रस्थान कर देते हैं, जबकि इनका ग्रीष्मकालीन आवास 'मैत' कहलाता है। इनके गांव मुख्यतः जाड़, गंगा, भामा, नीति, जौहर, दारमा, व्यास तथा चौदर्श घाटियों में अत्यधिक ऊंचाई पर स्थित हैं।

विवाहः प्राचीन काल में भोटिया जनजाति के लोगों में 'अपहरण विवाह' की प्रथा थी, जो समय के साथ हुए सामाजिक परिवर्तनों के फलस्वरूप समाप्त होती जा रही है। अब विवाह अधिकांशतः

माता-पिता द्वारा तय किये जाते हैं। विवाह के अवसर पर वैदिक परम्पराओं का अनुसरण किया जाता है, जो ब्राह्मण लोगों द्वारा सम्पन्न कराये जाते हैं। 'रंग बंग' (युवागृह) की प्रथा भी कहीं-कहीं पाई जाती है, लेकिन अब वह भी समाप्ति की ओर है।

मनोरंजनः भोटिया समुदाय में भी अब नवीन सामाजिक परिवर्तन आते जा रहे हैं। जहां पहले ये लोग एक विशेष प्रकार के वाद्य यन्त्र 'हुडके' को बजाकर मनोरंजन करते थे वहीं अब आधुनिक तड़क-भड़क का संगीत एवं सिनेमा के गीत भी इनके निवास क्षेत्रों में सुनाई पड़ जाते हैं।

अर्थव्यवस्थाः भोटिया प्रदेश के उच्च हिमशिखरों तथा गहरी एवं सपाट घाटियों से घिरा होने के कारण यहां कृषि योग्य भूमि का अभाव पाया जाता है। जो थोड़ी भूमि उपलब्ध है उस पर काफी अल्प मात्रा में उत्पादन होता है; फलस्वरूप इनकी अर्थव्यवस्था का मुख्य आधार तिब्बत से होने वाले व्यापार एवं पशुपालन पर निर्भर है। ये तिब्बत से नमक, सुहागा, ऊन, याक की पूंछ, सोना, जानवरों की खाल, खच्चर तथा भेड़-बकरियां आदि लाते हैं और इनके बदले चावल, गुड़, चीनी, तम्बाकू, लोहा, बर्तन, सूती वस्त्र तथा दैनिक उपयोग की अन्य वस्तुएं तिब्बत ले जाते हैं। प्रत्येक भोटिया के गांव बंटे हुए होते हैं और ग्रामीण व्यक्ति बहुधा अपने परिचित भोटियों से ही सामान खरीदते हैं। सन् 1951 में चीन के तिब्बत पर आक्रमण के बाद इनके व्यापार को काफी क्षति पहुंची है, क्योंकि चीन ने भोटियों के व्यापार पर भारी कर लगा दिये। इस कारण इनका परम्परागत व्यापार तो लगभग समाप्ति की ओर पहुंच गया है। इसने इनके सामाजिक व सांस्कृतिक जीवन में भी परिवर्तन उत्पन्न कर दिया है। अब अधिकांश भोटिया लोग अपने जीविकोपार्जन हेतु सड़क-निर्माण जैसे कार्यों में श्रम करते हैं। जबकि कुछ ने जोशी मठ, मुंश्यारी तथा घारचुला आदि स्थानों पर अपनी छोटी-छोटी दुकानें स्थापित कर ली हैं। भारत सरकार इन जनजातियों के आर्थिक उत्थान हेतु जनजातीय कल्याण कार्यक्रम के अन्तर्गत भोटियों के परम्परागत व्यवसाय ऊनी वस्त्र, गृह उद्योग को बढ़ावा दे रही है। साथ ही भेड़-बकरी पालन, मुर्गीपालन तथा कृषि इत्यादि के क्षेत्र में भी विकास के पर्याप्त प्रयास किये जा रहे हैं।

जौनसारी

निवास क्षेत्रः जौनसारी जनजाति उत्तराखंड के कालसी, चकराता, त्योणी, लाखामण्डल, जौनसार बाबर (देहरादून), जौनपुर (टिहरी गढ़वाल), राबेन (उत्तरकाशी) तथा परगनेकाना आदि के ऊंचे पहाड़ों, गहरी घाटियों एवं आकर्षित करने वाली चोटियों से घिरे क्षेत्र में निवास करती है।

उत्पत्तिः जौनसारी भूमध्यसागरीय क्षेत्रों से सम्बन्धित हैं। इनके रक्त में मंगोलों तथा डोमों का मिश्रण है। जौनसारी जनजाति तीन वर्गों में बंटी है। ये हैं— खसास, कारीगर और हरिजन खसास। खसास में ब्राह्मण व राजपूत, कारीगर में लोहार, सुनार, बढ़ई, बाजगी, ओड़ और हरिजन खसास वर्ग में डोम, कोड, कोल्टा, कोली व मोची आदि सम्मिलित हैं। खसास जौनसारी गोरे और लम्बे कद के होते हैं, कारीगर मध्य और सांवले तथा हरिजन खसास काले रंग के व छोटे कद के होते हैं।

वस्त्रः जौनसारी जनजाति के लोग अब सामाजिक परिवेश में बदलाव के साथ-साथ अपने वस्त्रों में भी परिवर्तन करते जा रहे हैं। इनकी स्त्रियां मुख्यतः घुटनों तक का कुर्ता तथा घाघरा पहनती हैं व गले में माला पहनती हैं। पुरुष धोती, कमीज तथा जाकेट पहनते हैं

धर्मः जौनसारी हिन्दू देवी-देवताओं की पूजा नहीं करते। वे 'महसू' नामक देवता की पूजा करते हैं। पूजा की विधियां भी हिन्दू पद्धतियों से मेल नहीं खाती हैं। देहरादून जनपद में रहने वाले जौनसारी अपने-आपको पाण्डवों का वंशज बताते हैं। इनके प्रमुख देवता पांचों पाण्डव हैं। पंचपुत्र (कुन्ती) इनकी देवी है। ये लोग पत्थर, स्लेट व लकड़ी से मन्दिर बनाते हैं। लाखामण्डल प्रमुख तीर्थ स्थल है। हनोल, थैना व कालसी में इनके अनेक मन्दिर हैं। मन्दिरों के मुख्य द्वार पर ये सर्पों का अलंकरण बनाते हैं, जबकि ऊपर पट्टिका पर लोक जीवन से सम्बन्धित पैनल बनाते हैं।

निवासः जौनसारी जनजाति के लोग अपना घर लकड़ी का बनाते हैं, जिसमें दो या तीन मन्जिलें होती हैं। मकान की निचली मंजिल पत्थर या लकड़ी की बनी होती है, जबकि ऊपरी मंजिल केवल लकड़ी द्वारा ही बनाई जाती है। घर के मुख्य द्वार पर लकड़ी का दरवाजा लगाते हैं, जिस पर विभिन्न अलंकरण होते हैं। दरवाजे के ऊपर मध्य में लकड़ी का भेड़ का मस्तक तथा सिरों पर घोड़ों का मस्तक लगाते हैं। घरों के अन्दर रखने के लिए आलमारी भी होती है। उनके ऊपर घुड़सवारी, मानवाकृतियां, सूर्य, चन्द्र आदि की आकृतियां बनी होती हैं।

भोजनः जौनसारी लोगों का प्रिय दैनिक पेय शराब है, जिसे वे अपने घरों में बनाते हैं। भोजन में चावल, मांस आदि का प्रयोग करते हैं।

पर्व-त्योहारः विस्सू (वैशाखी), पांचोई (दशहरा), दियाई (दीपावली) इनके विशिष्ट उत्सव हैं। दीपावली जौनसारियों का विशेष पर्व है और यह पर्व एक महीने तक मनाया जाता है। विभिन्न, पर्वों, मेलों, संस्कारों आदि के अवसर पर जौनसारी जनजाति के लोग गाते-बजाते तथा नाचते हैं। प्रायः प्रतिदिन सायंकाल से रात्रि में सोने तक ये लोग लकड़ी से बने मकानों में गाते और नाचते हैं। माघ के महीने में बिना किसी बन्धन के खान-पान और नृत्य का उत्सव होता है, जिसमें नवयुवक एवं नवयुवतियां अपना सारा समय प्रेम-क्रीड़ाओं में व्यतीत करते हैं। पुरुष एवं महिलाएं साथ-साथ नृत्य करते हैं। भेड़ों को खिला-पिला कर पूरे वर्ष कमरों में बन्द रखते हैं तथा माघ उत्सव में उनकी बलि देते हैं।

जौनसारी नृत्यों में रासो, घूमसू, झेला, घोड़ों, घीई, घूण्डचा, जंगबाजी, सराई, हृदया, पण्डावाणा, पौणई, रैणारात और अण्डे काण्डे मुख्य हैं। कारीगर और अछूत खसास भी इसी प्रकार की रीति और पद्धतियों का अनुसरण करते हैं।

अस्त्र-शस्त्रः जौनसारी जनजाति के अस्त्र-शस्त्रों में तलवार, फरसा, कटार और जमदन्द प्रमुख हैं।

विवाहः जौनसारी महिलाओं में बहुपति प्रथा पाई जाती है। इनमें अन्तर्जातीय विवाह भी हो जाते हैं। पितृगृह में लड़की को घर एवं कृषि कार्यों का पूर्ण प्रशिक्षण दिया जाता है, जबकि विवाहोपरान्त वह अपना अधिकांश समय अपने पतिगृह में व्यतीत करती है।

अर्थव्यवस्थाः जौनसारी जनजाति में खसास जौनसारी कृषक हैं। इनके पास जमीन है तथा ये सम्पन्न लोग हैं। इनमें ब्राह्मण और राजपूत मुख्य हैं। कोल्टा लोगों की आर्थिक दशा बहुत ही दयनीय है। वे पुश्तैनी ढंग से खसास लोगों की जमीन जोतते हैं। उनकी सेवा के बदले में खसास लोग इन्हें जमीन के छोटे-छोटे टुकड़े दे देते हैं जिनमें कृषि कर ये अपनी आजीविका चलाते हैं। कारीगर और अछूत वर्ग के जौनसारी लोग अधिकांशतः गरीब हैं तथा हमेशा कर्ज में डूबे रहते हैं, क्योंकि उन्हें अपनी जरूरतें पूरी करने के लिए ऊंची दरों पर रुपया भी उधार लेना पड़ता है।

इस जनजाति के उत्थान हेतु प्रदेश सरकार की ओर से अनेक प्रयत्न किए जा रहे हैं, जिनमें शैक्षिक कार्यक्रम, आर्थिक उत्थान कार्यक्रम, स्वास्थ्य एवं आवास सम्बन्धी योजनाएं तथा स्पेशल कम्पोनेन्ट प्लान प्रमुख हैं।

बुक्सा

निवासः बुक्सा अथवा भोक्सा जनजाति उत्तराखंड के नैनीताल, पौड़ी गढ़वाल तथा देहरादून जिलों में छोटी-छोटी ग्रामीण बस्तियों में निवास करती है। नैनीताल के बाजपुर, रामनगर तथा काशीपुर तहसीलों में इनकी सर्वाधिक जनसंख्या पायी जाती है।

उत्पत्ति व शारीरिक गठनः अधिकांश लोगों का मत है कि बुक्सा जनजाति पतवार राजपूत घरानों से सम्बन्ध रखती है। कुछ विद्वानों ने इन्हें मराठों द्वारा भगाए जाने के बाद यहां पर आकर बसा माना है। बुक्सा जनजाति के लोगों का कद और आंखें छोटी होती हैं। उनकी पलकें भारी, चेहरा चौड़ा एवं नाक चपटी होती है। कुल मिलाकर इनका सम्पूर्ण चेहरा ही चौड़ा दिखाई देता है। जबड़े मोटे और निकले हुए तथा दाढ़ी और मूंछें घनी और बड़ी होती हैं। स्त्रियों में गोल चेहरा, गेहुआं रंग तथा मंगोल नाक-नक्श स्पष्ट रूप से दिखाई पड़ते हैं। पुरुषों में श्याम वर्ण के लोग मिलते हैं जिनके शारीरिक लक्षण हिन्दुओं की नीची जाति के लोगों से मिलते हैं।

भाषाः बुक्सा लोग मुख्यतः हिन्दी भाषा बोलते हैं। इनमें जो लोग लिखना-पढ़ना जानते हैं वे देवनागरी लिपि का प्रयोग करते हैं।

भोजनः इनका मुख्य भोजन मछली व चावल है। इसके अतिरिक्त ये लोग मक्का व गेहूं की रोटी और दूध-दही का प्रयोग करते हैं। इन लोगों में बन्दर, गाय और मोर का मांस खाना वर्जित है। मद्यपान पुरुषों की सामान्य आदत है।

वेश-भूषाः बुक्सा पुरुष धोती, कुर्ता, सदरी और सिर पर पगड़ी धारण करते हैं। नगरों में रहने वाले पुरुष गांधी टोपी, कोट, ढीली पैंट और चमड़े के जूते, चप्पल आदि पहनते हैं। स्त्रियाँ पहले गहरे लाल, नीले या काले रंग की छींट का लहंगा पहनती थीं और चोली (अंगिया) के साथ ओढ़नी (चुनरी) सिर पर पहनती थीं। लेकिन अब स्त्रियों में साड़ी, ब्लाउज, स्वेटर एवं कार्डिगन का प्रचलन सामान्य हो गया है। ये राजस्थानी मेवाड़ी राजपूतों के समान सिर पर 'इडरी' के द्वारा ऊंचा जूड़ा बांधती हैं, जिसके ऊपर उनकी रंगीन ओढ़नी एक विशेष प्रकार से पड़ी होती है। विवाहित स्त्रियां उच्च हिन्दू जाति की स्त्रियों की भांति माथे पर सिन्दूर की गोल बिन्दी अवश्य लगाती हैं और हाथों में कांच की चूड़ियां पहनती हैं।

सामाजिक संरचनाः बुक्सा जनजाति चार सामाजिक वर्गों में बंटी है। बुक्सा ब्राह्मण समाज में सबसे ऊंचा स्थान रखते हैं। उसके बाद क्रमशः क्षत्रिय बुक्सा, अहीर बुक्सा और नाई बुक्सा का स्थान है। हिन्दू जातियों के समान ही ये अन्तर्विवाही समूह के होते हैं, परन्तु हिन्दू समाज से भिन्न होते हैं। बुक्सा समाज में विवाह एक अनुबन्ध मात्र होता है, जो पति-पत्नी में से कोई भी किसी भी समय भंग कर सकता है। गांव में प्रत्येक जाति के बुक्सा बिना किसी भेदभाव के एक साथ रहते हैं तथा गांव में सहयोग और भाईचारे के साथ जीवन व्यतीत करते हैं।

‘गोत’ अथवा ‘गोथ’ (गोत्र) बुक्सा समाज की व्यावहारिक मूल सामाजिक इकाई है। इलियर ने बुक्सा समाज को 15 गोत्रों में विभाजित किया है। एक अन्य गणना के अनुसार आदिवासियों के 56 गोत्र केवल नैनीताल जिले में पाए जाते हैं।

विवाहः बुक्सा लोगों में भी हिन्दुओं के समान अनुलोम तथा प्रतिलोम विवाह प्रचलित हैं। इनमें अन्तर्जातीय विवाह अधिक होते हैं। परिवार तथा विवाह का रूप हिन्दू समाज की तरह ही है। अधिकांश संयुक्त तथा विस्तृत परिवार हैं। साथ ही केन्द्रीय परिवार भी हैं। अब धीरे-धीरे उनकी संख्या में वृद्धि हो रही है। परिवार पितृसत्तात्मक पितृवंशीय हैं। इन लोगों में हिन्दू समाज की ही भांति पत्नी विवाह के उपरान्त पति के घर जाकर रहती है। परन्तु वर्तमान समय में इनमें घर-जमाई की प्रथा बढ़ रही है। इनमें बहुपत्नी प्रथा प्रचलित है; बहुपति प्रथा नहीं है। विधवा विवाह का प्रचलन है तथा तलाक भी सरलता से हो जाता है। पूर्व वैवाहिक तथा अतिरिक्त वैवाहिक यौन सम्बन्धों में वृद्धि हो रही है। व्यक्तिवादी विचारधारा भी विकसित हो रही है।

धर्मः बुक्सा आदिवासियों में धर्म का पारम्परिक रूप हिन्दू धर्म का ही प्रतिरूप है। ये लोग महादेव, काली माई, दुर्गालक्ष्मी, राम, कृष्ण की पूजा करते हैं। काशीपुर की चामुण्डा देवी सबसे बड़ी देवी मानी जाती हैं। इनके व्रत व त्योहार हिन्दुओं के समान ही होते हैं। होली, दीवाली, दशहरा, जन्माष्टमी, प्रमुख त्योहार हैं। ग्राम देवी की पूजा पवित्र ‘थान’ पर गांव के बाहर होती है। प्रकृति पूजा का रूप भी हिन्दू धर्म के समान है। जन्म से मृत्यु तक के प्रमुख संस्कार भी हिन्दुओं के समान होते हैं।

राजनीतिक संगठनः बुक्सा जनजाति में बिरादरी पंचायत एक प्रमुख राजनीतिक संगठन है जो बुक्सा समाज में न्याय एवं व्यवस्था बनाए रखने के लिए उत्तरदायी है। बिरादरी पंचायत चार स्तरों में बंटी है, जिसमें सर्वोच्च अधिकारी, तखत मुंसिफ, दारोगा और सिपाही नामक चार स्तर सम्मिलित हैं। इन सभी के अधिकारी वंशगत होते हैं और इन्हें समाज में बड़े सम्मान से देखा जाता है। गांव की पंचायत के तीन स्तर होते हैं। सरपंच ग्राम पंचायत का सभापति और मुखिया होता है।

अर्थव्यवस्थाः बुक्सा आदिवासियों के ग्राम प्रायः उत्तराखंड के तराई क्षेत्र में पाए जाते हैं। इस क्षेत्र को भाभर के नाम से भी जाना जाता है। यह क्षेत्र हरा-भरा, उपजाऊ और स्वास्थ्यकर जलवायु का क्षेत्र है। यहां बुक्सा लोग धान की खेती करते हैं। इसके साथ-साथ गन्ना, मक्का, गेहूं, चना तथा लाहा (सरसों) भी उगाते हैं। कृषि के अतिरिक्त बुक्सा जनजाति के लोग गाय, भैंस, बकरी आदि पालते हैं जिनका दूध भी प्रयोग में आता है। ये लोग नौकरी करना पसन्द नहीं करते हैं। प्रत्येक व्यक्ति कृषि-कार्य, लकड़ी व लोहे का काम, मकान बनाना, डलिया बुनना, मछली पकड़ने के जाल बुनना, बर्तन बनाना आदि जानता है, परन्तु उनकी यह आत्म-निर्भरता और स्वावलम्बनता धीरे-धीरे समाप्त होती जा रही है। केन्द्र एवं प्रदेश सरकार द्वारा जनजातियों के आर्थिक उत्थान हेतु चलाई गई विभिन्न योजनाओं से इनकी आर्थिक एवं सामाजिक स्थिति में काफी सुधार हुआ है।

राजी अथवा बनरौत

राजी या बनरौत जनजाति पिथौरागढ़ जनपद के धारचूला एवं डीडीहाट विकास खण्डों के किमखोला, चिपलथड़ा गानागांव, मौकातिरवा, चौरानी, कूटा कनयाल और जमतड़ी नामक ग्रामों में निवास करती है। इन जनजातियों को राजी, बनरौत, बनराउत, बनरावत, बनमानुष एवं जंगली अथवा जंगल के राजा नामक नामों से सम्बोधित किया जाता है, लेकिन ‘राजी’ नाम अधिक प्रचलित है।

उत्पत्तिः प्रागैतिहासिक काल में गंगा पठार के पूर्व से लेकर मध्य नेपाल तक का क्षेत्र आग्रेयवंशीय कोल-विरात जातियों का था। इन्हीं के वंशंज वर्तमान समय में राजी जनजाति के नाम से जाने जाते हैं।

शारीरिक गठनः इस जनजाति के लोग छोटे कद व चपटे मुंह के होते हैं। इनकी काठी मजबूत होती है तथा होंठ कुछ बाहर की ओर मुड़े हुए होते हैं। बालों की जड़ें कुछ घुमाव लिए होती हैं। शरीर का वर्ण काला एवं कुछ-कुछ पीत वर्ण लिए हुए होता है।

निवास क्षेत्रः ये लोग प्राचीन काल से ही जंगलों में निवास करते हैं तथा जंगलों से बाहर कम निकलते हैं। इन आदिवासियों को खस तथा आर्य जातियों ने प्राचीन काल में जंगलों में बसने के लिए बाध्य किया। वर्तमान सामाजिक एवं आर्थिक परिवर्तनों के युग में राजी आदिवासी अपने जीवनयापन हेतु सड़कों पर मजदूरी करने तथा अपने द्वारा निर्मित काष्ठोपकरण बेचने के लिए जंगलों से बाहर आने लगे हैं।

हथियार व औजारः ये लोग पत्थर एवं धातु के भाले के आकार के हथियार रखते हैं, जिनसे ये जंगलों में अपने शिकार का पीछा कर उन्हें मार डालते हैं। सरकार ने जंगलों के कटाव को रोकने के लिए इनके जंगलों में रहने पर रोक लगा दी है, अब ये गांव बसाकर रहने लगे हैं।

धर्मः राजी जंगल के देवता की पूजा करते हैं तथा उसे प्रसन्न करने के लिए उन स्थानों पर पशुओं की हड्डियां गाड़ते हैं और टांगते हैं। इन लोगों का विश्वास है कि देवी-देवता पहाड़ की चोटी, नदी, तालाब और कुओं में रहते हैं। जंगल से घर आने पर यदि कोई राजी व्यक्ति बीमार हो जाता है तो उन्हें जंगल के देवता के नाराज हो जाने का विश्वास हो जाता है। इनका देवता बाघनाथ है। रीति-रिवाज के अनुसार ये लोग हिन्दू कर्मकाण्ड की जटिलता के विपरीत सरलता व स्वच्छता में विश्वास करते हैं।

भाषाः राजी आदिवासियों की भाषा में संस्कृत और तिब्बती शब्दों की अधिकता पायी जाती है, किन्तु उनमें मुख्य अंश के रूप में एक तीसरी भाषा 'मुण्डा' भाषा विद्यमान है। इस भाषा का प्रयोग वे अपने घरों तक ही सीमित रखते हैं। बाह्य सम्पर्क के लिए ये कुमायूँनी का प्रयोग करते हैं। कुल मिलाकर इनकी भाषा हिन्दी और पहाड़ी का सम्मिश्रण है।

भोजनः राजी आदिवासी मुख्य रूप से जंगली जानवरों का शिकार कर उनके मांस का प्रयोग उदर पूर्ति हेतु करते हैं। ये लोग नीच जाति का बनाया हुआ भोजन ग्रहण नहीं करते हैं। इनके परिवार के सभी सदस्य चौके (रसोई) में एक साथ बैठकर भोजन करते हैं तथा साथ-साथ स्प्रिट का प्रयोग शराब के रूप में करते हैं।

विवाहः ये साधारणतः हिन्दुओं की तरह अपने गोत्र में विवाह नहीं करते हैं। साथ ही एक पुरुष का दो बहनों के साथ विवाह सम्बन्ध भी स्वीकार नहीं किया जाता है। विवाह की बातचीत किसी मध्यस्थ द्वारा आरम्भ की जाती है। विवाह से पहले वधू का आधा मूल्य चुका दिया जाता है तथा आधा विवाह के उपरान्त दिया जाता है, जब वधू को विदा कर वर के घर लाया जाता है। इस धन का अधिकांश भाग वधू की सम्पत्ति होता है। विवाह सम्बन्धों में विच्छेद की भी प्रथा है तथा स्त्री पुनर्विवाह कर सकती है।

पर्व-त्योहारः इन आदिवासियों में कारक (कक) की संक्रान्ति और मकारा (मकर) की संक्रान्ति दो मुख्य त्योहार हैं। इन त्योहारों के अवसर पर सभी परिवारों में पकवान आदि बनाए जाते हैं। भोजन करने के उपरान्त गांव में नृत्य, गान आदि के कार्यक्रम होते हैं।

वस्त्रः राजी आदिवासी आज भी प्रायः नग्न अवस्था में रहते हैं। कहीं-कहीं पर ये गुफाओं तथा झोपड़ियों में भी निवास करते हैं।

अर्थव्यवस्थाः इनका मुख्य व्यवसाय कृषि है। ये लोग झूमिंग प्रथा से कृषि करते हैं जिसमें जंगल के वृक्ष व झाड़ियों को काटकर सूखने के पश्चात् आग लगाकर जला देते हैं और राख को खाद के रूप में प्रयोग करते हैं। लेकिन सरकार द्वारा जंगलों की कटाई पर रोक लगा दिए जाने के उपरान्त ये सड़कों पर मजदूरी का भी काम करने लगे हैं। इनके साथ-साथ ये स्वनिर्मित काष्ठोपकरण बेचने के लिए समीप के गांवों तक आते-जाते हैं और ग्रामीण लोगों से अनाज आदि ले जाते हैं। इन जातियों के राजनीतिक और सामाजिक उत्थान हेतु सरकार द्वारा प्रयास किए जा रहे हैं।

अनुसूचित जाति (2011 की जनगणना के अनुसार)

कुल जनसंख्या	18,92,516
अनुसूचित जाति का प्रतिशत	18.80
पुरुष	9,68,586
महिलाएं	9,23,930
ग्रामीण जनसंख्या (अनुसूचित) जाति	14,96,665
पुरुष	7,61,103
महिलाएं	7,35,562
नगरीय जनसंख्या	3,95,851
पुरुष	2,07,483
महिलाएं	1,88,368

अनुसूचित जनजाति (2011 की जनगणना के अनुसार)

कुल जनसंख्या	2,91,903
अनुसूचित जनजाति का प्रतिशत	2.90
पुरुष	1,48,669
महिलाएं	1,43,234
ग्रामीण जनसंख्या (अनुसूचित जनजाति)	2,64,819
पुरुष	1,34,691
महिलाएं	1,30,128
नगरीय जनसंख्या	27,084
पुरुष	13,978
महिलाएं	13,106

जनगणना 2011 के अनुसार अनुसूचित जातियों की जिलेवार जनसंख्या

जिला	व्यक्ति	पुरुष	महिला	ग्रामीण	नगरीय
उत्तराखंड	1892516	968586	923930	1496665	395851
1. उत्तरकाशी	80567	40833	39734	76875	3692
2. चमोली	79317	39718	39599	68000	11317
3. रुद्रप्रयाग	47679	23585	24094	46279	1400
4. टिहरी गढ़वाल	102130	50371	51759	94628	7502
5. देहरादून	228901	120430	108471	119123	109778
6. पौड़ी गढ़वाल	122361	59842	62519	109576	12785
7. पिथौरागढ़	120378	60111	60267	109541	10837
8. बागेश्वर	72061	35623	36438	69842	2219
9. अल्मोड़ा	150995	72695	78300	140931	10064
10. चम्पावत	47383	24188	23195	41725	5658
11. नैनीताल	191206	98824	92382	137906	53300
12. ऊधमसिंह नगर	238264	124385	113879	174919	63345
13. हरिद्वार	411274	217981	193293	307320	103954

जनगणना 2011 के अनुसार अनुसूचित जनजातियों की जिलेवार जनसंख्या

जिला	व्यक्ति	पुरुष	महिला	ग्रामीण	नगरीय
उत्तराखंड	291903	148669	143234	264819	27084
1. उत्तरकाशी	3512	1651	1861	3374	138
2. चमोली	12260	6021	6239	9046	3214
3. रुद्रप्रयाग	386	217	169	309	77
4. टिहरी गढ़वाल	875	459	416	630	245
5. देहरादून	111663	58264	53399	101475	10188
6. पौड़ी गढ़वाल	2215	1174	1041	1952	263
7. पिथौरागढ़	19535	9558	9977	15915	3620
8. बागेश्वर	1982	971	1011	1874	108
9. अल्मोड़ा	1281	633	648	750	531
10. चम्पावत	1339	777	562	1084	255
11. नैनीताल	7495	3801	3694	5780	1715
12. ऊधमसिंह नगर	123037	61758	61279	117381	5656
13. हरिद्वार	6323	3385	2938	5249	1074

सर्वाधिक (अनुसूचित जाति) जनसंख्या वाले पाँच जिले

1.	हरिद्वार	4,11,274
2.	ऊधमसिंह नगर	2,38,264
3.	देहरादून	2,28,901
4.	नैनीताल	1,91,206
5.	अल्मोड़ा	1,50,995

न्यूनतम (अनुसूचित जाति) जनसंख्या वाले पाँच जिले

1.	चंपावत	47,383
2.	रुद्रप्रयाग	47,679
3.	बागेश्वर	72,061
4.	चमोली	79,317
5.	उत्तरकाशी	80,567

सर्वाधिक (अनुसूचित जनजाति) जनसंख्या वाले पाँच जिले

1.	ऊधमसिंह नगर	1,23,037
2.	देहरादून	1,11,663
3.	पिथौरागढ़	19,535
4.	चमोली	12,260
5.	नैनीताल	7,495

न्यूनतम (अनुसूचित जनजाति) जनसंख्या वाले पाँच जिले

1.	रुद्रप्रयाग	386
2.	टिहरी गढ़वाल	875
3.	अल्मोड़ा	1281
4.	चंपावत	1339
5.	पौड़ी गढ़वाल	2215

अनुसूचित जातियों/जनजातियों से संबंधित नया शासनादेश

- उत्तराखंड सरकार ने राजकीय सेवाओं, शिक्षण संस्थाओं, सार्वजनिक उद्यमों, निगमों एवं स्वायत्तशासी संस्थाओं में आरक्षण हेतु नया शासनादेश जुलाई 2001 में जारी किया। इसके तहत् अनुसूचित जाति को 19 प्रतिशत, अनुसूचित जनजाति को 4 प्रतिशत, अन्य पिछड़ा वर्ग को 14 प्रतिशत, महिलाओं के लिए 20 प्रतिशत, भूतपूर्व सैनिकों को 2 प्रतिशत, विकलांग व्यक्तियों को 3 प्रतिशत और स्वतंत्रता संग्राम सेनानियों के आश्रितों के लिए 2 प्रतिशत आरक्षण दिए जाने का प्रावधान रखा गया है।

- विधान सभा की कुल 70 सीटों में 13 अनुसूचित जाति व 2 सीटें अनुसूचित जनजाति हेतु आरक्षित की गई हैं।

उत्तरांचल का नया नाम उत्तराखण्ड

केन्द्र द्वारा अधिसूचना जारी करने के बाद 1 जनवरी 2007 से उत्तराचंल का नाम बदल कर उत्तराखंड हो गया। 9 नवम्बर 2000 को देश के मानचित्र पर 27वें राज्य के रूप में अस्तित्व में आए उत्तराचंल को उत्तराखंड होने में 6 साल, एक माह और 23 दिन का समय लगा। कांग्रेस पार्टी ने विधानसभा चुनाव 2002 के घोषणा पत्र में कहा था कि अगर पार्टी सत्ता में आती है तो जन भावनाओं के अनुरूप उत्तरांचल का नाम उत्तराखंड कर दिया जाएगा।

13

1. उत्तराखंड के प्रथम राज्यपाल सुरजीत सिंह बरनाला थे।

2. उत्तराखंड के प्रथम मुख्यमन्त्री नित्यानन्द स्वामी थे।

3. उत्तराखंड उच्च न्यायालय के प्रथम मुख्य न्यायाधीश न्यायमूर्ति अशोक ए. देसाई थे।

4. उत्तराखंड का प्रथम इंजीनियरिंग कालेज 1847 ई. में रुड़की में स्थापित किया गया।

5. प्रदेश में प्रथम पब्लिक स्कूल की स्थापना 1935 ई. में श्री सी॰आर॰ दास द्वारा की गई थी, जो इस समय दून पब्लिक स्कूल के नाम से प्रसिद्ध है।

6. प्रदेश का क्षेत्रफल की दृष्टि से सबसे बड़ा जिला चमोली है।

7. प्रदेश का क्षेत्रफल की दृष्टि से सबसे छोटा जिला चंपावत है।

8. उत्तराखंड का जनसंख्या की दृष्टि से सबसे बड़ा जिला हरिद्वार है।

9. उत्तराखंड का जनसंख्या की दृष्टि से सबसे छोटा जिला रुद्र प्रयाग है।

10. प्रदेश की सबसे ऊंची चोटी नन्दा देवी है जो 7817 मीटर की ऊँचाई पर है।

11. प्रदेश में सबसे कम गर्मी रुड़की में पड़ती है।

12. प्रदेश का ही नहीं बल्कि सम्पूर्ण भारत का पहला राष्ट्रीय पार्क 1935 में स्थापित हेली पार्क है, जिसे आजादी के बाद रामगंगा पार्क नाम मिला; आज इसे जिम कार्बेट नेशनल पार्क कहा जाता है।

13. प्रदेश की सबसे लम्बी नदी गंगा नदी है।

14. प्रदेश की सबसे बड़ी झील भीमताल झील है।

15. उत्तराखंड का सर्वाधिक साक्षरता वाला जिला देहरादून है।

16. प्रदेश का सबसे कम साक्षरता वाला जिला ऊधमसिंह नगर है।

17. प्रदेश का सर्वाधिक वर्षा वाला स्थान मसूरी है।

18. प्रदेश की पहली महिला राज्यपाल मार्गरेट अल्वा थीं।

14

न्याय व्यवस्था

उच्च न्यायालयः देश का 20वाँ उच्च न्यायालय 'उत्तराखंड उच्च न्यायालय' 'नैनीताल' में 9 नवम्बर, 2000 को स्थापित किया गया। उच्च न्यायालय के मुख्य न्यायाधीश की नियुक्ति राष्ट्रपति, भारत के सर्वोच्च न्यायालय के मुख्य न्यायाधीश तथा प्रदेश के राज्यपाल के परामर्श से करता है। अन्य न्यायाधीश की नियुक्ति राष्ट्रपति, भारत के सर्वोच्च न्यायालय के मुख्य न्यायाधीश तथा प्रदेश के राज्यपाल के अतिरिक्त प्रदेश के मुख्य न्यायाधीश के परामर्श से करता है। राज्यपाल इस सम्बन्ध में यह भी निश्चित कर सकता है कि कुछ नियुक्तियां 'प्रदेश लोक सेवा आयोग' की सिफारिश पर हों।

कार्यकालः प्रदेश उच्च न्यायालय का मुख्य न्यायाधीश 62 वर्ष की आयु तक अपने पद पर रह सकता है। इससे पहले भी वह राष्ट्रपति को लिखित त्यागपत्र देकर अपने पद से हट सकता है। इसके अतिरिक्त सर्वोच्च न्यायालय के न्यायाधीश की भांति भारतीय संसद भी उसे सिद्ध कदाचार या असमर्थता का दोष लगाकर हटा सकती है। प्रदेश उच्च न्यायालय के अन्य न्यायाधीश भी 62 वर्ष की आयु तक ही अपने पद पर बने रह सकते हैं। इस अवधि से पूर्व उन्हें केवल महाभियोग की विशिष्ट प्रक्रिया द्वारा ही पद से हटाया जा सकता है।

योग्यताएंः प्रदेश के उच्च न्यायालय के न्यायाधीश में निम्नलिखित योग्यताओं का होना आवश्यक है:

1. वह भारत का नागरिक हो।
2. भारत में कम-से-कम दस वर्ष तक न्यायिक पद पर कार्य कर चुका हो, अथवा
3. किसी राज्य के उच्च न्यायालय तथा न्यायालयों में लगातार कम-से-कम दस वर्षों तक अधिवक्ता रह चुका हो।
4. उसकी आयु 62 वर्ष से अधिक न हो।

उच्च न्यायालय का अधिकार क्षेत्रः प्रदेश का उच्च न्यायालय दो प्रकार का कार्य करता है—(अ) न्याय सम्बन्धी और (ब) प्रबन्ध सम्बन्धी।

(अ) न्याय सम्बन्धी अधिकारः प्रदेश के न्याय सम्बन्धी अधिकारों को अध्ययन की सुविधा की दृष्टि से दो भागों में बांटा जा सकता है — प्रारम्भिक और अपीलीय क्षेत्राधिकार।

70

प्रारम्भिक क्षेत्राधिकार : उच्च न्यायालय प्रदेश के दीवानी एवं फौजदारी दोनों प्रकार के मामलों में पुनर्विचार का सबसे बड़ा न्यायालय है। प्रदेश के वे सभी दीवानी मामले जो खफीफा अदालत नहीं सुन सकती, उच्च न्यायालय में ही प्रारम्भ होते हैं। इसी प्रकार फौजदारी के वे सभी मुकदमें जिनकी सुनवाई अन्य स्थानों पर सेशन कोर्ट में होती है, उच्च न्यायालय द्वारा सुने जाते हैं। उपरोक्त अधिकारों के अतिरिक्त प्रदेश के उच्च न्यायालय को विवाह-विच्छेद, विवाह कानून, उच्च न्यायालय के अपमान आदि के विषय में प्रारम्भिक क्षेत्राधिकार प्राप्त है।

अपीलीय क्षेत्राधिकारः इसके अन्तर्गत प्रदेश के उच्च न्यायालय को दीवानी और फौजदारी मामलों में अपने अधीनस्थ न्यायालयों के विरुद्ध अपील सुनने का अधिकार है। दीवानी मुकदमों की अपीलें उसी स्थिति में की जा सकती हैं जबकि किसी मामले में कम-से-कम 50,000 रु. की रकम का प्रश्न उलझा हुआ हो। प्रदेश के उच्च न्यायालय को यह भी अधिकार है कि वह अपने क्षेत्र में स्थित किसी भी अधीनस्थ न्यायालय से कोई मुकदमा स्वयं निर्णय के लिए अपने पास मंगवा ले। यदि सेशन कोर्ट ने किसी अपराधी को मृत्युदण्ड दिया हो तो इस (दण्ड) के निर्णय की स्वीकृति उच्च न्यायालय में होनी आवश्यक है। इस प्रकार उच्च न्यायालय की स्वीकृति के बिना फांसी की सजा नहीं दी जा सकती।

उसे एक न्यायालय से दूसरे न्यायालय में मुकदमा परिवर्तित करने का भी अधिकार प्राप्त है। पर उच्च न्यायालय अपने इस अधिकार का प्रयोग तभी करता है जब उसे दोनों पक्षों को निष्पक्ष न्याय मिलने में सन्देह हो।

प्रदेश के उच्च न्यायालय के अधिकारों को संसद निश्चित करती है तथा संसद इसमें आवश्यकतानुसार परिवर्तन भी कर सकती है।

(ब) प्रबन्ध सम्बन्धी अधिकारः प्रदेश के उच्च न्यायालय को अपने अधीन सभी न्यायालयों के निरीक्षण का अधिकार प्राप्त है तथा वह इसके अन्तर्गतः

1. अपने अधीन न्यायालयों से किसी मामले के कागजों को मांग सकता है।

2. अदालती कार्य प्रणाली के नियम निश्चित कर सकता है। अदालतों के रजिस्टर, हिसाब आदि रखने के सम्बन्ध में नियम बना सकता है। उसके एटार्नी, शेरिफ, क्लर्क आदि कर्मचारियों की फीस नियत कर सकता है। नागरिकों के मूल अधिकारों की रक्षा के लिए उसे किसी भी व्यक्ति, सरकार या अधिकारी को आदेश देने का अधिकार प्राप्त है।

3. वह अपने जिलों के न्यायालयों तथा अन्य न्यायालयों के अधिकारियों की नियुक्ति, अवनति, पदोन्नति व अवकाश आदि के सम्बन्ध में नियम बना सकता है।

संविधान के अनुच्छेद 228 के अनुसार उच्च न्यायालयों को यह अधिकार प्राप्त है कि यदि अधीनस्थ न्यायालय के विचाराधीन किसी मुकदमे में संविधान की व्याख्या का प्रश्न निहित है तो उस मुकदमे को वह अपने पास मंगवा सकता है। वह स्वयं उसका निर्णय कर सकता है या केवल कानून

सम्बन्धी प्रश्न का निर्णय करके उसी अधीनस्थ न्यायालय को अन्तिम निर्णय के लिए वापस भेज सकता है। संसद किसी उच्च न्यायालय के अधिकार क्षेत्र में अपने कानून द्वारा कमी या वृद्धि कर सकती है।

उच्च न्यायालय के कर्मचारी : इनकी नियुक्ति इस न्यायालय के मुख्य न्यायाधीश अथवा उसके द्वारा निर्देशित अन्य न्यायाधीश या पदाधिकारी द्वारा की जाती है। राज्यपाल इस सम्बन्ध में यह भी निश्चित कर सकता है कि कुछ नियुक्तियां 'राज्य लोक सेवा आयोग' की सिफारिश पर हों। इन कर्मचारियों की सेवा शर्तें भी न्यायाधीश, राज्यपाल के परामर्श से ही निर्धारित करता है।

उच्च न्यायालय के अधीनस्थ न्यायालयः उच्च न्यायालय के अधीन अन्य न्यायालय हैं, जिन पर उसका पूर्ण नियन्त्रण रहता है।

प्रदेश के प्रत्येक जिले अथवा जिलों के समूह के लिए सबसे बड़ा न्यायालय जिला व सेशन कोर्ट होता है। इसका प्रधान जिला जज व सेशन जज होता है। इस न्यायालय को दीवानी व फौजदारी दोनों ही प्रकार के मुकदमें सुनने का अधिकार प्राप्त होता है। इस न्यायालय का न्यायाधीश जब दीवानी के मुकदमें सुनता है तो वह जिला जज कहलाता है और जब वह फौजदारी के मुकदमें सुनता है तो वह सेशन जज कहलाता है। बड़े क्षेत्र वाले न्यायालयों में उनकी सहायता के लिए एक या अधिक अतिरिक्त जज भी हो सकते हैं। इस न्यायालय को मृत्युदण्ड तक देने का अधिकार है, परन्तु ऐसा दण्ड कार्यान्वित करने से पूर्व उसकी पुष्टि प्रदेश के उच्च न्यायालय द्वारा अवश्य होनी चाहिए।

जिले की न्याय व्यवस्थाः प्रदेश में उच्च न्यायालय के अधीन तीन प्रकार के न्यायालय हैं: (1) दीवानी न्यायालय, (2) फौजदारी न्यायालय तथा (3) माल सम्बन्धी न्यायालय।

उच्च न्यायालय के अधीन सबसे बड़ा न्यायालय, जिला न्यायालय है जिसके न्यायाधीश को जिला न्यायाधीश कहते हैं। जिला न्यायाधीश के अधीन सिविल जज तथा मुन्सिफ होते हैं। दीवानी अदालतों के क्षेत्र में उच्च न्यायालय के अधीन सेशन जज होता है, जिसकी सहायता के लिए अतिरिक्त जजों की नियुक्ति की जाती है। इसके अधीन तीन श्रेणियों के मजिस्ट्रेट होते हैं। माल के क्षेत्र में उच्च न्यायालय के अधीन सबसे बड़ी अदालत 'राजस्व परिषद्' है जिसके अधीन कमिश्नर, जिलाधीश, तहसीलदार तथा नायब तहसीलदार आदि की अदालतें हैं।

(1) दीवानी अथवा व्यवहार न्यायालयः प्रदेश के इन न्यायालयों में लेन-देन तथा पारस्परिक व्यवहार सम्बन्धी विवादों का निर्णय किया जाता है। इन विवादों में दोनों पक्ष होते हैं। इन दोनों पक्षों में से एक पक्ष वादी और दूसरा प्रतिवादी कहलाता है। वादी पक्ष की ओर से मुकदमा चलाया जाता है। जबकि प्रतिवादी पक्ष अपनी सफाई न्यायालय के सम्मुख प्रस्तुत करता है। दीवानी न्यायालयों के क्षेत्राधिकार में निम्नलिखित न्यायालय आते हैं:

(i) जिला न्यायाधीश का न्यायालयः प्रदेश के प्रत्येक जिले में एक जिला न्यायाधीश का न्यायालय है। दीवानी सम्बन्धी न्यायालय में जिले के अन्तर्गत यह न्यायालय सबसे बड़ा होता है। इसको दीवानी सम्बन्धी विषयों में ऊँचे से ऊँचा प्रारम्भिक अधिकार प्राप्त है। इसका अधिकारी जिला

न्यायाधीश कहलाता है। इस पद पर उसी व्यक्ति की नियुक्ति की जा सकती है जो कम से कम 7 वर्ष तक वकील या एडवोकेट रह चुका हो। उसकी नियुक्ति राज्य का राज्यपाल, उच्च न्यायालय की सिफारिश पर करता है। जिला न्यायाधीश तथा सेशन जज एक ही व्यक्ति होता है।

जिला न्यायाधीश के कार्य: प्रदेश में जिला न्यायाधीश दो प्रकार के कार्य करता है: (1) प्रारम्भिक तथा (2) अपीलीय।

जिले के अन्य न्यायालयों का निरीक्षण करने का अधिकार भी उसको प्राप्त है। न्याय सम्बन्धी अधिकारों के अतिरिक्त उसको नाबालिगों तथा पागलों के अभिभावकों की नियुक्ति तथा उनकी जायदाद का भी प्रबन्ध करने का अधिकार प्राप्त है।

(ii) दीवानी अथवा व्यवहार न्यायाधीश का न्यायालय: प्रदेश में जिला न्यायाधीश के अधीन दीवानी न्यायाधीश तथा उपन्यायाधीश का न्यायालय है। इन न्यायालयों में न्यायाधीशों की नियुक्ति आदि के विषय में लोक सेवा आयोग की सहायता से राज्यपाल नियम बनाता है तथा उनकी नियुक्ति करता है। उनकी पदोन्नति, तबादला, अवकाश देने आदि का अधिकार उच्च न्यायालय को है।

(iii) मुन्सिफ का न्यायालय: दीवानी न्यायालय के अधीन प्रदेश में मुन्सिफ के न्यायालय हैं। मुन्सिफ द्वारा किए गए निर्णय की अपील जिला न्यायाधीश के न्यायालय में हो सकती है। मुन्सिफों को अपील सुनने का अधिकार प्राप्त नहीं है।

(iv) खफीफा न्यायाधीश का न्यायालय: प्रदेश में मुन्सिफ के न्यायालय के अतिरिक्त दीवानी क्षेत्र में एक अन्य अदालत भी होती है जिसे खफीफा की अदालत कहते हैं। साधारणतः इस अदालत में वे मुकदमें पेश होते हैं जिनकी धनराशि कम होती है। खफीफा जज के निर्णय के विरुद्ध किसी भी न्यायालय में अपील नहीं की जा सकती केवल उसका निरीक्षण किया जा सकता है। इसलिए इस पद पर ऐसे व्यक्ति को नियुक्त किया जाता है जो न्याय-कार्य का अच्छा अनुभव रखता हो।

(2) दण्ड या फौजदारी न्यायालय: दण्ड न्याय व्यवस्था के लिए पूरे प्रदेश को कई क्षेत्रों में विभाजित कर दिया जाता है। साधारणतः प्रत्येक जिला एक क्षेत्र होता है। जिले में सबसे बड़ा फौजदारी न्यायालय जिला न्यायाधीश का न्यायालय है। फौजदारी न्यायालय का न्यायाधीश होने के नाते वह सेशन जज कहलाता है। जिला न्यायाधीश के न्यायालय तथा सेशन जज के न्यायालय में अन्तर केवल यह होता है कि पहला दीवानी न्यायालय है और दूसरा फौजदारी न्यायालय। उत्तराखंड में दोनों न्यायालयों का सर्वोच्च पदाधिकारी एक ही व्यक्ति होता है। इस कारण उसे जिला और सेशन जज के नाम से पुकारा जाता है। फौजदारी न्यायालयों का क्रम निम्न प्रकार है:

(i) सेशन कोर्ट: प्रदेश में फौजदारी के क्षेत्र में उच्च न्यायालय के अधीन सबसे बड़ा न्यायालय सेशन कोर्ट होता है। इस न्यायालय के न्यायाधीश को सेशन जज कहते हैं। सेशन जज के सहायतार्थ अतिरिक्त एवं सहायक सेशन जज होते हैं। इनकी नियुक्ति उच्च न्यायालय की सम्मति से राज्यपाल द्वारा की जाती है। इस पद पर दो प्रकार के व्यक्ति नियुक्त किए जाते हैं। प्रथम जो सरकारी नौकरी

में न हों और द्वितीय वे जो सरकारी नौकरी में हैं। सरकारी नौकरी के बाहर वे ही व्यक्ति सेशन जज के पद पर नियुक्त किए जाते हैं जो कम-से-कम सात वर्ष तक वकील अथवा एडवोकेट के रूप में कार्य कर चुके हैं। अन्य सरकारी नौकरियों की भांति न्याय सम्बन्धी नौकरियों का पृथकू वर्ग है। इस वर्ग के राज्य कर्मचारी लोक सेवा आयोग द्वारा नियुक्त किए जाते हैं। प्रारम्भ में नियुक्ति मुन्सिफ के रूप में होती है। फिर अपनी योग्यता, अनुभव के आधार पर उन्नति करते हुए वे जज के पद तक पहुंच जाते हैं; परन्तु इस पद पर वे उच्च न्यायालय के परामर्श से राज्यपाल द्वारा नियुक्त किए जाते हैं।

सेशन जज तथा अतिरिक्त सेशन जजों को किसी अपराध पर विचार करने एवं कानून के अनुसार दण्ड देने का अधिकार होता है; किन्तु मृत्युदण्ड के निर्णय का उच्च न्यायालय द्वारा अनुमोदन होना आवश्यक है। उन्हें प्राथमिक तथा पुनर्विचार दोनों प्रकार के अधिकार होते हैं। जिले के अधीनस्थ फौजदारी न्यायालयों की अपील सेशन जज के न्यायालय में होती है।

(ii) **दण्डाधीशों के न्यायालयः** सेशन कोर्ट के अधीन दण्डाधीशों के न्यायालय हैं, जिन्हें तीन श्रेणियों में विभक्त किया जाता हैः (अ) प्रथम श्रेणी के दण्डाधीश, (ब) द्वितीय श्रेणी के दण्डाधीश तथा (स) तृतीय श्रेणी के दण्डाधीश।

प्रदेश में द्वितीय तथा तृतीय श्रेणी के दण्डाधीशों को अपील सुनने का अधिकार नहीं है। उनके क्षेत्राधिकार निश्चित हैं; और जो विवाद उनके क्षेत्र के बाहर होते हैं, उनकी सुनवाई सेशन जज के न्यायालय में की जाती है। बड़े-बड़े शहरों में नगर-दण्डाधीश भी होते हैं, जो फौजदारी के मामलों का निर्णय करते हैं तथा महत्त्वपूर्ण फौजदारी के मामलों को सेशन कोर्ट को सौंपते हैं। यह बात स्मरणीय है कि सेशन कोर्ट में केवल गम्भीर मामले रखे जाते हैं जिनमें अभियुक्तों के जुर्म की छानबीन कोई दण्डाधीश पहले ही कर चुका होता है। जिला न्यायाधीश के न्यायालय में अधीनस्थ न्यायालयों के निर्णयों के विरुद्ध अपील होती है। प्रथम श्रेणी के दण्डाधीशों के निर्णय के विरुद्ध उच्च न्यायालय में अपील की जा सकती है।

प्रदेश के फौजदारी न्यायालयों में फौजदारी के विवाद प्रस्तुत किए जा सकते हैं। कत्ल व अन्य गंभीर मामले प्रथम श्रेणी के दण्डाधीश के न्यायालय में प्रस्तुत किए जाते हैं। वहां मुकदमा चलता है, गवाहियां ली जाती हैं और बहस होती है। इस अदालत के न्यायाधीश को तीन वर्ष से अधिक सजा देने का अधिकार नहीं है। अतः गम्भीर फौजदारी के मामलों को सेशन जज के सम्मुख भेज दिया जाता है।

(3) माल सम्बन्धी न्यायालयः सरकारी मालगुजारी की अदालतों का प्रदेश के शासन में महत्त्वपूर्ण स्थान है। उच्च न्यायालय के अधीन माल अथवा राजस्व क्षेत्र में सबसे बड़ी अदालत राजस्व परिषद् है जिसके अधीन कमिश्नर, जिलाधीश, उपसमाहर्ता, तहसीलदार और नायब तहसीलदार की अदालतें होती हैं। जिले के जिलाधीश की मालगुजारी सम्बन्धी अदालत जिले में सबसे बड़ी अदालत होती है। मालगुजारी के मुकदमें पहले नायब तहसीलदार और तहसीलदार की अदालतों में पेश होते हैं। उनके निर्णय के विरुद्ध जिलाधीश, कमिश्नर और राजस्व परिषद् के सम्मुख अपील की जाती है। इस क्षेत्र की अन्तिम अपील उच्च न्यायालय में होती है।

अन्य न्यायालयः उपरोक्त न्यायालयों के अतिरिक्त प्रदेश में इस समय अन्य प्रकार के न्यायालय भी हैं। ये न्यायालय विशेष प्रकार के मुकदमों का फैसला करते हैं। आयकर अधिकारी आयकर सम्बन्धी मुकदमों का निर्णय करता है। उसके निर्णय की अपील आयकर कमिश्नर तथा बाद में आयकर ट्रिब्यूनल में हो सकती है। कुछ विशेष परिस्थितियों में उसके निर्णयों के विरुद्ध अपील प्रदेश के उच्च न्यायालय में हो सकती है। श्रमिक वर्ग और उनके मालिकों के बीच श्रम सम्बन्धी कानूनों के प्रयोग के बारे में जो विवाद हों उनका निर्णय लेबर ट्रिब्यूनलों द्वारा किया जाता है।

न्याय पंचायतः प्रदेश में न्याय पंचायत को अनेक न्याय सम्बन्धी अधिकार दिए गए हैं। ग्राम से सम्बन्धित कुछ साधारण दीवानी तथा फौजदारी के मुकदमों के निर्णय करने का अधिकार न्याय पंचायत को है। इसे कारागार का दण्ड देने का अधिकार नहीं है। ग्राम पंचायत के निर्णय के विरुद्ध अपील नहीं की जा सकती, किन्तु यदि किसी विषय में अन्याय हुआ हो तो उस पर पुनर्विचार संभव है। दीवानी विवादों के सम्बन्ध में मुन्सिफ द्वारा माल एवं फौजदारी के सम्बन्ध में हाकिम परगना द्वारा पुनर्विचार किया जा सकता है।

लोक अदालतेंः वर्तमान काल में न्याय व्यवस्था की जो स्थिति है उसके अनुसार दीवानी फौजदारी एवं राजस्व न्यायालयों में न्याय प्राप्त करने में बहुत विलम्ब होता है। भारतीय न्यायालयों द्वारा मुकदमों को निपटाने में जो समय लगता है उसका मुख्य कारण यह है कि न्यायालयों में हजारों की संख्या में विचाराधीन मुकदमें पड़े हैं। उत्तराखंड उच्च न्यायालय में विचाराधीन मुकदमों की संख्या 50 हजार से ज्यादा है। न्याय प्राप्त करने में बहुत अधिक धन व्यय करना पड़ता है और एक न्यायालय से दूसरे न्यायालय में चक्कर काटने पड़ते हैं। ऐसी स्थिति में न्याय प्रक्रिया को सरल बनाने के लिए 26 सितम्बर, 1980 को एक प्रस्ताव द्वारा केन्द्र सरकार ने मुख्य न्यायाधीश श्री पी॰एन॰ भगवती की अध्यक्षता में 'कानूनी सहायता योजना कार्यान्वयन समिति' की नियुक्ति की। उसके अनुसार सरकार कानूनी सहायता कार्यक्रम के अन्तर्गत उत्तराखंड राज्य के विभिन्न नगरों में विभिन्न स्थानों पर शिविर के रूप मे लोक अदालतें लगाई जा रही हैं। इन लोक अदालतों की मुख्य विशेषताएं निम्नलिखित हैं:

(1) वादों का निपटारा दोनों पक्षों के पारस्परिक समझौतों के आधार पर किया जाता है तथा संभवतः उसे कोर्ट फाइल में अंकित कर दिया जाता है।

(2) इन अदालतों में वादी एवं प्रतिवादी अपने लिए वकील नहीं रख सकते हैं।

(3) इनमें वैवाहिक, पारिवारिक एवं सामाजिक झगड़े, किराया, बेदखली, वाहनों के चालान तथा बीमा आदि के सामान्य मुकदमों पर दोनों पक्षों को समझा-बुझाकर फैसला करा दिया जाता है।

(4) लोक अदालतों में अवकाशप्राप्त न्यायाधीश, राजपत्रित अधिकारी एवं समाज के प्रतिष्ठित व्यक्ति परामर्शदाता के रूप में आसीन होते हैं।

(5) ये अदालतें ऐसे किसी व्यक्ति को रिहा नहीं कर सकतीं, जिसे शासन ने बन्दी बनाया है। ये अदालतें केवल फैसला करा सकती हैं, जुर्माना कर सकती हैं अथवा चेतावनी देकर मुक्त कर सकती हैं।

(6) प्रदेश में ये अदालतें, जनता अदालतों के रूप में हैं तथा इनको अभी तक कानूनी मान्यता नहीं मिल सकी है। इन अदालतों को मान्यता दिलाने के लिए प्रयास किया जा रहा है।

चल न्यायालयः यह परम्परा अवकाशप्राप्त मुख्य न्यायाधीश श्री पी॰एन॰ भगवती द्वारा सामाजिक दृष्टि से दुर्बल, निर्धन एवं कमजोर लोगों को घर बैठे न्याय प्रदान करने के उद्देश्य से बनाई गई है। चल न्यायालय व्यक्ति एवं वर्ग विशेष के लोगों को कम लागत में न्याय दिलाने में महत्वपूर्ण भूमिका निभा रहे हैं। उत्तराखंड में भी इस प्रकार के न्यायालय की व्यवस्था की गई है।

उत्तराखंड उच्च न्यायालय - कुछ महत्त्वपूर्ण तथ्य

- 'उत्तराखंड उच्च न्यायालय' देश का 20वाँ उच्च न्यायालय है। यह नैनीताल में स्थित है। यह उच्च न्यायालय 9 नवम्बर, 2000 को स्थापित किया गया।
- उत्तराखंड उच्च न्यायालय के प्रथम मुख्य न्यायाधीश न्यायमूर्ति ए॰ए॰ देसाई थे। दो अन्य न्यायाधीश न्यायमूर्ति एम॰सी॰ जैन एवं न्यायमूर्ति पी॰सी॰ वर्मा की भी नियुक्ति की गई थी। इस उच्च न्यायालय में 7 न्यायाधीशों की नियुक्ति का प्रावधान है।
- राज्य में लम्बित मुकदमों के शीघ्र निस्तारण हेतु अप्रैल, 2001 में 45 अस्थायी न्यायालयों का गठन किया गया।
- श्री जी॰सी॰एस॰ रावत को 'उत्तराखंड उच्च न्यायालय' का प्रथम रजिस्ट्रार नियुक्त किया गया था।
- उत्तरांचल (नाम परिवर्तन) अधिनियम, 2006 की धारा 4 द्वारा अब इसे उत्तराखंड उच्च न्यायालय के नाम से जाना जाता है।

राज्यपाल

उत्तराखंड में राज्यपाल की नियुक्ति राष्ट्रपति द्वारा होती है तथा वह राष्ट्रपति की इच्छापर्यन्त अपने पद पर बना रहता है। साधारणतया उसका कार्यकाल पांच वर्ष का होता है। इस अवधि से पूर्व भी वह त्याग-पत्र देकर अपने पद से मुक्त हो सकता है। अवधि समाप्त होने पर भी वह उस समय तक अपने पद पर कार्य करता रहेगा जब तक कि उसके स्थान पर किसी दूसरे व्यक्ति की नियुक्ति नहीं हो जाती। राज्यपाल का पद आकस्मिक रूप से रिक्त होने पर राष्ट्रपति इसकी व्यवस्था करेगा।

पद ग्रहण करने से पूर्व, राज्य के उच्च न्यायालय के मुख्य न्यायाधिपति के सामने राज्यपाल को शपथ ग्रहण करनी पड़ती है। राज्यपाल को एक लाख 10 हजार रुपए प्रतिमाह तथा रहने के लिए निःशुल्क आवास मिलता है। (केन्द्रीय बजट 2018-19 में राज्यपाल का वेतन बढ़ाकर 3.5 लाख रुपए मासिक किया जाना प्रस्तावित है।)

राज्यपाल नियुक्त होने के लिए योग्यताएं: राज्यपाल नियुक्त होने वाले व्यक्ति में निम्नलिखित योग्यताएं होनी चाहिए:

(1) वह भारत का नागरिक हो,

(2) उसकी आयु 35 वर्ष पूर्ण हो चुकी हो,

(3) वह संघीय संसद अथवा किसी राज्य के विधानमण्डल का सदस्य न हो, यदि ऐसा कोई व्यक्ति राज्यपाल नियुक्त हो जाता है तो इसे संसद या विधानमण्डल की सदस्यता से त्यागपत्र देना होगा,

(4) वह किसी सरकारी वैतनिक पद पर न हो।

राज्यपाल के अधिकार व कार्य: संविधान द्वारा प्रदेश के राज्यपाल को व्यापक अधिकार प्रदान किए गए हैं। राज्यपाल की राज्य में वही स्थिति है जो केन्द्र में राष्ट्रपति की है।

राज्यपाल के अधिकार व कर्त्तव्यों का संक्षिप्त विवरण निम्नलिखित है:

(1) कार्यपालिका सम्बन्धी अधिकार: प्रदेश के कार्यपालिका सम्बन्धी अधिकार राज्यपाल में निहित होते हैं तथा वह उसका प्रयोग स्वयं या अपने अधीनस्थ कर्मचारियों द्वारा करता है। प्रदेश

के सम्पूर्ण कार्य उसी के नाम से किए जाते हैं। प्रदेश की शक्ति का विस्तार उन समस्त विषयों तक होता है जो राज्य सूची में वर्णित हैं।प्रदेश के मुख्यमंत्री की सलाह से वह अन्य मन्त्रियों की नियुक्ति करता है। मंत्रियों का कार्यकाल उसकी इच्छा पर निर्भर होता है। प्रदेश के लोक सेवा आयोग के अध्यक्ष और सदस्यों तथा प्रदेश के महाधिवक्ता की नियुक्ति भी राज्यपाल ही करता है।

(2) विधायन सम्बन्धी अधिकारः राज्यपाल प्रदेश के विधानमण्डल का अभिन्न अंग है। इसलिए उसे अनेक विधायन सम्बन्धी अधिकार भी प्राप्त हैं। इन अधिकारों अथवा शक्तियों के अन्तर्गत वहः

(क) प्रदेश के विधानमण्डल को आमंत्रित करता है, विसर्जित करता है तथा स्थगित करता है।

(ख) विधानसभा को भंग कर सकता है।

(ग) प्रदेश के विधानमण्डल की बैठक बुला सकता है तथा उसमें भाषण दे सकता है।

(घ) सदन को संदेश भेज सकता है, जिसमें वह किसी कानून के बनाने की प्रार्थना कर सकता है।

(ड) विधानमण्डल द्वारा पारित प्रत्येक विधेयक पर राज्यपाल के हस्ताक्षर आवश्यक हैं। यदि वह ठीक समझे तो किसी विधेयक को अपने संदेश सहित विधानमण्डल में पुनः विचार के लिए उसके पास वापस भेज सकता है। परन्तु दुबारा विधानमण्डल उस विधेयक को चाहे संशोधित रूप से अथवा पूर्ववत् पारित कर दे तो राज्यपाल को इस बार हस्ताक्षर करके उसे लागू करना ही पड़ेगा। धन विधेयकों को वह वापस नहीं भेज सकता, उन पर उसे पहली बार में ही स्वीकृति देनी होगी।

(च) प्रदेश के राज्यपाल को अध्यादेश जारी करने का अधिकार प्राप्त है। विधानमण्डल की बैठक न होने की स्थिति में राज्य सूची के किसी आवश्यक विषय पर वह अध्यादेश जारी कर सकता है। अध्यादेश विधानमण्डल की बैठक प्रारम्भ होने के 6 सप्ताह बाद समाप्त हो जाएगा, उसके बाद इसकी स्वीकृति विधानमण्डल से लेनी होगी। यदि विधानमण्डल 6 सप्ताह पहले अपने एक प्रस्ताव के द्वारा अध्यादेश को अस्वीकृत कर देता है तो अध्यादेश तुरन्त रद्द समझा जाएगा। कुछ विषयों पर अध्यादेश जारी करने के लिए राज्यपाल को राष्ट्रपति की पूर्व स्वीकृति भी लेनी पड़ती है।

(छ) विधानमण्डल द्वारा पारित कुछ विधेयकों को राज्यपाल, राष्ट्रपति की स्वीकृति के लिए संरक्षित भी रख सकता है।

(3) वित्तीय अधिकारः राज्यपाल को अनेक वित्तीय अधिकार प्राप्त हैंः

राज्यपाल की सिफारिशों के बिना कोई भी धन-विधेयक विधानसभा में प्रस्तुत नहीं किया जा सकता तथा राज्यपाल की स्वीकृति के बिना राज्य के राजस्व में से कोई धनराशि व्यय नहीं की जा सकती।

(4) न्याय सम्बन्धी अधिकारः

(क) वह प्रदेश के दण्डप्राप्त अपराधियों के दण्ड को कम या क्षमा कर सकता है। परन्तु इस प्रकार क्षमा प्रदान करने के लिए यह आवश्यक है कि अपराधी ने प्रदेश के विधानमण्डल द्वारा बनाई गई विधि का ही उल्लंघन किया हो।

(ख) प्रदेश के उच्च न्यायालय के न्यायाधीशों की नियुक्ति करते समय राष्ट्रपति, राज्यपाल से परामर्श लेता है।

(ग) पद पर रहते राज्यपाल के विरुद्ध कोई फौजदारी कार्यवाही नहीं की जा सकती। इसके विरुद्ध दीवानी मुकदमे के लिए दो माह पूर्व सूचना देना आवश्यक है।

(5) विविध अधिकारः उपरोक्त अधिकारों के अतिरिक्त राज्यपाल को अन्य अधिकार भी प्राप्त हैं। इसके अन्तर्गत निम्नलिखित अधिकार हैं:

(क) राष्ट्रपति को प्रदेश की स्थिति से अवगत कराना तथा प्रदेश में संविधान के असफल हो जाने पर राष्ट्रपति को संकट या आपातस्थिति की घोषणा करने का परामर्श देना तथा प्रदेश के शासनभार को संभाल लेने की प्रार्थना करना। आपातकालीन स्थिति में वह प्रदेश के अन्दर राष्ट्रपति के अभिकर्त्ता के रूप में कार्य करता है।

(ख) विशेष अवसरों, राष्ट्रीय उत्सवों और राज्य में आने वाले अतिथियों के सम्मान आदि के अवसरों पर वह प्रदेश का प्रतिनिधित्व करता है।

राष्ट्रपति शासन की स्थिति में राज्यपाल प्रदेश में सम्पूर्ण कार्यपालिका शक्ति को अपने हाथ में लेकर प्रदेश कर्मचारियों की सहायता से शासन-कार्य चलाता है। इस काल में वह स्वेच्छा से कार्य नहीं करता, अपितु उसको संघीय सरकार के निर्देशों एवं आदेशों के अनुसार शासन का संचालन करना पड़ता है।

16

मुख्यमंत्री

प्रदेश में मंत्रिपरिषद् का मुखिया मुख्यमंत्री कहलाता है। वही मंत्रिपरिषद् की बैठकों का सभापतित्व करता है। राज्यपाल तो केवल नाममात्र का ही शासक होता है। शासन की सम्पूर्ण सत्ता मंत्रिपरिषद् के हाथ में होती है।

प्रदेश के आम चुनावों के उपरान्त विधानसभा में जिस दल का बहुमत होता है उस दल के नेता को राज्यपाल, मुख्यमंत्री के पद पर नियुक्त करता है। उसके पश्चात् मुख्यमंत्री के परामर्श से वह अन्य मंत्रियों की नियुक्ति करता है। मुख्यमंत्री सहित सभी मंत्रियों को विधानसभा का सदस्य होना आवश्यक है। यदि नियुक्ति के समय मंत्रिमण्डल का कोई सदस्य विधान सभा का सदस्य नहीं है तो उसे छह महीने के अन्दर किसी क्षेत्र से चुनाव लड़कर विधानसभा का सदस्य बन जाना आवश्यक है, अन्यथा उसे अपने पद से त्यागपत्र देना पड़ेगा।

मुख्यमंत्री की प्रदेश के शासन में स्थितिः जो स्थिति केन्द्रीय सरकार में प्रधानमंत्री की है वही स्थिति प्रदेश सरकार में मुख्यमंत्री की है। प्रदेश की कार्यपालिका शक्ति का प्रयोग वही करता है। बहुमत दल का नेता होने के कारण राज्यपाल उसे ही मंत्रिपरिषद् बनाने के लिए आमंत्रित करता है। उसकी सिफारिश पर ही राज्यपाल किसी व्यक्ति को मंत्री बनाता है तथा उसी की सिफारिश पर किसी भी मंत्री को मंत्रिपरिषद् से निलंबित करता है। मुख्यमंत्री के कार्यों एवं अधिकारों से उसके स्थान का स्पष्टीकरण हो जाता हैः

(1) मंत्रियों के नामों की सूची राज्यपाल के समक्ष प्रस्तुत करता है।

(2) मंत्रियों में प्रशासकीय विभागों का वितरण करता है।

(3) वह मंत्रिपरिषद् का अध्यक्ष होने के नाते मंत्रिपरिषद् की बैठकों की अध्यक्षता करता है।

(4) विभिन्न मंत्रियों और विभागों के मध्य एकता स्थापित रखना उसी का कार्य है।

(5) मुख्यमंत्री किसी भी मंत्री से असन्तुष्ट होने पर उससे त्यागपत्र मांग सकता है। मंत्रियों के बीच जब किसी प्रश्न पर मतभेद होता है तो वह ही उसे दूर करता है।

(6) राज्यपाल और मंत्रिपरिषद् के बीच सम्पर्क स्थापित करने के लिए मुख्यमंत्री एक कड़ी के रूप में कार्य करता है। मुख्यमंत्री का यह कार्य है कि वह शासन के समस्त निर्णयों से राज्यपाल को अवगत कराता रहे।

(7) वह राज्य की विधानसभा का नेता होता है। अपने दल के बहुमत पर उसे पूर्ण विश्वास होता है कि वह प्रत्येक विधेयक को पारित करा लेगा।

(8) वह प्रदेश सरकार की नीति का निर्माण करता है और विधानसभा उसके द्वारा निर्धारित नीति का समर्थन करती है। वह प्रदेश सरकार की नीति के सम्बन्ध में विधानसभा के प्रति उत्तरदायी है।

(9) जब मंत्रिपरिषद् के किसी भी सदस्य से प्रश्न अथवा पूरक प्रश्न पूछे जाते हैं, तब वह अपने सहयोगियों की सहायता करता है।

(10) मंत्रियों में मतभेद होने की स्थिति में वह उसका निराकरण करता है। उसका निर्णय अन्तिम होता है; जो इस निर्णय को स्वीकार नहीं करता उसे मंत्रिपरिषद् से त्यागपत्र देना पड़ता है।

(11) महत्त्वपूर्ण प्रशासकीय नियुक्तियां राज्यपाल, मुख्यमंत्री के परामर्श के अनुसार ही करता है।

(12) विधानसभा का महत्त्वपूर्ण सदस्य होने के नाते वह विधानसभा में प्रमुख प्रवक्ता भी होता है। वह प्रदेश सरकार का प्रमुख प्रवक्ता है तथा उसके वक्तव्य एवं आश्वासन अधिकारपूर्ण होते हैं। सदन में महत्त्वपूर्ण नीतियों की घोषणा भी वही करता है।

(13) मुख्यमंत्री की अनुमति के बिना कोई मंत्री राज्यपाल से नहीं मिल सकता। प्रदेश के प्रशासन के विषय में यदि राज्यपाल कोई सूचना प्राप्त करना चाहे तो अपनी मंत्रिपरिषद् के निर्णयों की सूचना राज्यपाल को देना मुख्यमंत्री का कर्त्तव्य है।

(14) मुख्यमंत्री के परामर्श पर ही राज्यपाल विधानसभा को भंग कर सकता है।

(15) दल का नेता होने के कारण वह अपने दल के सदस्यों को परामर्श व आदेश देता है।

मुख्यमंत्री की उपरोक्त शक्तियों से स्पष्ट होता है कि प्रदेश का वास्तविक शासक वही है। मंत्रिपरिषद् के जीवन-मरण का केन्द्र बिन्दु वही है। शासन को चलाने वाला वही होता है। उसे अनेक अधिकार प्राप्त हैं।

इतना सब कुछ होने पर भी मुख्यमंत्री की वास्तविक स्थिति उसके व्यक्तित्व व उसके दल के समर्थन पर काफी कुछ निर्भर करती है। वह मंत्रिपरिषद् का नेता तो होता है, किन्तु तानाशाह नहीं। इसका कारण यह है कि उसकी शक्ति अपने दल के समर्थन पर आश्रित होती है तथा दल की शक्ति उसके नेता के व्यक्तित्व पर निर्भर होती है। इसके साथ यह भी सत्य है कि मुख्यमंत्री की स्थिति, स्थायी मंत्रिपरिषद् की स्थापना पर निर्भर होती है।

उत्तराखंड के मुख्यमंत्री

प्रथम मुख्यमंत्री

नित्यानंद स्वामीः वकालत का सफल कैरियर छोड़कर राजनीति में आए नित्यानंद स्वामी को उत्तराखंड का प्रथम मुख्यमंत्री बनने का सौभाग्य प्राप्त हुआ। 9 नवम्बर, 2000 से 28 अक्टूबर, 2001 तक वे उत्तराखंड के मुख्यमन्त्री पद पर रहे।

द्वितीय मुख्यमंत्री

भगत सिंह कोशियारीः नित्यानंद स्वामी मंत्रिमण्डल में ऊर्जामन्त्री रहे भगत सिंह कोशियारी को उत्तराखंड के दूसरे मुख्यमन्त्री बनने का गौरव प्राप्त हुआ। 29 अक्टूबर, 2001 से 1 मार्च, 2002 तक वे उत्तराखंड के मुख्यमंत्री पद पर रहे।

तृतीय मुख्यमंत्री

नारायण दत्त तिवारीः स्वतंत्रता सेनानी और कांग्रेस के वरिष्ठ नेता नारायण दत्त तिवारी को उत्तराखंड के तीसरे मुख्यमंत्री होने का गौरव प्राप्त हुआ है। वे 7 मार्च, 2007 तक प्रदेश के मुख्यमंत्री रहे।

चतुर्थ मुख्यमंत्री

भुवन चंद्र खंडूरीः भारतीय जनता पार्टी के नेता भुवन चंद्र खंडूरी उत्तराखंड के चौथे मुख्यमंत्री बने। उन्होंने 8 मार्च, 2007 को मुख्यमंत्री पद की शपथ ली। वह 26 जून, 2009 तक प्रदेश के मुख्यमंत्री रहे।

पंचम मुख्यमंत्री

डॉ. रमेश पोखरियाल 'निशंक': भाजपा के युवा नेता डॉ. रमेश पोखरियाल 'निशंक' उत्तराखंड के पांचवें मुख्यमंत्री रहे हैं। उन्होंने 27 जून, 2009 से 10 सितम्बर, 2011 तक प्रदेश के मुख्यमंत्री का कार्यभार संभाला।

षष्ठम मुख्यमंत्री

भुवन चंद्र खंडूरीः भारतीय जनता पार्टी के नेता भुवन चंद्र खंडूरी 11 सितम्बर, 2011 को दूसरी बार उत्तराखंड के मुख्यमंत्री बने। वह 12 मार्च, 2012 तक इस पद पर रहे।

सप्तम मुख्यमंत्री

विजय बहुगुणाः कांग्रेस के प्रमुख नेता विजय बहुगुणा उत्तराखंड के सातवें मुख्यमंत्री बने। उन्होंने 13 मार्च, 2012 से 31 जनवरी, 2014 तक मुख्यमंत्री का पदभार संभाला।

अष्टम मुख्यमंत्री

हरीश रावतः कांग्रेस के वरिष्ठ नेता हरीश रावत को उत्तराखंड का आठवाँ मुख्यमंत्री होने का गौरव प्राप्त है। वह 1 फरवरी 2014 से (27 मार्च 2016 से 10 मई 2016 के समय को छोड़कर, जब राज्य में राष्ट्रपति शासन लागू कर दिया गया था) 17 मार्च 2017 तक राज्य के मुख्यमंत्री रहे।

नवम् मुख्यमंत्री

त्रिवेंद्र सिंह रावतः भाजपा नेता त्रिवेंद्र सिंह रावत उत्तराखंड के 9वें एवं वर्तमान मुख्यमंत्री हैं। उन्होंने 18 मार्च 2017 को पदभार संभाला है।

□□□

17

शिक्षा प्रणाली

- उत्तराखंड में (वर्ष 2015-16) 11 राज्यस्तरीय विश्वविद्यालय, 3 डीम्ड विश्वविद्यालय, 11 निजी विश्वविद्यालय, एक आईआईटी, एक कृषि एवं तकनीकी विश्वविद्यालय, 131 डिग्री/पोस्ट ग्रेजुएट कॉलेज, भारतीय वन अनुसन्धान संस्थान, भारतीय सैन्य अकादमी, गोविन्द बल्लभ पन्त हिमालयी पर्यावरण एवं विकास संस्थान कार्यरत हैं।

- राज्य में (2014-15) 20590 प्राथमिक विद्यालय तथा उच्च प्राथमिक विद्यालय हैं। राज्य में 3,439 माध्यमिक विद्यालय हैं।

- वर्ष 2011 की जनगणनानुसार उत्तराखंड राज्य में साक्षरता दर 78.8 प्रतिशत है। जिसमें पुरुष साक्षरता 87.4 प्रतिशत तथा स्त्री साक्षरता 70.0 प्रतिशत है।

- राज्य सरकार ‘सूचना प्रौद्योगिकी’ में भी उच्चस्तरीय प्रशिक्षण की सुविधाएं प्रदान कर रही है।

- राज्य में पढ़ाई के साथ-साथ सैन्य शिक्षा, खेलों तथा कम्प्यूटर को भी अनिवार्य शिक्षा के रूप में लागू किया गया है।

- राज्य सरकार ने 1 जुलाई, 2001 से ‘स्कूल चलो’ अभियान प्रारम्भ किया है, जिसमें 6-11 आयु वर्ग के समस्त बच्चों को निःशुल्क पाठ्य पुस्तकें प्रदान कर परिषदीय प्राथमिक विद्यालयों में प्रवेश दिया जा रहा है।

- राज्य सरकार ने ‘गांव शिक्षा समिति’ का गठन करके दो योजनाएं ‘शिक्षा बन्धु’ तथा ‘शिक्षा मित्र योजना’ लागू की है।

- राज्य के प्रसिद्ध ‘रुड़की इन्जीनियरिंग कॉलेज’ को देश के सातवें आई॰आई॰टी का स्तर प्रदान किया गया है।

- हरिद्वार जिले के 10 महाविद्यालयों को ‘मेरठ विश्वविद्यालय’ से अलग करके ‘हेमवती नन्दन बहुगुणा गढ़वाल विश्वविद्यालय, श्रीनगर’ से सम्बद्ध कर दिया गया है। वर्तमान समय में गढ़वाल विश्वविद्यालय से सम्बद्ध शिक्षण संस्थाओं की संख्या बढ़कर 50 से अधिक हो गई है।

- राज्य में 13 विशिष्ट विद्यालय खोले जा रहे हैं, जहाँ विकलांगों को समाज की मुख्यधारा से जोड़ने हेतु उन्हें व्यावसायिक शिक्षा प्रदान की जाएगी।
- 'उत्तराखंड माध्यमिक शिक्षा परिषद' का मुख्यालय नैनीताल जिले के रामनगर में स्थापित किया गया है।
- उत्तराखंड में उच्च शिक्षा का निदेशालय हल्द्वानी (नैनीताल) में बनाया गया है।

उत्तराखंड के प्रमुख विश्वविद्यालय

नाम	स्थान	स्थापना वर्ष
रुड़की विश्वविद्यालय	रुड़की	1847
गोविन्द बल्लभ पन्त कृषि तथा प्रौद्योगिकी विश्वविद्यालय	पन्तनगर	1960
गुरुकुल कांगड़ी विश्वविद्यालय	हरिद्वार	1902
कुमायूँ विश्वविद्यालय	नैनीताल	1973
हेमवती नन्दन बहुगुणा (गढ़वाल) विश्वविद्यालय	श्रीनगर	1973
देव संस्कृति विश्वविद्यालय (निजी क्षेत्र)	हरिद्वार	2002
पेट्रोलियम और ऊर्जा शिक्षा विश्वविद्यालय	देहरादून	2003
इकफाई विश्वविद्यालय	सेलाकुई (देहरादून)	2003
पंतजली विश्वविद्यालय	हरिद्वार	2007
आईआईएम विश्वविद्यालय	काशीपुर	2011

प्रशिक्षण एवं शोध संस्थान

क्र. सं.	संस्थान का नाम	स्थान	क्र. सं.	संस्थान का नाम	स्थान
1.	जड़ी-बूटी शोध एवं विकास संस्थान	गोपेश्वर	12.	उच्चस्थलीय पौध शोध संस्थान	श्रीनगर
2.	भारी विद्युत संयन्त्र	हरिद्वार	13.	जी.बी. पन्त हिमालयी पर्यावरण एवं विकास संस्थान	कटारमल (अल्मोड़ा)
3.	इण्डियन मिलिट्री अकादमी	देहरादून			
4.	स्ट्रक्चरल इन्जीनियरिंग रिसर्च	रुड़की	14.	वन अनुसंधान संस्थान	देहरादून
5.	भारतीय वन्य जीव संस्थान	देहरादून	15.	पन्त कॉलेज ऑफ टेक्नोलॉजी	पन्तनगर
6.	हिन्दुस्तान एंटी बायोटिक लिमिटेड	ऋषिकेश	16.	राजकीय होटल मैनेजमैण्ट संस्थान	देहरादून/ अल्मोड़ा
7.	भारत हैवी इलेक्ट्रिकल्स	ऋषिकेश			
8.	सेन्ट्रल बिल्डिंग रिसर्च इन्स्टीट्यूट	रुड़की	17.	राजकीय विधि कॉलेज	गोपेश्वर
9.	ड्रग्स कम्पोजिट रिसर्च यूनिट	रानीखेत	18.	विवेकानन्द पर्वतीय कृषि अनुसंधानशाला	अल्मोड़ा
10.	क्षेत्रीय अभिलेखागार	नैनीताल			
11.	भातखण्डे हिन्दुस्तानी संगीत महाविद्यालय	देहरादून/ अल्मोड़ा	19.	प्रशासनिक अकादमी	नैनीताल
			20.	राज्य संसाधन केन्द्र (प्रौढ़ शिक्षा)	देहरादून

क. सं.	संस्थान का नाम	स्थान	क. सं.	संस्थान का नाम	स्थान
21.	राजकीय औद्योगिकी महाविद्यालय	भरसार (पौड़ी)	34.	आम्रपाली इंस्टीट्यूट ऑफ होटल मैनेजमेंट	हल्द्वानी
22.	लालबहादुर शास्त्री अकादमी आफ एडमिनिस्ट्रेशन	मसूरी	35.	एकेडमी ऑफ मैनेजमेंट स्टडीज	प्रेमनगर (देहरादून)
23.	उदयशंकर नृत्य एवं संगीत अकादमी	अल्मोड़ा	36.	ओंकार नन्द इंस्टीट्यूट ऑफ मैनेजमेंट एंड टेक्नोलॉजी	ऋषिकेश
24.	वन एवं पंचायत प्रशिक्षण अकादमी	हल्द्वानी	37.	लालबहादुर शास्त्री तकनीकी शिक्षा संस्थान	हल्दू चौड़
25.	उत्तराखंड सेवा निधि एवं पर्यावरण शिक्षा संस्थान	अल्मोड़ा	38.	राजकीय वेधशाला	नैनीताल
26.	कुमायूँ इन्स्टीट्यूट ऑफ आई. टी.	काठगोदाम	39.	उत्तरांचल इन्टीट्यूट ऑफ मैनेजमेंट एंड टेक्नोलॉजी	अल्मोड़ा
27.	नेहरू पर्वतारोहण संस्थान	उत्तरकाशी	40.	केन्द्रीय भूमि जल संरक्षण अनुसंधान एवं प्रशिक्षण संस्थान	देहरादून
28.	देहरादून इन्स्टीट्यूट ऑफ टेक्नोलॉजी	देहरादून	41.	ओ.एन.जी.सी. पॉलिटेक्निक	देहरादून
29.	बिड़ला इन्स्टीट्यूट ऑफ एप्लाइड साइंसेज	भीमताल	42.	भारतीय पेट्रोलियम संस्थान	देहरादून
			43.	राष्ट्रीय दृष्टि वाधितार्थ संस्थान	देहरादून
30.	पटवारी प्रशिक्षण संस्थान	अल्मोड़ा	44.	आपदा न्यूनीकरण एवं प्रबंध केन्द्र	देहरादून
31.	ग्राफिक एरा इंस्टीट्यूट ऑफ टेक्नालॉजी	देहरादून	45.	सरस्वती इंस्टीट्यूट ऑफ मैनेजमेंट एंड टेक्नोलॉजी	रुद्रपुर
32.	इंस्टीट्यूट ऑफ मैनेजमेंट स्टडीज	देहरादून	46.	भारतीय वनस्पति सर्वेक्षण विभाग	देहरादून
33.	श्री गुरु रामराय इंस्टीट्यूट ऑफ टेक्नालॉजी एवं साइंस	देहरादून	47.	सरदार भगवान सिंह पी.जी. इंस्टीट्यूट ऑफ बायोमेडिकल एवं रिसर्च	देहरादून

उत्तराखंड पॉलीटेक्निक

क. सं.	संस्थान का नाम	स्थापना वर्ष	क. सं.	संस्थान का नाम	स्थापना वर्ष
1.	राजकीय महिला पॉलीटेक्निक, अल्मोड़ा	1987	9.	राजकीय पॉलीटेक्निक, उत्तरकाशी	1975
2.	राजकीय महिला पॉलीटेक्निक, देहरादून	1987	10.	राजकीय पॉलीटेक्निक, देहरादून	1979
3.	राजकीय पॉलीटेक्निक, नैनीताल	1957	11.	राजकीय पॉलीटेक्निक, गोचर	1979
4.	राजकीय पॉलीटेक्निक, काशीपुर	1975	12.	राजकीय पॉलीटेक्निक, सल्ट	1984
5.	राजकीय पॉलीटेक्निक, लोहाघाट	1975	13.	राजकीय पॉलीटेक्निक, शक्तिफार्म	1985
6.	राजकीय पॉलीटेक्निक, नरेन्द्रनगर	1975	14.	के. एल. पॉलीटेक्निक, रुड़की	1956
7.	राजकीय पॉलीटेक्निक, द्वारहाट	1975	15.	राजकीय ग्रामीण पॉलीटेक्निक, थलनदी	1988
8.	राजकीय पॉलीटेक्निक, श्रीनगर	1969	16.	राजकीय ग्रामीण पॉलीटेक्निक, ताकुला	1987

उत्तराखंड के प्रमुख स्कूल

स्कूल	स्थान	स्कूल	स्थान
द दून स्कूल	देहरादून	कॉन्वेंट ऑफ जीसस मैरी	देहरादून
बिरला विद्या मंदिर	नैनीताल	कर्नल ब्राउन स्कूल	देहरादून
ऑल सेंट्स स्कूल	नैनीताल	वुडस्टॉक स्कूल	मसूरी
होपटाउन गर्ल्स स्कूल	देहरादून	कैम्ब्रियन हॉल स्कूल	देहरादून
वेल्हम गर्ल्स स्कूल	देहरादून	मसूरी इंटरनेशनल स्कूल	मसूरी
वेल्हम ब्वायज स्कूल	देहरादून	शेरवुड स्कूल	नैनीताल
सेंट जोजेफ अकेडमी	देहरादून	डी.ए.वी. कॉलेज	देहरादून
सेंट थॉमस स्कूल	देहरादून	महादेवी कन्या पाठशाला	देहरादून
सेंट जार्ज कॉलेज	मसूरी		

उत्तराखंड में प्राथमिक शिक्षा के क्षेत्र की महत्त्वपूर्ण योजनाएं

	योजना का नाम	उद्देश्य
1.	बेसिक शिक्षा परियोजना (I)	कम साक्षरता वाले जिलों में साक्षरता प्रतिशत में वृद्धि
2.	बेसिक शिक्षा परियोजना (II)	असेवित क्षेत्रों में प्राथमिक विद्यालयों की स्थापना
3.	स्कूल चलो अभियान (I)	प्राथमिक विद्यालयों की स्थापना, प्राथमिक विद्यालयों में गुणवत्ता सुधार, सघन शिक्षक प्रशिक्षण, नवीन पाठ्य पुस्तकों का विकास, निःशुल्क पाठ्य पुस्तकों का वितरण
4.	स्कूल चलो अभियान (II)	6 से 14 वर्ष के बच्चों का शत-प्रतिशत नामांकन, प्राथमिक शिक्षा में जन-समुदाय की भागीदारी
5.	जिला प्राथमिक शिक्षा कार्यक्रम (I)	प्रदेश के सभी वर्गों को प्राथमिक शिक्षा सुलभ कराना
6.	जिला प्राथमिक शिक्षा कार्यक्रम (II)	साक्षरता दर में वृद्धि करना
7.	अनौपचारिक शिक्षा योजना	सामाजिक, आर्थिक कारणों से प्राथमिक शिक्षा से वंचित बच्चों को प्राथमिक स्तर तक की पढ़ाई पूर्ण कराना
8.	कल्प शिक्षा योजना	प्राथमिक विद्यालयों में आध्यात्मिक वातावरण निर्मित करना
9.	शिक्षा मित्र योजना	प्राथमिक विद्यालयों में शिक्षकों की कमी को पूरा करना
10.	सर्व शिक्षा योजना	शत-प्रतिशत साक्षरता के लक्ष्य प्राप्त करने हेतु विशेष प्रयास
11.	ऑपरेशन ब्लैक बोर्ड योजना	प्राथमिक विद्यालयों में भौतिक सुविधाओं की उपलब्धता सुनिश्चित करना
12.	शिक्षा गारंटी योजना	असेवित गांवों में प्राथमिक विद्यालय की स्थापना

श्रेणीवार प्राथमिक विद्यालयों का विवरण (2014-15)

क्र. सं.	जिला	केवल प्राथमिक कक्षाएँ	प्राथमिक एवं उच्च प्राथमिक कक्षाएँ	केवल उच्च प्राथमिक कक्षाएँ	योग
1.	अल्मोड़ा	1619	75	226	1920
2.	बागेश्वर	703	17	142	862
3.	चमोली	1097	71	248	1416
4.	चम्पावत	617	9	134	760
5.	देहरादून	1397	287	364	2048
6.	हरिद्वार	1185	247	283	1715
7.	नैनीताल	1263	128	298	1689
8.	पौड़ी गढ़वाल	1828	109	348	2285
9.	पिथौरागढ़	1373	111	273	1757
10.	रुद्रप्रयाग	673	29	158	860
11.	टिहरी	1721	75	425	2221
12.	ऊधमसिंह नगर	1298	166	337	1801
13.	उत्तरकाशी	917	53	286	1256
	योग	**15691**	**1377**	**3522**	**20590**

श्रेणीवार माध्यमिक विद्यालयों का विवरण (2014-15)

क्र. सं.	जिला	कुल माध्यमिक विद्यालय	शिक्षा विभाग	जन जाति/ समाज कल्याण विभाग	स्थानीय निकाय	सवित्त मान्यता प्राप्त	वित्त विहीन मान्यता प्राप्त	केन्द्र सरकार
1.	अल्मोड़ा	329	256	0	1	40	29	3
2.	बागेश्वर	118	88	0	0	16	11	3
3.	चमोली	237	187	1	0	24	19	6
4.	चम्पावत	129	102	0	0	8	15	4
5.	देहरादून	455	166	4	2	56	206	21
6.	हरिद्वार	250	89	0	0	39	117	4
7.	नैनीताल	303	188	1	0	34	75	5
8.	पौड़ी गढ़वाल	422	302	0	1	77	38	4
9.	पिथौरागढ़	258	206	3	0	10	35	4
10.	रुद्रप्रयाग	147	109	0	0	25	11	2
11.	टिहरी	324	279	0	0	15	27	3
12.	ऊधमसिंह नगर	318	123	4	0	28	157	2
13.	उत्तरकाशी	149	122	0	0	3	21	3
	योग	**3439**	**2217**	**13**	**4**	**375**	**761**	**64**

माध्यमिक शिक्षा : एक दृष्टि में (2013-14)

सूचकांक	2013-14
सकल नामांकन दर (GER) (माध्यमिक)	86.62%
शुद्ध नामांकन दर (NER) (माध्यमिक)	46.95%
पुनरावृत्ति दर (Repetition Rate) (माध्यमिक)	5.90%
शालात्यागी दर (Dropout Rate) (माध्यमिक)	12.8%
स्तरोन्नयन दर (Transition Rate) (कक्षा 8-9)	96.63%
पदोन्नति दर (Promotion Rate) (कक्षा 9-10)	81.3%
छात्र-शिक्षक अनुपात (PTR) (राजकीय माध्यमिक विद्यालय)	19.1
ठहराव दर (Retention Rate) (Secondary)	87.2%
(GPI) (Secondary)	1.003%
(Gender Gap) (Secondary)	4.56%

उत्तराखंड में उच्च शिक्षा की प्रमुख संस्थाएं

आई.आई.टी. रुड़की

आई.आई.टी. रुड़की को न सिर्फ एशिया बल्कि संपूर्ण ब्रिटिश साम्राज्य का प्रथम तकनीकी संस्थान होने का गौरव प्राप्त है। सन 1847 में रुड़की कॉलेज के नाम से स्थापित इस संस्थान का उद्देश्य गंगा नहर के निर्माण में लगे लोगों को तकनीकी प्रशिक्षण देना था। 1854 में इसका स्वरूप व्यापक करते हुए इसे थॉमसन कॉलेज ऑफ सिविल इंजीनियरिंग का नाम दिया गया। 1946 में इलैक्ट्रिकल व मैकेनिकल इंजीनियरिंग की शिक्षा आरंभ होने के साथ 1949 में इसका नाम बदलकर थॉमसन कॉलेज ऑफ इंजीनियरिंग कर दिया गया। स्वतंत्र भारत का प्रथम इंजीनियरिंग कॉलेज बनने के कुछ वर्ष बाद इसे विश्वविद्यालय में परिवर्तित कर दिया गया। इसका नाम बदलकर रुड़की विश्वविद्यालय कर दिया गया। 2001 में संसद द्वारा एक एक्ट पारित होने के बाद केन्द्र सरकार ने रुड़की विश्वविद्यालय को भारतीय प्रौद्योगिकी संस्थान (आई.आई.टी.) में परिवर्तित कर दिया। यह देश का सातवां आई.आई.टी. हो गया है। विशाल परिसर में फैले रुड़की परिसर के अलावा उत्तर प्रदेश के सहारनपुर जिले में संस्थान का पेपर तकनीक विभाग स्थित है। संस्थान में कुल 18 विभाग व 6 प्रशिक्षण केन्द्र कार्य कर रहे हैं।

आई.आई.टी. रुड़की, भारत में अकेला ऐसा संस्थान है जहाँ भूकंप इंजीनियरिंग का अलग विभाग है, जो कि 1960 में शुरू हुआ था। इस विश्व विख्यात संस्थान में इस समय आर्किटेक्ट एण्ड

प्लानिंग, बायो टेक्नॉलाजी, कैमिकल इंजीनियरिंग, कैमिस्ट्री, अर्थ साइंस, अर्थक्वेक इंजीनियरिंग, हाइड्रोलॉजी, मैथमैटिक्स, मैकेनिकल एण्ड इण्डस्ट्रियल इंजीनियरिंग, मैटालर्जिकल एण्ड मैटीरियल्स इंजीनियरिंग, पेपर टेक्नालॉजी, फिजिक्स और वाटर रिसोर्स डेवलपमेंट ट्रेनिंग सेंटर के विभाग कार्यरत हैं।

गुरुकुल कांगड़ी विश्वविद्यालय, हरिद्वार

आर्य समाज के संस्थापक स्वामी दयानंद सरस्वती के शिष्य स्वामी श्रद्धानंद ने गुरुकुल कांगड़ी विश्वविद्यालय की नींव डाली थी। महात्मा मुंशीराम ने 1900 में गुजरांवाला में गुरुकुल की स्थापना की थी। 2 मार्च, 1902 में गुरुकुल का स्थानान्तरण गुजरांवाला से कांगड़ी कर दिया गया। 1952 में गुरुकुल कांगड़ी का स्वर्ण जयंती महोत्सव मनाया गया। 1957 में पं. जवाहरलाल नेहरू ने विज्ञान महाविद्यालय का उद्घाटन किया। 1962 में गुरुकुल की हीरक जयंती मनाई गई और इसी वर्ष भारत सरकार ने गुरुकुल को विश्वविद्यालय की मान्यता प्रदान की। वर्तमान समय में भी यहाँ गुरुकुलीय आश्रम व्यवस्था है, जिसके तहत स्नातक शिक्षण काल 15 वर्ष का है। प्रथम 12 वर्षों तक विद्यालय में आश्रम व्यवस्था में रहना पड़ता है। इसके पश्चात् छात्र स्नातक तथा स्नातकोत्तर पाठ्यक्रम पूर्ण करता है।

विश्वविद्यालय में इस समय शिक्षण कार्य 6 संकायों में समाहित है। इनमें प्राच्यविद्या संकाय, मानविकी संकाय, विज्ञान संकाय, जीव विज्ञान संकाय, प्रबंध संकाय तथा प्रौद्योगिकी संकाय शामिल हैं। प्राच्य विद्या संकाय के अन्तर्गत वेद, संस्कृत, दर्शन, प्राचीन भारतीय इतिहास एवं संस्कृति, पुरातत्व तथा योग की उच्च शिक्षा दी जाती है। इन विषयों में शोध की भी व्यवस्था है। मानविकी संकाय में मनोविज्ञान, हिन्दी तथा अंग्रेजी विभाग शामिल हैं। विज्ञान संकाय के अन्तर्गत गणित, रसायन विज्ञान, जीव विज्ञान तथा भौतिक विज्ञान की शिक्षा दी जाती है। जीव विज्ञान विभाग में जन्तु तथा वनस्पति शास्त्र के अलावा पर्यावरण विज्ञान व सूक्ष्म जीव विज्ञान के अध्ययन की व्यवस्था है।

डी.ए.वी. कॉलेज, देहरादून

भारत के प्रमुख आध्यात्मिक पुरोधा महर्षि दयानन्द सरस्वती ने देश में भारतीय और पाश्चात्य शिक्षा को मिलाने वाली एक नई शिक्षा की परिकल्पना की ताकि भारत के बच्चे विश्व शिक्षा से वंचित न हों। महर्षि दयानन्द सरस्वती ने सर्वप्रथम पंजाब में 1885-87 में दयानन्द आंग्ल वैदिक (DAV) संस्था की स्थापना की। देहरादून में दो समाज सेवियों ठाकुर पूर्ण सिंह नेगी व बाबू ज्योति स्वरूप ने 1902 में डी.ए.वी. कॉलेज की शुरुआत की। यह 1910 तक मिडिल, 1911 में हाई स्कूल, 1921 में इंटर-मीडिएट तथा 1946 में डिग्री कॉलेज बना।

गोविन्द बल्लभ पंत कृषि एवं प्रौद्योगिकी विश्वविद्यालय – पंत नगर

देश का प्रथम कृषि विश्वविद्यालय पंत नगर, ऊधम सिंह नगर जिले में स्थित है। इसकी स्थापना 17 नवम्बर, 1960 को तत्कालीन प्रधानमंत्री पं. जवाहर लाल नेहरू ने की। इसे गोविन्द बल्लभ पंत कृषि एवं प्रौद्योगिकी विश्वविद्यालय कहा जाता है। इसे भारत के सबसे पुराने कृषि विश्वविद्यालय होने का भी गौरव प्राप्त है।

कुमायूँ विश्वविद्यालय – नैनीताल

कुमायूँ विश्वविद्यालय की स्थापना 1973 में नैनीताल में की गई थी। इसके तीन परिसर नैनीताल, अल्मोड़ा तथा भीमताल में स्थित हैं। कुमायूँ विश्वविद्यालय उच्च शिक्षा एवं शोध की एक विश्वस्तरीय संस्था है। कुमायूँ विश्वविद्यालय से संबद्ध 35 सहयुक्त महाविद्यालय तथा संस्थान कुमायूँ के 6 जिलों में फैले हुए हैं।

कुमायूँ विश्वविद्यालय से संबद्ध महाविद्यालय

हल्द्वानी, रामनगर, महिला महाविद्यालय हल्द्वानी, रानीखेत, द्वाराहाट, मनिला, जैंती, चौखुटिया, स्याल्दे, बागेश्वर, पिथौरागढ़, बेरानाग, बलुवाकोट, डीडीघाट, मुन्स्यारी, काशीपुर, रुद्रपुर, खटीमा, बाजपुर, लोहाघाट, चम्पावत।

हेमवती नन्दन बहुगुणा गढ़वाल विश्वविद्यालय

गढ़वाल विश्वविद्यालय की स्थापना श्रीनगर गढ़वाल में 1973 में हुई थी। अप्रैल, 1989 में इसका नाम बदलकर 'हेमवती नन्दन बहुगुणा गढ़वाल विश्वविद्यालय' कर दिया गया। विश्वविद्यालय के तीन परिसर बिड़ला परिसर, श्रीनगर गढ़वाल (मुख्यालय) डॉ. वी. गोपाल रेड्डी परिसर, पौड़ी एवं स्वामी रामतीर्थ बादशाही थौल परिसर, टिहरी हैं। वर्तमान समय में विश्वविद्यालय के अन्तर्गत उक्त तीन परिसरों के अलावा राजकीय एवं प्रबन्धकीय महाविद्यालय-49, स्ववित्त पोषित महाविद्यालय-08, इंजीनियरिंग कॉलेज-01, राजकीय आयुर्वेदिक कॉलेज-02 एवं स्ववित्त पोषित व्यावसायिक/तकनीकी संस्थान-38, कुल 98 कॉलेज/संस्थान संबद्ध हैं।

देव संस्कृति विश्वविद्यालय

इस विश्वविद्यालय की स्थापना उत्तराखंड विधानसभा द्वारा पारित 'देव संस्कृति विश्वविद्यालय विधेयक 2002' के अन्तर्गत वेदमाता गायत्री ट्रस्ट, शांतिकुंज, हरिद्वार द्वारा की गई है। अखिल विश्व गायत्री परिवार के प्रमुख डॉ. प्रणव पण्ड्या विश्वविद्यालय के प्रथम कुलाधिपति हैं। इस विश्वविद्यालय में साधना, शिक्षा, स्वास्थ्य और स्वावलम्बन नामक चार संकाय खोले गए हैं। इनके माध्यम से देव संस्कृति विश्वविद्यालय का उद्देश्य देव संस्कृति का शिक्षण एवं प्रसार, देव संस्कृति पर आधारित विज्ञान की धाराओं ज्योतिष, आयुर्वेद, मंत्र विज्ञान, योग विज्ञान, मनोविज्ञान आदि पर शिक्षण एवं शोध तथा पंडित श्रीराम शर्मा आचार्य के विचारों पर आधारित रोजगारपरक पाठ्यक्रमों, आपदा एवं प्रबंधन पर अध्ययन एवं शोध करना है।

श्री गुरु रामराय एजूकेशन मिशन-देहरादून

महन्त श्री इन्दिरेश चरणदास जी ने 1950 में गुरु राम राय एजूकेशन मिशन की स्थापना की। उन्होंने 1950 में भोगपुर देहरादून में गुरु रामराय विद्यालय खोला। महन्त श्री ने इसके बाद विद्यालयों की श्रृंखला शुरू की, आज इनकी संख्या 123 तक पहुँच गई है। विद्यालय और डिग्री कालेज की कुल संख्या भारत के विभिन्न राज्यों उत्तराखंड में 80, पंजाब में 28, उत्तर प्रदेश में 14 व दिल्ली में 1 है।

उत्तराखंड में एम्स (AIIMS) की स्थापना

केन्द्र सरकार द्वारा ऋषिकेश में 1800 करोड़ रुपए की लागत से 'चन्द्र सिंह गढ़वाली अखिल भारतीय आयुर्विज्ञान संस्थान' (एम्स) का निर्माण किया गया है। इस संस्थान हेतु उत्तराखंड सरकार ने 100 एकड़ भूमि उपलब्ध करायी है। इसके संचालन का जिम्मा केन्द्र सरकार का है। इस संस्थान में 35 उच्च स्तरीय आधुनिक चिकित्सा की सुविधाएं उपलब्ध है। इसके अलावा 100 शैयाओं वाला मेडिकल कॉलेज भी है।

राज्य शैक्षिक अनुसंधान एवं प्रशिक्षण परिषद् का गठन

उत्तराखंड में 'राज्य शैक्षिक अनुसंधान एवं प्रशिक्षण परिषद् (S.C.E.R.T.) के गठन का निर्णय मंत्रिमंडल द्वारा लिया गया। इसका मुख्यालय नरेन्द्र नगर में होगा। प्राविधिक शिक्षा और परीक्षा परिषद् का मुख्यालय रुड़की (हरिद्वार) में स्थापित किया गया है।

व्यावसायिक एवं तकनीकी शिक्षा

1. औद्योगिक प्रशिक्षण संस्थान (2015-16)	179
(i) अनुमोदित सीट	17092
(ii) प्रवेश	10232
2. पॉलिटेक्निक (2015-16)	70
(i) अनुमोदित सीट	16659
(ii) प्रवेश	14429
3. जनपद शैक्षिक प्रशिक्षण संस्थान (2015-16)	13
(i) अनुमोदित सीट	708
(ii) प्रवेश	481

साक्षरता

- वर्ष 2011 की जनगणनानुसार, राज्य की साक्षरता 78.8 प्रतिशत है, जिसमें पुरुष साक्षरता 87.4 प्रतिशत तथा महिला साक्षरता 70.0 प्रतिशत है।

- उत्तराखंड का सर्वाधिक साक्षर जिला देहरादून है, जिसकी साक्षरता 84.20 प्रतिशत है इसमें पुरुष साक्षरता 89.40 प्रतिशत तथा महिला साक्षरता 78.50 प्रतिशत है।

- राज्य का न्यूनतम साक्षर जिला ऊधमसिंह नगर है, जिसकी कुल साक्षरता 73.10 प्रतिशत है। इसमें पुरुष साक्षरता 81.10 प्रतिशत तथा महिला साक्षरता 64.40 प्रतिशत है।

उत्तराखंड की साक्षरता दर 1951-2011

वर्ष	व्यक्ति	पुरुष	स्त्री
1951	18.93	32.15	4.78
1961	18.05	28.17	7.33
1971	33.26	46.95	18.61
1981	46.06	62.35	25.00
1991	57.75	72.79	41.63
2001	72.28	84.01	60.26
2011	78.8	87.4	70.0

जिलेवार महिला एवं पुरुष साक्षरता दर

क्रम संख्या	राज्य / जिला	साक्षरता दर *		
		व्यक्ति	पुरुष	स्त्री
		2011	2011	2011
	उत्तराखंड	78.8	87.4	70.0
1.	उत्तरकाशी	75.80	88.80	62.40
2.	चमोली	82.80	93.40	72.30
3.	रुद्र प्रयाग	83.10	93.90	70.40
4.	टिहरी गढ़वाल	74.40	89.80	64.30
5.	देहरादून	84.20	89.40	78.50
6.	पौड़ी गढ़वाल	82.0	92.70	72.60
7.	पिथौरागढ़	82.20	92.70	72.20
8.	बागेश्वर	80.0	92.30	69.0
9.	अल्मोड़ा	80.50	92.90	69.90
10.	चम्पावत	79.80	91.60	68.0
11.	नैनीताल	83.90	90.10	77.30
12.	ऊधमसिंह नगर	73.10	81.10	64.40
13.	हरिद्वार	73.40	81.0	64.80

* साक्षरता दर का प्रतिशत 7 वर्ष व उससे ऊपर आयु वर्ग का है।

18

उद्योग

राज्य में 44,809 लघु औद्योगिक इकाइयां हैं, इनमें 2,08,846 लोगों को रोज़गार मिला हुआ है। इसके अलावा अन्य 2911 उद्योगों में 2,67,268 लोगों को रोज़गार मिला हुआ है। उत्तराखंड में वनों की अधिकता है, इसलिए यहाँ वनों पर आधारित उद्योगों का विकास होने की प्रबल सम्भावना है। यहाँ बड़े उद्योगों के साथ-साथ कुटीर उद्योगों के विकास की अच्छी सम्भावनाएं विद्यमान हैं। उत्तराखंड के देहरादून जिले में चीनी उद्योग, वस्त्र उद्योग, चूने की भट्टियाँ, चाय, बल्ब, कागज व लुग्दी, चिराई उद्योग, वैज्ञानिक उपकरण, एन्टीबायोटिक दवाओं आदि के अनेक बड़े व छोटे उद्योग विचाराधीन हैं। राज्य में केन्द्र सरकार के 3 महत्त्वपूर्ण संस्थान भारत हैवी इलैक्ट्रीकल्स, हरिद्वार, फाउण्ड्री फोर्ज, हरिद्वार तथा इण्डियन ड्रग्स एण्ड फार्मास्युटिकल्स, ऋषिकेश स्थापित हैं।

राज्य के कोटद्वार, भीमताल तथा लैंस डाउन में इलेक्ट्रॉनिक्स उद्योग स्थापित हैं। ऊनी कपड़ा उद्योग राज्य के बागेश्वर तथा अल्मोड़ा जिलों में स्थापित हैं। देहरादून लकड़ी के फर्नीचर तथा बेंत एवं छड़ियों के लिए प्रसिद्ध है।

केन्द्र सरकार द्वारा उत्तराखंड के लिए घोषित औद्योगिक विकास पैकेज के अन्तर्गत स्थापित होने वाले उद्योगों के लिए उत्पादन प्रारम्भ होने की तिथि से 10 वर्ष तक केन्द्रीय उत्पाद शुल्क तथा आयात कर में, 5 वर्ष के लिए 100% छूट प्रदान की गई है।

उत्तराखंड के प्रमुख औद्योगिक प्रतिष्ठान

केन्द्र सरकार के प्रमुख औद्योगिक संस्थान

- इण्डियन ड्रग्स एण्ड फार्मास्युटिकल्स, ऋषिकेश
- भारत हैवी इलैक्ट्रीकल्स, हरिद्वार
- फाउण्ड्री फोर्ज, हरिद्वार

उत्तराखंड के प्रमुख उद्योग : एक दृष्टि में

उद्योग	स्थिति
लकड़ी का फर्नीचर	देहरादून, हल्द्वानी
बेंत व छड़ियाँ	देहरादून, हल्द्वानी, नैनीताल
इलेक्ट्रॉनिक उद्योग	लैंस डाउन, भीमताल, कोटद्वार
ऊनी कपड़ा	अल्मोड़ा, बागेश्वर, पौड़ी, रानीखेत
लकड़ी की छड़ी, खिलौने, खेल का सामान	नैनीताल
कत्था	हल्द्वानी (नैनीताल)
कागज/पल्प	लालकुआं (नैनीताल)
सूती वस्त्र	काशीपुर, देहरादून
थर्मामीटर	अल्मोड़ा
चावल	देहरादून, ऊधमसिंह नगर
मैग्नेसाइट	झीरोली, (अल्मोड़ा), चंडाक (पिथौरागढ़)
चीनी व खांडसारी	ऊधमसिंह नगर
सीमेंट	देहरादून, हरिद्वार

उत्तराखंड की नई औद्योगिक नीति

उत्तराखण्ड राज्य के सुदूर एवं पर्वतीय क्षेत्रों में औद्योगिक विकास को बढ़ावा देने, रोजगार के अवसरों के सृजन तथा क्षेत्र के समन्वित एवं समावेशी विकास के लिए वर्ष 2008 में ''विशेष एकीकृत औद्योगिक प्रोत्साहन नीति-2008'' प्रख्यापित की गई है। इस नीति का उद्देश्य प्रदेश के औद्योगिक दृष्टि से पिछड़े व सुदूर पर्वतीय क्षेत्रों में औद्योगिक अवस्थापना सुविधाओं का विकास कर उद्यमिता को अभिप्रेरित करते हुए उद्योग स्थापना को बढ़ावा देना था, ताकि रोजगार के अवसरों के सृजन के साथ-साथ पर्वतीय क्षेत्र का आर्थिक पिछड़ापन दूर कर जनशक्ति के पलायन को रोका जाना सम्भव हो सके। इस नीति में वर्ष 2011 में कतिपय संशोधन भी किए गए हैं। अब राज्य सरकार द्वारा पूरे प्रदेश में ''सूक्ष्म, लघु एवं मध्यम उद्यम नीति'' 2015 कर दी गई है। इस नीति में पर्वतीय एवं दूरस्थ क्षेत्रों के लिए पूर्व से स्वीकृत नीति में प्रदत्त वित्तीय प्रोत्साहनों एवं सुविधाओं को और भी आकर्षक बनाया गया है।

परिकल्पना

- राज्य में विश्व स्तरीय उच्च गुणवत्ता स्तर की बुनियादी सुविधाएं सृजित करना और खासतौर पर राष्ट्रीय राजधानी क्षेत्र (एनसीआर) और अन्य प्रमुख बाजारों के साथ कनेक्टिविटी बढ़ाना।
- राज्य में एकल खिड़की सुविधा प्रदान प्रदान करना ताकि परियोजना मंजूरी में तेजी लाई जा सके, साथ ही निवेशकों के लिए अनुकूल माहौल तैयार किया जा सके।

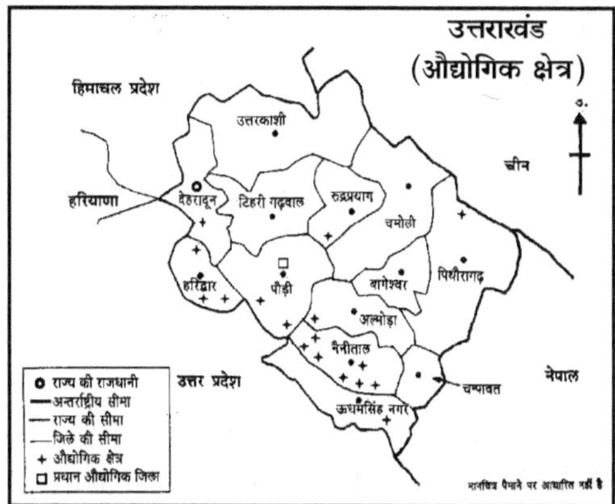

- औद्योगिक उपक्रमों की स्थापना और परियोजनाओं का मूल ढाँचा निर्मित करने के लिए शीघ्र भूमि उपलब्धता प्रदान करने में सहायता प्रदान करना।

- बुनियादी सुविधाओं से संबंधित परियोजनाएं जैसे–औद्योगिक सम्पदा/क्षेत्रों, वृद्धि केन्द्रों/ आईआई-डीसीएस, विशेष आर्थिक एवं जिंस क्षेत्रों एवं पार्कों, थीम पार्कों, पर्यटन के बुनियादी ढाँचों, नए पर्यटन स्थलों के विकास, हवाई अड्डों/हैलीपैडों/हवाई पट्टियों, सड़कों, उत्पादन, बिजली के प्रसारण एवं वितरण, और बागवानी के क्षेत्र में परियोजनाओं, फूलों की खेती, जैव प्रौद्योगिकी इत्यादि के विकास तथा प्रबंधन के लिए निजी क्षेत्रों की सहभागिता को प्रोत्साहित करना।

- उद्योगों के लिए अच्छी गुणवत्ता वाली निर्बाध और सस्ती बिजली प्रदान करना।

- दैनिक आवश्यकताओं के साथ सामंजस्यता स्थापित करने के लिए श्रम अधिनियम एवं उसके प्रावधानों का सरलीकरण एवं औचित्य-स्थापन जिससे कार्मिकों की राज्य में आर्थिक समृद्धि सुनिश्चित करने के लिए उनकी हिस्सेदारी हो सके।

- खासतौर पर लघु उद्योग, कुटीर एवं खादी तथा ग्रामोद्योगों, हथकरघा, सिल्क एवं हस्तशिल्प क्षेत्रों को बढ़ावा देना और आधुनिकीकरण तथा तकनीकी उन्नयन में सहायता प्रदान करना। साथ ही उन्हें विश्व स्तर पर प्रतिस्पर्धी और लाभकारी बनाने के लिए आवश्यक सामान्य सुविधाओं और पिछले तथा आगे के लिंकों जिसमें उत्पाद डिजाइन और विपणन सहायता भी शामिल हैं, प्रदान करना।

- उद्योग में निहित बीमारी और आरंभिक बीमारी की पहचान तथा लघु उद्योगों की समस्याओं के समाधान, आवश्यक पुनर्गठन और पुनर्वास में सहायता प्रदान करने के लिए बैंकों एवं वित्तीय संस्थानों के साथ समन्वय स्थापित करना।

उत्तराखंड के प्रमुख उद्योग

चीनी उद्योग

उत्तराखंड में चीनी आयुक्त संगठन के अधीन 12 किसान समितियाँ हैं। राज्य में लगभग 1 लाख 50 हजार गन्ना उत्पादक हैं और चीनी मिलों में लगभग 9,000 श्रमिक कार्यरत हैं। उत्तराखंड में चीनी उद्योग एक प्रमुख उद्योग माना जाता है। राज्य में कुल 10 चीनी मिलें हैं, जिनमें से 4 सहकारी क्षेत्र तथा 4 निजी क्षेत्र की चीनी मिले हैं। यहाँ चीनी मिलें किच्छा (नैनीताल), काशीपुर (ऊधमपुर नगर), हरिद्वार व देहरादून में स्थित हैं। उत्तराखंड की चीनी मिलों में लगभग 10 लाख क्विंटल गन्ने की प्रतिवर्ष पिराई होती है।

सीमेंट उद्योग

सीमेंट उद्योग भी उत्तराखंड का एक प्रमुख उद्योग है। इसका कारण यह है कि यहाँ चूने के विशाल भंडार पाए जाते हैं। उत्तराखंड में सीमेंट के प्रमुख कारखाने हैं—कुअनवाला सीमेंट कारखाना (मुनिदाल गाँव, राजपुर), स्टेडिया केमिकल्स लि. (ऋषिकेश), रानी पोखरी सीमेंट कारखाना आदि। रिस्पना नदी के किनारे अनेक चूने की भट्ठियाँ स्थित हैं। यहाँ मारबल चिप्स के कारखाने भी स्थापित किए गए हैं।

वस्त्र उद्योग

उत्तराखंड के देहरादून जिले में सूती वस्त्र उद्योग के कई कारखाने स्थापित हैं। इसके साथ ही रेशमी वस्त्र उद्योग का भी यह केन्द्र है। अल्मोड़ा तथा बागेश्वर में ऊनी कपड़ा उद्योग विकसित है। उत्तराखंड की सबसे पुरानी सूती मिल नैनीताल जिले के काशीपुर में स्थित है।

उत्तराखंड के कुछ अन्य महत्त्वपूर्ण उद्योग

उत्तराखंड के देहरादून में ऋषिकेश के निकट वीरभद्र नामक स्थान पर औषधि निर्माण हेतु भारत सरकार का एक संस्थान 'इंडियन ड्रग्स एण्ड फार्मास्युटिकल्स' स्थापित किया गया है। भारत सरकार का एक दूसरा संस्थान 'फाउंड्री फोर्ज', हरिद्वार में स्थापित है। भारत सरकार का एक अन्य उपक्रम भारत हैवी इलैक्ट्रीकल्स भी हरिद्वार में स्थापित है। नैनीताल जिले के हल्द्वानी में कत्थे एवं फर्नीचर का कारखाना लालकुआँ (नैनीताल) में कागज व पल्प कारखाना तथा रानीबाग में हिन्दुस्तान मशीन टूल्स स्थापित हैं। मैग्नेसाइट कारखाना झीरोली (अल्मोड़ा) तथा चंडाक (पिथौरागढ़) में स्थापित है। भीमताल (नैनीताल) में इलैक्ट्रानिक एवं टेलीफोन कारखाना तथा रामगढ़ (नैनीताल) में फल संरक्षण केन्द्र स्थापित है।

लघु एवं कुटीर उद्योग

उत्तराखंड में लघु एवं कुटीर उद्योग का अपना एक विशेष स्थान है। इन लघु एवं कुटीर उद्योगों की यहाँ की अर्थव्यवस्था में एक महत्वपूर्ण भूमिका है। उत्तराखंड में कुटीर एवं घरेलू स्तर के उद्योगों में ऊन, टेकरी, रस्सी, देशी शराब आदि बनाना तथा चमड़े व लकड़ी का काम उल्लेखनीय है। राज्य में ऊन बुनने, कातने तथा ऊनी सामान निर्मित करने के लिए प्रशिक्षण एवं उत्पादन केन्द्र अल्मोड़ा, छम्मा (टिहरी गढ़वाल), छाम (टिहरी गढ़वाल), तवा (पिथौरागढ़), देवगढ़ (पौड़ी गढ़वाल), प्रेमनगर (देहरादून), बागेश्वर, भीमताल (नैनीताल) तथा मुद्रतल्ला (चमोली) नामक स्थानों पर खोले गए हैं। इसके अतिरिक्त कताई केन्द्र चौरा, तारीखेत व घेराली (अल्मोड़ा), पौड़ी (पौड़ी गढ़वाल) तथा अल्मोड़ा में स्थापित किए गए हैं।

रेशम उद्योग को बढ़ाने के लिए अनेक प्रशिक्षण एवं अनुसंधान केन्द्रों तथा सहकारी समितियों की स्थापना की गई है। पौड़ी गढ़वाल और देहरादून जिलों में रेशम के कीड़े पालने के लिए शहतूत के वृक्षों को लगाने का कार्य किया गया है। इसके अलावा उत्तराखंड में काष्ठ एवं हथकरघा उद्योग भी विकसित अवस्था में हैं। देहरादून में लकड़ी का फर्नीचर तथा बेंत एवं छड़ियों का उद्योग स्थापित है। नैनीताल में लकड़ी की छड़ी, खिलौने व खेल का सामान निर्मित किया जाता है।

उत्तराखंड में औद्योगिक विकास में तेजी लाने के लिए राज्य सरकार ने वर्ष 2020 तक के लिए एक 'विजन प्लान' तैयार किया है। इस प्लान के तहत् राज्य में शुल्क तथा कई अन्य करों में छूट दिए जाने का प्रावधान है। प्रत्येक जिले के जिलाधीश को निर्देशित किया गया है कि वह 'स्थानीय' उद्योग मित्र से मिले तथा उनकी समस्याओं का अविलम्ब समाधान करे। राज्य सरकार ने औद्योगिक इकाइयों के अच्छे प्रदर्शन के लिए राज्य में 24 घंटे बिजली उपलब्ध कराने का लक्ष्य निर्धारित किया है।

गृह/हस्तशिल्प उद्योग

रिंगाल : रिंगाल से डाले, कंडी, टोकरी, सूप आदि तैयार किए जाते हैं, जिनका प्रयोग घरेलू एवं कृषि कार्यों के लिए होता है। यह उद्योग चमोली, अल्मोड़ा, पिथौरागढ़ का मुख्य हस्तशिल्प उद्योग है।

काष्ठ शिल्प : लकड़ी की प्रधानता के कारण काष्ठ शिल्प समूचे उत्तराखंड का प्रसिद्ध गृह उद्योग बन गया है। राजी जनजाति के लोग मुख्यतः इस कार्य में लगे हैं। ये लोग लकड़ी से पाली, ठेकी, कुमचा भदेले, नाली आदि तैयार करते हैं।

मृतिका शिल्प : मिट्टी के बर्तन, दीप, सुराही, कलश, गमले, गुल्लक, चिलम आदि का निर्माण उत्तराखंड के सभी भागों में होता है।

भंगेल : उत्तराखंड के अनेक क्षेत्रों में भांग के पौधों से प्राप्त रेशों से कुथले, कंबल, दरी, रस्सियाँ आदि तैयार की जाती हैं।

ताम्र शिल्प : अल्मोड़ा के स्थानीय कारीगर 'टम्टा' तांबे से घरेलू व धार्मिक कार्यों में प्रयुक्त होने वाली वस्तुएँ परात, कलश, लोटा, गागर, पंचपात्र, दीप आदि का कुशलतापूर्वक निर्माण करते हैं। ताम्र शिल्प लगभग संपूर्ण उत्तराखंड में एक प्रमुख लघु उद्योग के रूप में प्रसिद्ध है।

बांस : बांस से सूप, डाले, कंडी, छापड़ी, टोकरी आदि तैयार किए जाते हैं। सम्पूर्ण उत्तराखंड में रूड़ियों के बांस से सूप आदि तैयार करने का परम्परागत व पुश्तैनी कार्य है।

चर्म शिल्प : गढ़वाली भाषा में चमड़े का कार्य करने वालों को बाडई या शारकी कहा जाता है। उत्तराखंड में मुख्यतः लोहाघाट, जोहारी घाटी, नाचनी, मिलम में चर्म कार्य होता है। यहाँ बैग, पर्स, जूते आदि तैयार किए जाते हैं।

कालीन : चमोली व पिथौरागढ़ के कुछ क्षेत्रों में भेड़ों से ऊन प्राप्त कर यहाँ कम्बल, कालीन, पश्मीना, चुटका, दन, थुलमा आदि तैयार किए जाते हैं।

मत्स्य पालन उद्योग

उत्तराखंड सरकार मत्स्य पालन को बढ़ावा देने के लिए हर संभव कदम उठा रही है। इसके लिए पं. गोविन्द वल्लभ पंत कृषि एवं प्रौद्योगिकी विश्वविद्यालय में मत्स्य पालन का पृथक से संस्थान बनाया गया है। नैनीताल के नौकुचिया ताल में मत्स्य पालन की एक व्यापक योजना प्रस्तावित है। शीतल जल मत्स्य विकास की पायलेट योजना हेतु 100 लाख रुपए स्वीकृत किए गए हैं। स्थानीय बेरोजगार युवाओं को रोजगार उपलब्ध कराने के उद्देश्य से नदी, तालाब से मछली पकड़ने का लाइसेंस भी दिया जा रहा है। ❑❑❑

19

प्रमुख धार्मिक, ऐतिहासिक तथा पर्यटन स्थल

हरिद्वार

गंगा के उद्गम स्थल गोमुख-गंगोत्री से करीब तीन सौ किलोमीटर नीचे समतल में गंगा के किनारे बसा आज का हरिद्वार, जहां एक ओर उत्तराखंड के चार पवित्र धामों के लिए प्रवेश द्वार है वहीं पुराणों में चर्चित 'गंगा द्वार' के नाम से प्रसिद्ध यह नगर देवनदी गंगा के लिए समतल भूमि प्रदान करता है। शिवालिक पर्वतमाला के छोर पर 'बिल्व' पर्वत और 'नील' पर्वत के मध्य लम्बाई में बसा यह छोटा-सा सुन्दर नगर अपनी प्राकृतिक सुषमा, मनोहारी गंगातटों, वहां होने वाली पूजा-आरतियों के सुन्दर नयनाभिराम दृश्यों, शिवालिक की वन और पहाड़ों वाली प्राकृतिक विरासतों, मन्दिरों, आश्रमों और अखाड़ों के कारण न जाने कब से घुमक्कड़ों, तीर्थयात्रियों और गंगा-भक्तों को अपनी ओर आकर्षित करता रहा है। आज तो यह नगर जिला मुख्यालय का दर्जा प्राप्त एक ऐसा नगर बन गया है जो प्रगति और विकास की यात्रा में देश के अन्य नगरों के साथ-साथ कदम से कदम मिलाकर चलने को तत्पर है। हरिद्वार को पुरातत्वविदों ने करीब पौने चार हजार साल पूर्व की मानव बस्ती के रूप में स्वीकार किया है।

हरिद्वार की प्रसिद्धि का एक महत्त्वपूर्ण कारण यहां 'हर की पौड़ी' पर हर छठे और बारहवें वर्ष लगने वाले अर्द्धकुम्भ और कुम्भ मेले भी हैं, जिनके कारण इस नगर को अब कुम्भनगर भी कहा जाने लगा है।

हरिद्वार के आधुनिक इतिहास की कुछ महत्त्वपूर्ण तिथियां 2 अक्टूबर, 1984, 4 जून, 1986 और 28 दिसम्बर, 1988 हैं। इन तिथियों से पूर्व हरिद्वार का परगना ज्वालापुर, तहसील रुड़की और जिला सहारनपुर हुआ करता था। परन्तु 2 अक्टूबर, 1984 को हरिद्वार को तहसील का दर्जा मिला। 4 जून, 1986 को हरिद्वार के साथ लगभग सारा कुम्भक्षेत्र जोड़कर एक नये हरिद्वार विकास क्षेत्र का गठन किया गया और यहां हरिद्वार विकास प्राधिकरण की स्थापना कर दी गई। 28 दिसम्बर, 1988 को प्रदेश सरकार ने हरिद्वार को जिले का पूर्ण दर्जा देते हुए इसे सहारनपुर से अलग करके इस नवसृजित जिले में रुड़की, हरिद्वार के साथ एक नई तहसील लक्सर भी जोड़ दी।

आज देश के पर्यटन मानचित्र पर हरिद्वार का प्रमुख स्थान है। गंगा के किनारे स्थित यह भारत का प्रसिद्ध तीर्थ स्थान है तथा यह 'दून घाटी' का एक प्रसिद्ध व्यापारिक केन्द्र होने के साथ-साथ आज ऐसा जिला बन गया है जहां 'गुरुकुल कांगड़ी विश्वविद्यालय' जैसी सुप्रसिद्ध 'आर्य शिक्षा पीठ', दो प्रमुख आयुर्वेदिक कॉलेज, तथा भारत हैवी इलेक्ट्रीकल्स लिमिटेड जैसे विश्वविख्यात औद्योगिक संस्थान हैं। रुड़की का इंजीनियरिंग विश्वविद्यालय, मुस्लिम तीर्थ दरगाह कलियर शरीफ, केन्द्रीय भवन शोध संस्थान, केन्द्रीय जल विज्ञान संस्थान, सिंचाई अनुसंधान केन्द्र, नहर अनुसंधान केन्द्र, जैसी अनेक महत्त्वपूर्ण इकाइयां इस जिला क्षेत्र में कार्यरत हैं।

दर्जनों पुलों, नवीन घाटों, आकर्षक मन्दिरों, आश्रमों, अखाड़ों, सुविधा-सम्पन्न धर्मशालाओं, हर स्तर के होटलों, किरायेशालाओं के साथ हरिद्वार तीर्थयात्रियों व सैलानियों के लिए आकर्षण का केन्द्र बना हुआ है।

कालसी

यह स्थान देहरादून जिले के उत्तरी भाग में यमुना के किनारे स्थित है। यहीं एक छोटे शिलालेख पर अशोक के लेख उत्कीर्ण हैं। लेखों की लिपि ब्राह्मी तथा भाषा पाली है। ऐसा प्रतीत होता है कि अशोक के समय में कालसी इस क्षेत्र का एक केन्द्र स्थान था। उत्तराखंड में कालसी ही वह स्थान है जहां अशोक के चट्टान पर उत्कीर्ण लेख (रॉक एडिक्ट) मिले हैं।

बद्रीनाथ (जिला चमोली)

उत्तराखंड में हरिद्वार से ३८४ कि॰मी॰ दूर स्थित बद्रीनाथ एक प्रमुख व प्रसिद्ध पर्यटन एवं तीर्थ स्थल है। अलकनन्दा नदी के किनारे 3,133 मीटर की ऊंचाई पर बद्रीनाथ का मन्दिर स्थित है, जो गढ़वाली स्थापत्य कला का विशिष्ट नमूना है। यहां गरम पानी के कुण्ड, झरने और पहाड़ों के लुभावने दृश्य हैं। यहां पर पहुंचने के लिए कोटद्वार तथा ऋषिकेश मार्गों से प्रतिदिन बसें चलती हैं जो दूसरे दिन जोशीमठ पहुंच जाती हैं। जोशीमठ से बद्रीनाथ यात्रा मार्ग 51 कि॰मी॰ का है। अब बसें सीधे बद्रीनाथ तक जाती हैं। वहाँ की यात्रा के दौरान कई महत्त्वपूर्ण स्थलों से गुजरना पड़ता है जिनमें सबसे महत्त्वपूर्ण स्थल है—जोशीमठ। इसके अलावा और स्थल हैं: मुनि की रेती, देवप्रयाग, रुद्र प्रयाग, कर्ण प्रयाग, हेमकुंड साहिब, नन्दप्रयाग, चमोली तथा पीपलकोटी आदि। देश के चार धामों में एक धाम 'उत्तर का धाम' से हिमालय के नैसर्गिक दृश्य के दर्शन आने वाले पर्यटकों की अन्तरात्मा को शान्ति प्रदान करते है।

केदारनाथ (जिला रुद्रप्रयाग)

प्रदेश के रुद्रप्रयाग जिले में 11,750 फुट की ऊंचाई पर मंदाकिनी नदी के सिरे पर बसा केदारनाथ सुन्दर प्राकृतिक दृश्यों से भरपूर प्रमुख पर्यटन स्थल है। करीब 2 कि॰मी॰ लम्बी व 9 ½ कि॰मी॰ चौड़ी यह घाटी बर्फ से ढके ऊंचे पर्वतों से घिरी रंगभूमि के समान है। घने जंगलों से घिरा घाटी का निचला हिस्सा अत्यन्त मनोरम है और पशु-पक्षी विहार-सा लगता है। यहां से हिमालय के भव्य दृश्य आनंददायक तथा मंत्रमुग्ध करने वाले हैं।

केदारनाथ जाने के लिए बद्रीनाथ, हरिद्वार, ऋषिकेश, देहरादून, इत्यादि स्थानों से नियमित बस सेवाएं हैं। ये बसें गौरीकुण्ड तक ले जाती हैं। आगे की 14 कि॰मी॰ की दूरी पर्यटकों को पैदल तय करनी पड़ती है। यहाँ की चढ़ाई के दुर्गम तथा कष्टदायक होने के बावजूद, सुखद और स्वच्छ वातावरण के कारण पर्यटक इसे आसानी से तय कर लेते हैं। वैसे इस यात्रा के लिए किराए की डांडी या घोड़े का उपयोग किया जा सकता है।

यहां पर पहाड़ की बर्फीली चोटियों से घिरे विस्तृत पठार के बीच खड़ा केदारनाथ का प्रभावशाली मन्दिर है। वर्तमान मन्दिर का निर्माण 8वीं शताब्दी में आदि शंकराचार्य ने करवाया था।

मन्दिर से 1.5 कि॰मी॰ दूर 'गांधी सरोवर' नामक एक छोटा सरोवर है, जहां से युधिष्ठिर ने 'स्वर्ग' के लिए प्रस्थान किया था—ऐसा बताते हैं। यहां पर्यटक पिकनिक का आनन्द भी उठा सकते हैं। इस स्थल पर गांधीजी की अस्थियां प्रवाहित की गई थीं। इसलिए इसका नाम गांधी सरोवर पड़ गया।

मन्दिर से 6 कि॰मी॰ दूर तथा 4,135 मीटर की ऊंचाई पर वासुकी ताल स्थित है। यह झील ऊंची पहाड़ियों से ढकी है जो बहुत ही सुन्दर दृश्य उपस्थित करती है।

केदारनाथ मन्दिर से 15 कि॰मी॰ दूर गौरीकुण्ड है। यह गर्म पानी का कुंड है। यहां ठहरने के लिए पर्यटक सुविधाएं उपलब्ध हैं।

केदारनाथ के नजदीक के अन्य स्थान भी पर्यटक अपनी रुचि व समय के अनुसार देख सकते हैं जैसे सोनप्रयाग व गुप्त काशी इत्यादि।

गंगोत्री

गंगोत्री उत्तराखंड के गढ़वाल क्षेत्र में समुद्रतल से 3140 मीटर की ऊंचाई पर स्थित है। चीड़ और देवदार के वृक्ष से घिरे इस प्रदूषण-रहित क्षेत्र में गंगा के जल को पूर्ण स्वच्छ व निर्मल अवस्था में देखा जा सकता है। यह स्थल गंगा के उद्गम गोमुख से सिर्फ 19 कि॰ मी॰ दूर है। यहां गंगा की चौड़ाई मात्र 20 मीटर है।

इसके अलावा यहां की प्राकृतिक सुन्दरता, ऊंचे पर्वत व पेड़, चमकती हुई बर्फ की पहाड़ियां और इसके नीचे कलकल करती जल की धारा पर्यटकों का मन मोह लेती है।

यहां पर गढ़वाल के गोरखा कमांडर अमर सिंह थापा ने 18वीं शताब्दी में गंगोत्री मन्दिर का निर्माण करवाया था। इसके अलावा गंगोत्री के नजदीक कुछ अन्य स्थान भी हैं जिन्हें पर्यटक रुचि व समय के अनुसार देख सकते हैं, जैसे–गंगोत्री, भैरवघाटी, गोमुख, गंगनानी, उत्तरकाशी और टेहरी आदि।

यमुनोत्री

6,135 मीटर ऊंचाई वाले बंदरपूंछ पहाड़ की छाया में स्थित यमुनोत्री यमुना नदी का उद्गम स्थल है जो समुद्र तल से 3,322 मीटर की ऊंचाई पर स्थित है। मंदिर के गरम पानी के कुण्ड तथा अद्भुत प्राकृतिक दृश्य पर्यटकों के मन को मोह लेते हैं।

ऋषिकेश से गंगोत्री जाने वाले मार्ग पर धरसु से यमुनोत्री जाने का रास्ता कटता है। यमुनोत्री जाने वाले यात्रियों को बसें हनुमान चट्टी तक ही ले जाती हैं। आगे यमुनोत्री तक पैदल या टट्टुओं पर जाना होता है। संयुक्त रोटेशन यातायात व्यवस्था समिति की बसें हनुमान चट्टी को इस क्षेत्र के प्रमुख केन्द्रों ऋषिकेश, हरिद्वार आदि से जोड़ती हैं।

हनुमान चट्टी से यमुनोत्री की यात्रा आरम्भ होने के साथ ही आस-पास के प्राकृतिक दृश्य पर्यटकों का मन मोह लेते हैं। बर्फ से ढके पहाड़ों पर सूर्य की चमकीली किरणें अनोखा दृश्य उपस्थित करती हैं। उधर पहाड़ी झरनों का मधुर संगीत कानों में रस घोलता प्रतीत होता है।

यमुनोत्री में यमुना जी का मन्दिर प्रमुख आराधना मन्दिर है। इस मन्दिर का निर्माण 19वीं सदी में जयपुर की महारानी गुलेरिया ने करवाया था। इस सदी में यह मन्दिर दो बार ग्लेशियर द्वारा नष्ट या क्षतिग्रस्त हो गया था, इसलिए इसका फिर से निर्माण किया गया। मन्दिर के निकट ही कई गरम पानी के स्रोत हैं, जहाँ पर्वत की खोहों से तीव्र गति से निकलने वाला उबलता हुआ पानी कुण्डों में एकत्र होता है। इनमें सबसे महत्त्वपूर्ण कुण्ड सूर्यकुण्ड है। लोग मुट्ठी भर चावल या आलू कपड़े के किसी टुकड़े में ढीले ढंग से बांधकर इस कुण्ड में डुबो देते हैं और थोड़ी देर के बाद यह पूरी तरह पक जाता है जिसे प्रसाद के रूप में घर लाया जाता है। सूर्यकुण्ड के निकट दिव्यशिला नामक शिला है, जिसकी पूजा करके यमुनोत्री की पूजा की जाती है।

नैनीताल

उत्तराखंड का एक प्रमुख और आकर्षक स्थल कुमायूँ की तीन ओर से घिरी पर्वतीय नगरी नैनीताल है। इस स्थान की खोज सन् 1841 ई॰ में शाहजहांपुर के एक अंग्रेज व्यापारी ने की थी, जिसका नाम

'बैरो' था। बाद में अंग्रजों ने ही इसे एक प्रमुख हिल स्टेशन का रूप दिया। सन् 1949 में उत्तर प्रदेश सरकार ने इसे अपनी ग्रीष्मकालीन राजधानी बनाया। यह स्थान समुद्रतल से 1938 मीटर की ऊंचाई पर बसा है। यहां पर एक झील है। यह झील सैलानियों के लिए आमोद-प्रमोद का स्थान है।

चाइना पीक, स्नो व्यू और लारिया कान्ता आदि यहां के अन्य दर्शनीय स्थान हैं। यहां नैना देवी और हनुमान मन्दिर के दर्शनों के लिए भी यात्री आते हैं। नगर से लगभग 6 कि.मी. दूर नैनापीक नैनीताल की सर्वोच्च चोटी है। इसे 'चाइना पीक' भी कहते हैं। यहां पैदल या टट्टू से ही पहुंचा जा सकता है। नगर से 5 कि.मी. दूर 'स्नो व्यू' है। यहां से हिमालय की बर्फ से ढकी चोटियों को स्पष्ट देखा जा सकता है। उगते सूरज की किरणें जब इन चोटियों पर पड़ती हैं तो इनकी छटा देखते ही बनती है।

नगर से 5 कि. मी. दूर टिफिन टाप है। यह पिकनिक के लिए बहुत ही सुन्दर स्थान है।

'रोपवे' (रज्जु मार्ग) नैनीताल का एक प्रमुख आकर्षण है, जो मल्लीताल या स्नो व्यू के बीच पड़ता है। यह गर्मियों में सवेरे 9 बजे से शाम को 6 बजे तक खुला रहता है तथा सर्दियों में 10 बजे से 5 बजे तक।

नगर से 6 कि.मी. दूर 'लैंडयंड' नामक स्थान है। यहां पर पहुंचने के लिए बस, कार, घोड़े उपलब्ध हो जाते हैं। यहां के रंग-बिरंगे फूल मन को मोह लेते हैं। यहां पर पहाड़ की चोटी का अन्तिम सिरा है। यहां से घाटी सीधी गहराई में दिखाई देती है।

नैनीताल से 23 कि.मी. दूर स्थित 'भीमताल' पर्यटकों को विशेष रूप से आकर्षित करता है। यहां की भीमताल झील पर्यटकों के आकर्षण का केन्द्र-बिन्दु है। चारों ओर से जंगल से घिरी, प्राकृतिक रूप से साफ-सुथरी इस झील को लोग दूर-दूर से देखने आते हैं। समुद्र की सतह से 4,450 फुट की ऊंचाई पर स्थित इस रमणीय स्थल का मौसम न तो ज्यादा ठंडा होता है और न ही ज्यादा गर्म। 1,716 मीटर लम्बी इस झील के मध्य में स्थित टापू भी पर्यटकों को विशेष रूप से आकर्षित करता है। इसमें नौका विहार का भी अपना ही एक आनन्द है।

नैनीताल नगर से 26 कि.मी. दूर नौकुचिया ताल है। इस झील को नौ कोने वाली झील भी कहा जाता है। यह कुमाऊं मण्डल की सबसे गहरी व साफ-सुथरी झील है। यहां पर नौकाओं के साथ-साथ पैडल-बोट का भी आनन्द ले सकते हैं। यह झील कमल के फूलों के लिए प्रसिद्ध है।

नैनीताल से 20 कि.मी. दूर सातताल नामक स्थान है। यह स्थान 7 झीलों का समूह है। यह एक शान्ति और आनन्द प्रदान करने वाला स्थान है।

नैनीताल से 52 कि.मी. दूर मुक्तेश्वर नामक स्थान है। यह कुमायूँ मंडल का सबसे सुन्दर और आकर्षक स्थल है। चारों ओर से फलों के बगीचों तथा घने जंगलों से घिरा हुआ यह स्थान देखने में बहुत ही सुन्दर है। भारतीय पशु चिकित्सा अनुसंधान संस्थान का मुख्यालय यहीं पर है। मुक्तेश्वर के लिए जिले के मुख्य स्थानों से नियमित बस सेवाएं हैं।

नैनीताल के पास ही हनुमान गढ़ी के निकट प्रदेश की एक वेधशाला है, यहां से दूरदर्शक यंत्र द्वारा चन्द्रमा तथा अन्य कई नक्षत्रों को भली प्रकार देखा जा सकता है।

नैनीताल से 66 कि.मी. दूर रामनगर नामक स्थान है। यह कार्बेट नेशनल पार्क का मुख्यालय है। यह कोसी नदी के किनारे स्थित है।

अल्मोड़ा

नैनीताल से रानीखेत होकर अल्मोड़ा लगभग 109 कि॰मी॰ दूर है और रानीखेत से मात्र 50 कि॰मी॰। रानीखेत से अल्मोड़ा के लिए सीधी टैक्सियां व बसें जाती हैं। वैसे नैनीताल से भी बस द्वारा सीधे अल्मोड़ा पहुंचा जा सकता है।

चार हरी-भरी पहाड़ियों से घिरा अल्मोड़ा कुमायूँ मण्डल का एक प्राचीन नगर है। अंग्रेजों के आने से पहले यह चंद्रवंशीय राजाओं की राजधानी रहा है। 1563 में राजा कल्याण चन्द्र ने अल्मोड़ा की नींव डाली थी। यह 5 कि॰मी॰ लम्बी अश्वाकार पहाड़ी पर बसा है। इसके दो ओर कौशिक (कुशी) तथा शल्मली नदियां बहती हैं। यहां की कुछ प्राचीन इमारतें दर्शनीय हैं।

अल्मोड़ा से 2 कि॰मी॰ की दूरी पर 'ब्राइट एंड कार्नर' नामक स्थान है। यहां से सूर्योदय तथा सूर्यास्त का भव्य दृश्य देखने को मिलता है।

अल्मोड़ा से 4 कि॰मी॰ की दूरी पर 'चितई मन्दिर' है। इस मन्दिर में देवगोल नामक देवता की मूर्ति है, जो चन्द्र राजाओं के वीर सेनापति थे। बाद में उनकी पूजा की जाने लगी।

नगर से 3 कि॰मी॰ दूर डियर पार्क है। यह घूमने के लिए एक अच्छा स्थान है।

अल्मोड़ा से 17 कि॰मी॰ दूरी पर कटारमल नामक स्थान पर 800 वर्ष पुराना सूर्य मन्दिर है जो कोणार्क (उड़ीसा) के मन्दिर के बाद सूर्य का दूसरा सबसे बड़ा मन्दिर है।

अल्मोड़ा से 30 कि॰मी॰ दूर कुमायूँ मण्डल का बिनसर नामक एक आकर्षक स्थान है। यह स्थान शांत और अद्वितीय प्राकृतिक सौन्दर्य से भरपूर है। यह स्थान समुद्र तल से 2,412 मीटर की ऊंचाई पर स्थित है।

अल्मोड़ा से 34 कि॰मी॰ दूर जोगेश्वर नामक प्रसिद्ध शिव मन्दिर है। यह मन्दिर एक घाटी में स्थित है और चारों ओर से देवदार के घने व लम्बे वृक्षों से घिरा हुआ है।

रानीखेत

नैनीताल से रानीखेत की सीधी दूरी मात्र 59 कि॰मी॰ है। रानीखेत में बर्फ से ढकी ऊंची पहाड़ियां, हरे-भरे सघन वन तथा सीढ़ीनुमा खेत देखकर पर्यटक मुग्ध हो जाता है।

रानीखेत से 10 कि॰मी॰ दूर चौबटिया नामक स्थान है। यहां पर 4 रास्ते आकर एक साथ मिलते हैं, इसीलिए इसे चौबटिया कहा जाता है। यहां पर अनेक सुन्दर बगीचे तथा फल वाटिकाएं हैं। यहां पर विभिन्न किस्म के फल हर मौसम में मिलते हैं। यहां के अन्य आकर्षण सरकारी बाग तथा फल अनुसंधान केन्द्र हैं।

रानीखेत से 35 कि॰मी॰ दूर शीतलाघाट स्थित है। यह स्थान काफी एकान्त में है। यहां पर जंगली जानवरों को देखा जा सकता है। यहां चारों ओर से हरे-भरे जंगलों से घिरा हुआ काफी आकर्षक स्थल है तथा पिकनिक के लिए उत्तम है। रानीखेत से यहां पर नियमित बस सेवा है।

रानीखेत से 7 कि॰मी॰ की दूरी पर जुला देवी का मन्दिर है। यह स्थान चौबटिया के रास्ते में पड़ता है। यहां पर दुर्गा व राम के प्रसिद्ध मन्दिर हैं। इन मन्दिरों की बनावट तथा इनके चारों ओर फैली हरियाली पर्यटकों का ध्यान बरबस अपनी ओर खींचती है।

चौबटिया से 3 कि॰मी॰ आगे 'भालूडैम' स्थित है। यह पिकनिक के लिए एक सुन्दर स्थान है। यहां पर एक कृत्रिम झील बनाई गई है।

कौसानी

यह स्थान अल्मोड़ा से लगभग 52 कि.मी. की दूरी पर स्थित है। यहां पहुंचने के लिए अल्मोड़ा से बसों व टैक्सियों की सुविधा है। वैसे नैनीताल से भी कौसानी के लिए सीधी बस सेवा है। कौसानी सड़क मार्ग द्वारा प्रदेश के अन्य नगरों से भी जुड़ा है। उत्तराखंड में कौसानी लगभग सबसे रमणीय सैरगाह है। वनों से घिरी ऊंची पहाड़ी पर स्थित यह सैरगाह 'भारत का स्विट्जरलैण्ड' कहलाता है। यहां से हिमालय की हिमाच्छादित पर्वत श्रेणियों को स्पष्ट देखा जा सकता है। यहां से सूर्योदय तथा सूर्यास्त के दृश्य भी बड़े मोहक लगते हैं।

कौसानी का मुख्य आकर्षण इसकी प्राकृतिक छटा है। यहां पर्यटक ऊंचे घने पेड़ों के बीच घंटों सैर कर सकते हैं।

मसूरी

देहरादून के सिर पर ताज की तरह विराजमान मसूरी की अपनी निराली छटा है। सागर तल से लगभग 2,005 मीटर की ऊंचाई पर 65 वर्ग कि.मी. क्षेत्र में फैली मसूरी से एक ओर दून घाटी का मनोरम दृश्य दिखाई देता है तो दूसरी ओर हिमाच्छादित हिमाचल की ऊंची-ऊंची चोटियां। एक पर्यटक के लिए ऐतिहासिक दृष्टि से मसूरी अधिक पुरातन नहीं है। 19वीं सदी के प्रथम चरण में यह सुदर्शनशाह नामक एक सरदार के हाथ में था। किन्तु 1813 में सुदर्शनशाह ने देहरादून सहित मसूरी का क्षेत्र ईस्ट इण्डिया कम्पनी के एक सैनिक अधिकारी मेजर हैदर हियरसे को सशर्त हस्तांतरित कर दिया था। 1814 में गोरखा युद्ध के पश्चात् मसूरी ईस्ट इण्डिया कम्पनी के पूर्णतः अधिकार में आ गया। अंग्रेजों को मसूरी बहुत पसंद आया। उन्होंने अपने ग्रीष्मकालीन आवास के लिए यहां आवास गृहों का निर्माण करवाया। उनके ये आरामगाह आज देश-विदेश के पर्यटकों के लिए सुरम्य सैरगाह बन गए हैं।

हरिद्वार-देहरादून रेलवे लाइन बिछ जाने के बाद इसका विकास लोकप्रिय पर्वतीय क्षेत्र के रूप में हुआ है। मसूरी में सैर-सपाटे के लिए टैक्सियों, डांडियों, कुलियों तथा रोपवे (रज्जुमार्ग) की सहायता ली जा सकती है।

गनहिल नगर की एक ऊंची चोटी है, जहां से आसपास के प्राकृतिक सौन्दर्य को देखा जा सकता है। यहां से उत्तर में स्थित हिमाच्छादित पर्वतों का दृश्य बड़ा ही मनोरम लगता है। इस पहाड़ी पर पहुंचने के लिए एक 'अश्वपथ' है। वैसे माल रोड स्थित झूला घर से ट्रॉली द्वारा भी यह रास्ता तय किया जा सकता है। इसमें 4-5 मिनट का ही समय लगता है। यहां स्थित जलाशय से मसूरी नगर के लिए जलापूर्ति की जाती है। ब्रिटिश शासनकाल में यहां एक तोप रखी रहती थी जिसे प्रतिदिन दोपहर 12 बजे का समय बताने के लिए दागा जाता था। इसी कारण इस पहाड़ी का नाम 'गनहिल' पड़ा।

कुलरी बाजार और लाइब्रेरी बाजार के मध्य लगभग 3 कि.मी. लम्बी गोलाकार 'कैमल्स बैक रोड' नगर के उत्तरी भाग का एक आश्चर्यजनक आकर्षण है। ढालू वनों के मध्य इस सड़क पर चहलकदमी का अपना अलग ही आनन्द है। यहां से पास ही वह पहाड़ी भी देखी जा सकती है, जिस पर ऊंट की पीठ की आकृति की एक चट्टान उभरी हुई है।

नगर से लगभग 4 कि.मी. दूर 'म्यूनिसिपल गार्डन' है। यह उद्यान मसूरी का प्रसिद्ध पिकनिक स्थल है, जहां एक छोटी-सी कृत्रिम झील है। इसमें नौका विहार किया जा सकता है।

मसूरी से लगभग 5 कि॰मी॰ दूर 'चाइटलर्स लॉज' भी एक अन्य महत्त्वपूर्ण स्थल है। यहाँ से उत्तरी पर्वत शृंखला के मनोरम दृश्य देखे जा सकते हैं। इनको निकट से देखने के लिए यहां एक शक्तिशाली दूरबीन रखी है।

नगर के समीप अन्य महत्त्वपूर्ण पर्यटक स्थल हैं— नागदेवता का मन्दिर, झारी पानी निर्झर, केम्पटी फाल्स, धनोल्टी, सुरकंडा देवी का मन्दिर आदि।

देहरादून

सागर तल से 709 मीटर की ऊंचाई पर स्थित देहरादून एक रमणीय स्थल है। यह उत्तराखंड राज्य की अस्थायी राजधानी भी है। 7वीं सदी में यह गढ़वाल राज्य का एक अंग था। सन् 1814 में अंग्रेजों ने इसे अपने अधिकार में ले लिया। यहां की प्राकृतिक दृश्यावलियों एवं सुहावने मौसम ने अंग्रेजों का मन मोह लिया; फलतः उन्होंने इसे एक शानदार पर्यटन स्थल के रूप में विकसित किया। देहरादून स्थित अनुसंधानशाला देश की सबसे बड़ी अनुसंधानशाला है। इसकी पृष्ठभूमि में मसूरी की रमणीयता झलकती है। इसके विशाल भवनों में रोमन, यूनानी, विक्टोरियाई वास्तुकला का अद्भुत सम्मिश्रण है। इस अनुसंधानशाला में 6 संग्रहालय हैं, जिनमें पर्यटकों के लिए वनों से सम्बन्धित विभिन्न दृश्य प्रदर्शित किए गए हैं। ये संग्रहालय प्रातः 9.30 बजे से अपराह्न 1.00 बजे तक और 1.30 बजे से 5.30 बजे सायं तक खुले रहते हैं।

जनरल महादेव सिंह रोड पर, शहर से 5 कि॰मी॰ दूर वाडिया भूगर्भ विज्ञान संस्थान स्थित है। यह संस्थान भूगर्भ विज्ञान से सम्बन्धित विभिन्न विषय-वस्तुओं का अच्छा प्रदर्शन करता है। हिमालयी भूगर्भ से सम्बन्धित यह भारत का प्रथम संग्रहालय है।

देहरादून से लगभग 6 कि॰मी॰ दूर तपोवन नामक स्थान है। यह वही स्थल बताया जाता है जहां द्रोणाचार्य ने तपस्या की थी इसी कारण इसे तपोवन कहते हैं। यह वस्तुतः ऊंचे वृक्षों के वन में स्थित शांत और सुरम्य आश्रम है।

नगर से 8 कि॰मी॰ दूर 'गुच्चू पानी' नामक स्थान है, जो देहरादून का विशिष्ट पिकनिक स्थल है। इसे 'रोबस की गुफाएं' भी कहा जाता है। ये गुफाएं पहाड़ियों से घिरी हैं।

लक्ष्मणसिद्ध नामक एक पिकनिक स्थल देहरादून से लगभग 12 कि॰मी॰ दूर देहरादून-ऋषिकेश मार्ग पर पड़ता है। यहां का प्राकृतिक सौन्दर्य देखते ही बनता है।

देहरादून से लगभग 14 कि॰मी॰ दूर सहस्रधारा नामक एक रमणीय स्थल है। यह स्थल शीतल झरनों के लिए प्रसिद्ध है। सहस्रधारा के जल में गंधक का अंश मिला रहता है।

देहरादून से लगभग 20 कि॰मी॰ दूर राजाजी नेशनल पार्क स्थित है। बाघ, चीता, तेंदुआ, जंगली सुअर आदि के लिए यह स्थल प्रसिद्ध है।

नगर से लगभग 45 कि॰मी॰ दूर डाक-पत्थर नामक स्थान है। यह हरे-भरे बाग-बगीचों वाला आकर्षक पिकनिक स्थल है। 'यमुना हाइडल स्कीम' के अन्तर्गत विकसित इस पर्यटन स्थल पर पर्यटकों के ठहरने की भी व्यवस्था है।

सागर तल से 2,330 मीटर की ऊंचाई पर स्थित चकराता, देहरादून क्षेत्र का एक शांत और सुन्दर पर्यटन स्थल है। देहरादून में रेलवे स्टेशन के पास से चकराता के लिए प्राइवेट बसें और

टैक्सियां मिलती हैं। लगभग 92 कि॰मी॰ की यात्रा में यद्यपि औसत से अधिक समय लग जाता है, तथापि पहाड़ों के घुमावदार रास्तों पर चलते हुए अत्यन्त रोमांच का अनुभव होता है। हिमालय की बर्फ से ढकी चोटियां चकराता से देखी जा सकती हैं।

ऋषिकेश

बेहद सुन्दर प्राकृतिक दृश्यों से भरपूर ऋषिकेश एक प्राचीन नगर है, जहां गंगा नदी पर्वतों से उतरकर मैदानी भाग में पहुँचती है। गंगा के शांत और निर्मल जल में आस-पास के हरे-भरे पर्वतों का प्रतिबिम्ब ऐसा प्रतीत होता है मानो हरियाली किसी दर्पण में अपना मुंह निहार रही हो। यहां प्रतिवर्ष हजारों पर्यटक प्रकृति की ऐसी ही अनेक दृश्यावलियों को देखने के लिए आते हैं।

यह स्थान हरिद्वार से मात्र 24 कि॰मी॰ की दूरी पर है। हरिद्वार और ऋषिकेश की यह दूरी रेल या बस द्वारा सहज ही तय की जा सकती है। ऋषिकेश में गंगा नदी पर बना हुआ एक पुल है, जो लक्ष्मण झूला कहलाता है। इस पुल को लोहे के रस्सों की सहायता से बनाया गया है। जब इस पर आने-जाने वाले यात्रियों की संख्या कुछ अधिक होती है तो यह पुल कुछ हिचकोले- से खाने लगता है। इसी कारण इसे झूला कहा गया है, यानी 'झूला पुल'। नगर में त्रिवेणी घाट भी एक आकर्षक स्थल है। यहां पर सुबह-शाम यात्रियों की भीड़ लगी रहती है।

नगर में लक्ष्मण झूले के अनुकरण पर बना हुआ एक और पुल भी है जो शिवानन्द झूला कहलाता है। यह शिवानन्द आश्रम और स्वर्गाश्रम को जोड़ता है। ऋषिकेश में अनेक मन्दिर और आश्रम भी हैं।

नगर से लगभग 12 कि॰मी॰ दूर सागर तल से 1,675 मीटर ऊंची एक पहाड़ी पर नीलकंठ महादेव नामक प्रसिद्ध शिव मन्दिर स्थित है। यह मन्दिर ऋषिकेश के प्रमुख मन्दिरों में से एक है।

लैन्सडाउन

कोटद्वार से 45 कि॰मी॰ दूर यह स्थान स्थित है। यहां पर एक बड़ी छावनी है। यहां से हिमाच्छादित बद्रीनाथ पर्वत-शृंखलाओं की छटा देखते ही बनती है। देवदार तथा बलूत के जंगल यहां पर्यटकों के आकर्षण-केन्द्र हैं।

पिंडारी ग्लेशियर

यह सुन्दर स्थल अल्मोड़ा जिले में 3943 मीटर की ऊंचाई पर स्थित है। अल्मोड़ा से पिंडारी तक की यात्रा में रंग-बिरंगे फूल, सुरम्य वन और हिमराशि यात्रियों को अपनी ओर आकर्षित करते हैं। पिंडर नदी यहीं से निकलती है।

उत्तराखंड की पर्यटन नीति

उत्तराखंड क्षेत्र का तीर्थयात्रा एवं पर्यटन की दृष्टि से विशेष महत्त्व है। यह पौराणिक एवं धार्मिक, प्राकृतिक तथा ऐतिहासिक सम्पदाओं से सम्पन्न राज्य है। इस राज्य को विरासत में मिली यह पर्यटन-सम्पदा राज्य के आर्थिक तन्त्र की रीढ़ की हड्डी कही जाती है।

उत्तराखंड राज्य सरकार द्वारा वर्ष 2001 को 'पर्यटन वर्ष' घोषित किया गया था। इस वर्ष जहाँ राज्य के पर्यटन स्थलों का सौन्दर्यीकरण किया गया, वहीं पर्यटकों को आकर्षित करने के लिए पर्यटन संसाधनों को भी पुष्ट किया गया। 'उत्तराखंड विकास प्राधिकरण' राज्य के पर्यटक-स्थलों के विकास हेतु कार्य कर रहा है।

विदेशी पर्यटकों को तथ्यपरक जानकारी सुलभ कराने हेतु 'इन्टरनेट' तथा 'वेबसाइट' की सुविधा उपलब्ध कराई गई है। 26 अप्रैल, 2001 को घोषित नई 'पर्यटन नीति' के अनुसार राज्य में पर्यटन के सन्तुलित, सम्पूर्ण तथा त्वरित विकास हेतु 'पर्यटन विकास परिषद्' का गठन किया गया। इस परिषद् का अध्यक्ष राज्य का पर्यटन मन्त्री होता है। इस परिषद् की पाँच मुख्य शाखाएं— अवस्थापना, पूंजी निवेश एवं वित्त अधिष्ठान, प्रशासन नियोजन एवं परियोजना तथा प्रचार-प्रसार हैं। राज्य का पर्यटन सिंगापुर के पर्यटन की तर्ज पर विकसित किया जा रहा है।

धार्मिक एवं पर्यटक स्थल

धार्मिक केन्द्र — केदारनाथ, बद्रीनाथ, गंगोत्री, यमुनोत्री, हरिद्वार, ऋषिकेश

पहाड़ी केन्द्र — नैनीताल, रानीखेत, मसूरी, अल्मोड़ा, पिथौरागढ़, पौड़ी, लैंसडाउन

नवीन केन्द्र — भीमताल, कौसानी, डाक पत्थर (नैनीताल)

उत्तराखंड के धार्मिक व पर्यटन स्थल : एक दृष्टि में

मसूरी (देहरादून) : देहरादून से 35 कि॰मी॰ दूर, 6,500 फुट की ऊंचाई पर स्थित, पर्वतीय स्थानों की रानी, लाल बहादुर शास्त्री प्रशिक्षण संस्थान अकादमी स्थित।

कण्वाश्रम (गढ़वाल) : वर्तमान नाम 'चौकी-घाट', कण्वाश्रम से नन्दगिरि तक का क्षेत्र सांसारिक भोग एवं मोक्ष प्रदायक।

नैनीताल : तीन ओर से पर्वतों से घिरी पर्वतीय नगरी, मुख्य आकर्षण झील, भीमताल, सातताल, नौकुचिया ताल, खुरपाताल दर्शनीय स्थल।

पूर्णागिरि (नैनीताल) : पवित्र मठिया, जहाँ देवीजी की मूर्त्ति विराजमान, चैत्र माह में मेला।

लैंसडाउन (पौड़ी गढ़वाल): कोटद्वार से 45 कि॰मी॰ दूर स्थित, बद्रीनाथ खण्ड के दर्शनीय हिम शिखर।

हरिद्वार: संस्कृत साहित्य में मायापुरी या मायाक्षेत्र नाम से प्रसिद्ध, अनेकानेक मन्दिर, हर की पौड़ी में स्नान का विशेष महत्त्व।

कार्बेट राष्ट्रीय उद्यान (नैनीताल): प्राकृतिक सौन्दर्य एवं वन्य प्राणियों हेतु प्रसिद्ध।

तपोवन (टिहरी गढ़वाल): लक्ष्मणजी की तपस्थली, लक्ष्मण मन्दिर, लक्ष्मण झूला, गंगा के तट पर स्वर्गाश्रम स्थित।

बद्रीनाथ (चमोली): देश के चार धामों में से एक धाम, हरिद्वार से 384 कि॰मी॰ दूरी पर स्थित, 10,500 फुट ऊंचाई पर स्थित, ऋषिकेश मोटर मार्ग पर पड़ने वाले प्रमुख स्थान— मुनि की

रेती, देव प्रयाग एवं कीर्ति नगर, कोटद्वार, पौड़ी, श्रीनगर, रुद्रप्रयाग, कर्णप्रयाग, नन्द प्रयाग, चमोली तथा पीपल कोटी।

केदारनाथ (रुद्रप्रयाग) : हरिद्वार से 400 कि॰मी॰ दूरी पर स्थित, समुद्र की सतह से लगभग 11,500 फुट की ऊंचाई पर स्थित श्री केदारनाथ जी का मन्दिर।

गंगोत्री (उत्तरकाशी): गौमुख गंगा का उद्गम स्थल, गंगोत्री मन्दिर, भागीरथी मन्दिर, पाण्डवों द्वारा प्रायश्चित स्वरूप किया गया यज्ञ स्थल।

यमुनोत्री (उत्तरकाशी): यमुना मन्दिर के निकट गर्म जल के श्रोत, सूर्य कुण्ड के निकट दिव्य शिला, हनुमान गंगा और टोंस नदियों का जल निर्गम क्षेत्र।

लाखामण्डल (देहरादून): देहरादून से 128 कि॰मी॰ दूर यमुना तट पर लाखों मन्दिर मिलने के कारण नाम 'लाखामण्डल'।

नन्दा देवी (चमोली): प्रति बारहवें वर्ष भाद्र मास की सप्तमी को धार्मिक आयोजन।

ऋषिकेश (हरिद्वार): रमणीक एवं तीर्थ स्थल, अनेक मन्दिर स्थित।

पिंडारी ग्लेशियर (अल्मोड़ा): 3,943 मीटर की ऊंचाई पर स्थित, रंग-बिरंगे फूल, आकर्षक हिमराशि व सुरम्य वन, पिंडर नदी का उद्गम स्थल।

कटारमल (अल्मोड़ा): बारहवीं सदी का सूर्य मन्दिर।

कनखल (हरिद्वार): दक्षेश्वर महादेव का मन्दिर, हनुमानजी का मन्दिर।

अल्मोड़ा: कश्यप पर्वत पर कौशिकी देवी का भव्य एवं पौराणिक मन्दिर, शुम्भ-निशुम्भ दैत्यों का विनाश करने हेतु पार्वतीजी के शरीर से कौशिकी देवी का प्राकट्य।

रानीखेत (अल्मोड़ा): चीड़ के वन तथा फूलों के अनेक बाग, गोल्फकोर्स विख्यात।

बैजनाथ (अल्मोड़ा): अल्मोड़ा से 64 कि॰मी॰ उत्तर की ओर स्थित, बैजनाथ सरोवर पर मन्दिरों का समूह।

फूलों की घाटी (चमोली): 'स्कन्धपुराण' में नन्दन-कानन सम्बोधित, म्यूंडार गांव की सीमा पर 12,000 फीट की ऊंचाई पर सुशोभित — 'फूलों की घाटी' के चारों ओर हिम शृंखला की दीवारों से घिरा आंगन है।

चकराता (देहरादून): हिम शिखरों के दर्शन हेतु शान्त व स्वास्थ्यप्रद स्थान।

जनसंख्या एवं क्षेत्रफल

क्षेत्रफलः उत्तराखंड भारत का एक सीमान्त राज्य है। इस प्रदेश का भौगोलिक क्षेत्रफल 53,483 वर्ग किलोमीटर है। यह भारत के कुल भौगोलिक क्षेत्रफल 32,87,263 वर्ग कि॰मी॰ का 1.6 प्रतिशत है। जनसंख्या की दृष्टि से उत्तराखंड का देश में 21वाँ स्थान है।

जनसंख्याः वर्ष 2011 की जनगणना के अनुसार उत्तराखंड राज्य की कुल जनसंख्या 1,00,86,292 है, जिसमें 51,37,773 पुरुष तथा 49,48,519 स्त्रियां हैं। उत्तर प्रदेश के 1 लाख 12 हजार 803 आबाद गांवों में से कुल 15,761 गाँव उत्तराखंड राज्य के अन्तर्गत आ गए हैं। उत्तराखंड में देश की कुल जनसंख्या का 0.83 प्रतिशत भाग निवास करता है। देश के 10 हिमालयीय राज्यों में सर्वाधिक नवोदित यह राज्य जनसंख्या की दृष्टि से सबसे बड़ा हिमालयीय राज्य है। प्रदेश की दशकीय जनसंख्या वृद्धि दर 18.81 है जो कि सम्पूर्ण भारत की दशकीय जनसंख्या वृद्धि दर 17.7 से अधिक रही है।

जनसंख्या घनत्वः राज्य में जनसंख्या घनत्व 189 व्यक्ति प्रति वर्ग किलोमीटर है। यह भारत के सम्पूर्ण जनसंख्या घनत्व 382 व्यक्ति प्रति वर्ग कि॰मी॰ से 49.47 प्रतिशत कम है। राज्य का सर्वाधिक जनसंख्या घनत्व वाला जिला हरिद्वार (801) तथा सबसे कम जनसंख्या घनत्व वाला जिला उत्तरकाशी (41) है।

जनसंख्या के आधार पर प्रदेश का सबसे बड़ा तथा छोटा जिलाः राज्य में जनसंख्या की दृष्टि से सबसे बड़ा जिला हरिद्वार (18,90,422) तथा सबसे छोटा जिला रुद्र प्रयाग (2,42,285) है।

साक्षरताः राज्य में कुल 68,80,953 व्यक्ति साक्षर हैं। इसमें पुरुषों की जनसंख्या 38,63,708 तथा स्त्रियों की जनसंख्या 30,17,245 है। राज्य में कुल साक्षरता प्रतिशत 78.8 है। इनमें पुरुषों का साक्षरता प्रतिशत 87.4 तथा महिलाओं का 70.0 है। पुरुष साक्षरता की दृष्टि से 'उत्तराखंड' का देश में 13वाँ तथा महिला साक्षरता की दृष्टि से 'उत्तराखंड' का देश में 21वाँ स्थान है।

स्त्री-पुरुष अनुपातः उत्तराखंड में स्त्री-पुरुष का अनुपात वर्ष 2011 की जनगणना में 963 है, अर्थात् प्रति हजार पुरुषों पर स्त्रियों की संख्या 963 है। पिछली जनगणना (2001) में यह 962 था। अर्थात पिछले दशक के दौरान प्रति हजार पुरुषों पर 1 स्त्री की वृद्धि हुई है।

उत्तराखंड-जनसंख्या सम्बन्धी तथ्य : एक दृष्टि में

- भारत की जनसंख्या का घनत्व 382 व्यक्ति प्रतिवर्ग कि॰मी॰ है, जबकि उत्तराखंड की जनसंख्या का घनत्व 189 व्यक्ति प्रति वर्ग कि॰मी॰ है।

- भारत में लिंगानुपात 943 है, जबकि उत्तराखंड में लिंगानुपात 963 है।

- उत्तराखंड में सर्वाधिक लिंगानुपात वाला जिला अल्मोड़ा है जिसका लिंगानुपात 1139 है जबकि न्यूनतम लिंगानुपात वाला जिला हरिद्वार है जिसका लिंगानुपात 880 है।

- उत्तराखंड का सर्वाधिक जनसंख्या वृद्धि वाला जिला ऊधमसिंह नगर है, जिसकी जनसंख्या वृद्धि दर 33.45 प्रतिशत है। उत्तराखंड का न्यूनतम जनसंख्या वृद्धि वाला जिला अल्मोड़ा है जिसकी जनसंख्या वृद्धि दर –1.64 प्रतिशत है।

- उत्तराखंड का सर्वाधिक क्षेत्रफल वाला जिला चमोली है जिसका क्षेत्रफल 8,030 वर्ग कि॰मी॰ है। उत्तराखंड का न्यूनतम क्षेत्रफल वाला जिला चंपावत है, जिसका क्षेत्रफल 1,766 वर्ग कि॰मी॰ है।

जनसंख्या : जिलावार वितरण

क्रम संख्या	राज्य/जिला	जनसंख्या		
		व्यक्ति	पुरुष	स्त्री
1	2	3	4	5
	उत्तराखंड	10086292	5137773	4948519
1.	उत्तरकाशी	330086	168597	161489
2.	चमोली	391605	193991	197614
3.	रुद्र प्रयाग	242285	114589	127696
4.	टिहरी गढ़वाल	618931	297986	320945
5.	देहरादून	1696694	892199	804495
6.	गढ़वाल	687271	326829	360442
7.	पिथौरागढ़	483439	239306	244133
8.	बागेश्वर	259898	124326	135572
9.	अल्मोड़ा	622506	291081	331425
10.	चम्पावत	259648	131125	128523
11.	नैनीताल	954605	493666	460939
12.	ऊधमसिंह नगर	1648902	858783	790119
13.	हरिद्वार	1890422	1005295	885127

सन् 1951 से जनसंख्या में जिलावार दशकीय परिवर्तन
(प्रतिशत में)

क्रम संख्या	राज्य/जिला	दशकीय परिवर्तन का प्रतिशत					
		1951-61	1961-71	1971-81	1981-91	1991-2001	2001-11
1	2	3	4	5	6	7	8
	उत्तराखंड	22.57	24.42	27.45	24.23	19.20	18.81
1.	उत्तरकाशी	15.82	20.33	29.19	25.54	22.72	11.89
2.	ऊधमसिंह नगर	74.93	41.30	48.16	44.35	27.79	33.45
3.	अल्मोड़ा	13.67	15.14	15.80	9.43	3.14	−1.64
4.	चमोली	18.89	17.58	24.83	21.97	13.51	5.74
5.	चम्पावत	27.73	51.39	25.34	26.38	17.56	15.63
6.	टेहरी गढ़वाल	13.10	14.20	24.67	16.59	16.15	2.35
7.	देहरादून	18.61	34.57	31.93	34.66	24.71	32.33
8.	नैनीताल	69.54	32.14	38.26	29.87	32.88	25.13
9.	पौड़ी गढ़वाल	14.15	14.56	15.27	9.05	3.87	−1.41
10.	पिथौरागढ़	19.96	12.98	16.38	14.11	10.92	4.58
11.	बागेश्वर	14.19	24.17	18.98	15.50	9.21	5.15
12.	रुद्र प्रयाग	13.31	12.71	24.68	17.40	13.44	6.53
13.	हरिद्वार	18.01	32.93	32.72	28.44	26.30	30.63

वर्ष 1951 से लिंगानुपात (जिलावार)

क्रम संख्या	राज्य/जिला	लिंगानुपात (प्रति 1,000 पुरुष पर स्त्रियां)						
		1951	1961	1971	1981	1991	2001	2011
1	2	3	4	5	6	7	8	9
	उत्तराखंड	940	947	940	936	936	962	963
1.	उत्तरकाशी	993	964	899	881	918	941	958
2.	ऊधमसिंह नगर	731	726	774	841	863	902	920
3.	अल्मोड़ा	1060	1114	1100	1095	1099	1147	1139
4.	चमोली	1092	1103	1035	1020	982	1017	1019
5.	चम्पावत	956	929	955	947	945	1024	980
6.	टेहरी गढ़वाल	1122	1196	1179	1081	1048	1051	1077
7.	देहरादून	715	766	770	811	843	893	902
8.	नैनीताल	699	715	837	847	881	906	934
9.	पौड़ी गढ़वाल	1137	1163	1119	1091	1058	1104	1103
10.	पिथौरागढ़	1020	1052	1033	1027	992	1031	1020
11.	बागेश्वर	1008	1024	1057	1031	1055	1110	1090
12.	रुद्र प्रयाग	1144	1169	1169	1121	1094	1117	1114
13.	हरिद्वार	806	796	803	817	846	868	880

2011 में जनसंख्या के आकार के अनुसार जिलों का क्रम

कोड	जिला	जनसंख्या 2011
1.	हरिद्वार	1890422
2.	देहरादून	1696694
3.	ऊधमसिंह नगर	1648902
4.	नैनीताल	954605
5.	गढ़वाल	687271
6.	अल्मोड़ा	622506
7.	टिहरी गढ़वाल	618931
8.	पिथौरागढ़	483439
9.	चमोली	391605
10.	उत्तरकाशी	330086
11.	बागेश्वर	259898
12.	चम्पावत	259648
13.	रुद्र प्रयाग	242285

लिंगानुपात के अनुसार जिलों का क्रम

कोड	राज्य / जिला	लिंगानुपात (प्रति 1,000 पुरुषों पर स्त्रियां) 2011
	उत्तराखंड	963
1.	अल्मोड़ा	1139
2.	रुद्र प्रयाग	1114
3.	गढ़वाल	1103
4.	बागेश्वर	1090
5.	टिहरी गढ़वाल	1077
6.	चमोली	1019
7.	पिथौरागढ़	1020
8.	चम्पावत	980
9.	उत्तरकाशी	958
10.	नैनीताल	934
11.	ऊधमसिंह नगर	920
12.	देहरादून	902
13.	हरिद्वार	880

उत्तराखंड की ग्रामीण एवं शहरी जनसंख्या

क्रम	उत्तराखंड/जिले		जनसंख्या	
		कुल	ग्रामीण	शहरी
	उत्तराखंड	**1,00,86,292**	**70,36,954**	**30,49,338**
1.	उत्तरकाशी	3,30,086	3,05,781	24,305
2.	चमोली	3,91,605	3,32,209	59,396
3.	रुद्रप्रयाग	2,42,285	2,32,360	9,925
4.	टेहरी गढ़वाल	6,18,931	5,48,792	70,139
5.	देहरादून	16,96,694	7,54,753	9,41,941
6.	पौड़ी गढ़वाल	6,87,271	5,74,568	1,12,703
7.	पिथौरागढ़	4,83,439	4,13,834	69,605
8.	बागेश्वर	2,59,898	2,50,819	9,079
9.	अल्मोड़ा	6,22,506	5,60,192	62,314
10.	चम्पावत	2,59,648	2,21,305	38,343
11.	नैनीताल	9,54,605	5,82,871	3,71,734
12.	उधमसिंह नगर	16,48,902	10,62,142	5,86,760
13.	हरिद्वार	18,90,422	11,97,328	6,93,094

उत्तराखंड : जनघनत्व 2011 जिलों की क्रमवार स्थिति

क्रम	जिले	जनघनत्व
1.	हरिद्वार	801
2.	उधम सिंह नगर	649
3.	देहरादून	549
4.	नैनीताल	225
5.	अल्मोड़ा	198
6.	टेहरी गढ़वाल	170
7.	चम्पावत	147
8.	पौड़ी गढ़वाल	129
9.	रुद्रप्रयाग	122
10.	बागेश्वर	116
11.	पिथौरागढ़	068
12.	चमोली	049
13.	उत्तरकाशी	041

उत्तराखंड : साक्षरता 2011 (महिला-पुरुष)

क्रम	जिले	कुल साक्षर	पुरुष साक्षर	महिला साक्षर
1.	उत्तरकाशी	2,15,126	1,28,237	86,889
2.	चमोली	2,80,556	1,55,395	1,25,161
3.	रुद्रप्रयाग	1,70,933	91,803	79,130
4.	टिहरी गढ़वाल	4,07,994	2,27,406	1,80,588
5.	देहरादून	12,59,506	7,02,216	5,57,290
6.	पौड़ी गढ़वाल	4,94,889	2,62,148	2,32,741
7.	पिथौरागढ़	3,45,550	1,89,623	1,55,927
8.	बागेश्वर	1,79,483	97,546	81,937
9.	अल्मोड़ा	4,36,497	2,31,604	2,04,893
10.	चम्पावत	1,77,726	1,02,015	75,711
11.	नैनीताल	6,96,500	3,85,779	3,10,721
12.	उधम सिंह नगर	10,37,839	5,98,525	4,39,314
13.	हरिद्वार	11,78,354	6,91,411	4,86,943

भारत और उत्तराखंड की जनसंख्या का तुलनात्मक विवेचन

		भारत	उत्तराखंड
1.	कुल जनसंख्या	1,21,05,69,573	1,00,86,292
2.	पुरुष जनसंख्या	62,31,21,843	51,37,773
3.	महिला जनसंख्या	58,74,47,730	49,48,519
4.	संपूर्ण साक्षरता दर	73.0%	78.8%
5.	पुरुष साक्षरता दर	80.9%	87.4%
6.	महिला साक्षरता दर	64.6%	70.0%
7.	जनसंख्या की दशकीय वृद्धि दर	17.7%	18.81%
8.	जनसंख्या घनत्व	382 व्यक्ति/वर्ग किमी.	189 व्यक्ति/वर्ग किमी.
10.	लिंगानुपात	943 महिलाएं	963 महिलाएं

पन्द्रह लाख से अधिक आबादी वाले जिले

	जिला	जनसंख्या	पुरुष	महिला
1.	देहरादून	16,96,694	8,92,199	8,04,495
2.	हरिद्वार	18,90,422	10,05,295	8,85,127
4.	ऊधमसिंह नगर	16,48,902	8,58,783	7,90,119

साक्षरता दर 2011 जिलों की क्रमवार स्थिति

क्रम	जिले	व्यक्ति	पुरुष	महिला
1	2	3	4	5
1.	देहरादून	84.20	89.40	78.50
2.	नैनीताल	83.90	90.10	77.30
3.	चमोली	82.80	93.40	72.30
4.	पिथौरागढ़	82.20	92.70	72.30

क्रम	जिले	व्यक्ति	पुरुष	महिला
1	2	3	4	5
5.	गढ़वाल	82	92.70	72.60
6.	रुद्र प्रयाग	83.10	93.90	70.40
7.	अल्मोड़ा	80.50	92.90	69.90
8.	चम्पावत	79.80	91.60	68
9.	बागेश्वर	80	92.30	69
10.	उत्तरकाशी	75.80	88.80	62.40
11.	टिहरी गढ़वाल	74.40	89.80	64.30
12.	हरिद्वार	73.40	81	64.80
13.	ऊधमसिंह नगर	73.10	81.10	64.40

उत्तराखंड को विशेष राज्य का दर्जा

योजना आयोग की संस्तुति पर भारत सरकार द्वारा 1 अप्रैल, 2001 से उत्तराखंड को विशेष श्रेणी राज्य का दर्जा प्रदान किया गया। इस प्रकार यह नवगठित राज्य देश के उन 11 राज्यों में सम्मिलित हो गया, जिन्हें विशेष दर्जा दिया गया है। विशेष दर्जा प्राप्त राज्य हैं—सिक्किम, जम्मू-कश्मीर, हिमाचल प्रदेश एवं पूर्वोत्तर के सभी सात राज्य। इन राज्यों को यह दर्जा गाडगिल फार्मूले के आधार पर दिया गया है।

विशेष राज्य का दर्जा उन राज्यों को दिया जाता है जिनका जनसंख्या घनत्व कम है। आर्थिक विकास ठीक से नहीं हुआ हो और रक्षा की दृष्टि से संवेदनशील हों। केन्द्र सरकार उन राज्यों को भी विशेष राज्य का दर्जा प्रदान कर सकती है, जिनकी वित्तीय स्थिति नहीं संभल रही हो।

विशेष दर्जा प्राप्त राज्यों को केन्द्रीय सहायता एक विशेष रियायती पैमाने पर मिलती है। अब उत्तराखंड को मिलने वाली केन्द्रीय सहायता में 90 प्रतिशत हिस्सा अनुदान का और 10 प्रतिशत हिस्सा ऋणों का है, जबकि अन्य राज्यों को मिलने वाली सहायता में अनुदान का भाग 70 प्रतिशत और ऋण का हिस्सा 30 प्रतिशत होता है।

21

उत्तराखंड : कला एवं संस्कृति

कला एवं संस्कृति के दृष्टिकोण से उत्तराखंड एक समृद्ध राज्य है। यहाँ के लोक-गीतों एवं लोक-नृत्यों में इस पहाड़ी क्षेत्र की विशेषताएं साफ झलकती हैं। यहाँ के प्रमुख लोक-गीतों एवं लोक-नृत्यों का वर्णन निम्नलिखित है।

लोक-गीत

इस राज्य के कुमायुँनी तथा गढ़वाली लोक-गीतों में पहाड़ी लोक जीवन तथा संस्कारों की विशिष्ट झाँकी प्रतिबिम्बित होती है।

उत्तराखंड के प्रमुख लोक-कलाकार

चन्द्र सिंह राही	—	कुमायूँ/गढ़वाली लोक गायक/गीतकार/संगीत निर्देशक
जीत सिंह नेगी	—	गढ़वाल के प्रमुख गीतकार
नंदलाल भारती	—	जौनसारी गायक/रंगकर्मी
अनिल बिष्ट	—	गढ़वाली गायक
अनुराधा निराला	—	गढ़वाली गायिका
जगतराम वर्मा	—	जौनसारी गायक
हीरा सिंह राणा	—	कुमायुँनी गीतकार एवं गायक
बीना तिवारी	—	कुमायुँनी गायिका
मीना राणा	—	गढ़वाली गायिका
प्रीतम भरतवाण	—	गढ़वाली गायक
गिरीश तिवारी 'गिर्दा'	—	कुमायूँनी जनकवि
हेमा ध्यानी	—	कुमायूँनी गायिका
नरेन्द्र सिंह नेगी	—	गढ़वाली बोली के प्रमुख गीत गायक और संगीतकार
गणेश वीरान	—	गीतकार/संगीतकार

सन्तोष खेतवाल	–	गढ़वाली गीतकार/गायक
जगदीश बकरोला	–	गढ़वाली गायक
फकीरा सिंह चौहान	–	जौनसारी गायक

लोक-नृत्य

चैफुलाः यह गढ़वाल का श्रृंगार भाव से भरपूर नृत्यगीत है। इस नृत्य में स्त्री-पुरुषों की दो टोलियाँ अलग-अलग घेरों के रूप में होती हैं।

जागरः यह कुमायूँ और गढ़वाल में देवताओं का आह्वान करने वाला अनुष्ठान परक नृत्य है। ऐसी मान्यता है कि इस नृत्य को करते समय नर्तक पर 'देवता' आ जाते हैं। यह नृत्य किसी व्यक्ति द्वारा अपराध किए जाने पर उसे सजा देने के लिए, देवता का आह्वान करने के लिए भी किया जाता है।

थड़्याः यह नृत्य गढ़वाल क्षेत्र में शादी हुई महिला के प्रथम बार मायके आने पर किया जाता है।

झोड़ा/चांचरीः चाँदनी रात में इस नृत्य को कुमायूँ क्षेत्र के युवक और युवतियाँ करते हैं।

झुमैलोः यह गायन-नृत्य गढ़वाली कुंवारी कन्याओं द्वारा किया जाता है। इसमें विरह-वेदना और मिलन की उम्मीद के गीतों की तालबद्ध अभिव्यक्ति होती है।

प्रमुख बोलियाँ

कुमायुंनीः यह बोली राज्य के कुमायूँ क्षेत्र में बोली जाती है।

टिहिरयालीः टिहरी गढ़वाल क्षेत्र में यह बोली व्यापक रूप में प्रचलित है।

जौनसारीः यह बोली देहरादून के जौनसार-बाबर तथा गढ़वाल क्षेत्र के ऊंचे स्थानों पर बोली जाती है।

भोटियाः यह बोली उत्तराखंड के तिब्बत तथा नेपाल से लगे सीमावर्ती क्षेत्र में प्रचलित है।

गढ़वालीः यह बोली राज्य के गढ़वाल क्षेत्र में बोली जाती है।

गोरखालो बोलीः नेपाल से सटे क्षेत्र में तथा अल्मोड़ा आदि स्थानों में प्रवासी गोरखों की बोली है।

भावरीः भावर में टनकपुर से काशीपुर तक भावरी बोली जाती है।

नेपालीः उत्तराखंड के नेपाल की सीमा से लगे कुछ क्षेत्रों में नेपाली बोली जाती है। नेपाली में ब्रजभाषा की सभी ध्वनियाँ पाई जाती हैं। नेपाली की लिपि देवनागरी है।

पंजाबीः उत्तराखंड के ऊधमसिंह नगर, रुद्रपुर, हल्द्वानी, जसपुर, बाजपुर आदि क्षेत्रों में पजांबी भाषी लोग पंजाबी बोली का प्रयोग करते हैं।

हिंदीः राज्य के हरिद्वार, रुड़की, ऊधमसिंह नगर, जसपुर, रुद्रपुर व देहरादून के मैदानी भागों में खड़ी बोली हिन्दी का प्रयोग होता है।

ओटयालोः यह नेपाली प्रवासी बोली है।

कुमायूँ की उप बोलियाँ

गंगोलाः यह परगना गंगोली तथा दानपुर की कुछ पट्टियों में बोली जाती है।

कुमैयाः नैनीताल से लगे कुमायूँ के भाग में बोली जाती है।

मझकुमैयाः कुमायूँ-गढ़वाली का मिला-जुला रूप कहा जाता है। यह कुमायूँ तथा गढ़वाल के सीमावर्ती क्षेत्रों में बोली जाती है।

पछाईः यह अल्मोड़ा जिले के दक्षिणी भाग में बोली जाती है।

नैनीताल की कुमायुँनीः नैनीताल में शै और चौमैंसी पट्टियों में बोली जाती है। यह हल्द्वानी, भीमताल, काठगोदाम क्षेत्रों में भी प्रचलित है।

अस्कोटीः इस पर नेपाली का प्रभाव है। यह परगना अस्कोट में बोली जाती है।

जोहारीः यह परगना जोहार में बोली जाती है। इस पर तिब्बती भाषा का प्रभाव स्पष्ट दिखाई पड़ता है।

चोगर्खियाः परगना चौगर्खा में बोली जाती है।

सौर्यालीः यह परगना सोर में बोली जाती है। इस पर नेपाली भाषा का प्रभाव पाया जाता है।

खसपराजियाः यह दानपुर के आस-पास बोली जाती है।

फलदा कोटियाः नैनीताल, अल्मोड़ा तथा पाली पछाऊ के कुछ क्षेत्रों में बोली जाती है।

चित्रकला

उत्तराखंड के अनेक चित्रकारों ने अपनी कला को देश-विदेश में फैलाकर सम्मान प्राप्त किया है। राज्य में कला की उन्नति के लिए कुमायूं तथा गढ़वाल विश्वविद्यालय में 'चित्रकला' के उच्चस्तरीय अध्ययन की उचित व्यवस्था है।

गढ़वाली चित्रकला

गढ़वाल की चित्रकला में पशु-पक्षियों, फल-फूल, धार्मिक विषयों, नारी सौन्दर्य व व्यक्ति चित्रों का अंकन मिलता है। अन्य पहाड़ी चित्रकलाओं की तरह गढ़वाल की चित्रकला भी मुगल चित्रकला से प्रभावित राजपूत कला का पहाड़ी रूपान्तर है। गढ़वाली चित्रकला की शैली के जन्मदाता होने का श्रेय प्रसिद्ध चित्रकार भोलाराम (1743-1883) को प्राप्त है। भोलाराम चित्रकार होने के साथ-साथ दार्शनिक, कवि एवं गढ़वाल नरेशों के सलाहकार भी थे। भोलाराम का नारी सौन्दर्य का चित्रांकन उल्लेखनीय है। उन्होंने मोर प्रिया (1775), चकोर प्रिया (1795), मयंकमुखी (1812) और कदली प्रिया जैसी उत्कृष्ट पेंटिंग बनाकर गढ़वाल की चित्रकला पर अमिट छाप छोड़ी। 'कालिय दमन' चित्र को गढ़वाल शैली का प्रतिनिधि चित्र माना जाता है, जिसमें चित्रकार भोलाराम ने यमुना नदी के रूप में अलकनन्दा नदी व पहाड़ी पर बने छोटे-छोटे मकानों को दर्शाया है।

भोलाराम के पुत्र ज्वालाराम भी अच्छे चित्रकार थे। भोलाराम के दो शिष्यों भाणकू एवं चैतू का भी गढ़वाली चित्रकला में उल्लेखनीय योगदान रहा है। गढ़वाल चित्रशैली पर बैरिस्टर मुकुन्दीलाल ने अपनी पुस्तक 'गढ़वाल पेंटिंग्स' में पहली बार विस्तार से लिखा है।

शैलचित्र

उत्तराखंड में कुछ प्रमुख शैलचित्र भी स्थित हैं। इनमें से कुछ निम्नलिखित हैं—

पेटभालः अल्मोड़ा-पिथौरागढ़ मार्ग पर पेटशाल व पूनाकोट गांव के बीच स्थित कफ्फरकोट में कत्थई रंग से नृत्यरत मानव आकृतियाँ दिखाई देती हैं।

ल्वेथापः अल्मोड़ा-बागेश्वर मोटर मार्ग पर डीना पानी से लगभग तीन किमी. की दूरी पर ल्वेथाप में शिकार करते मानव व हाथों में हाथ डालकर नृत्यरत आकृतियों का चित्रण किया गया है।

किमनी शैलाश्रयः चमोली जिले की पिण्डर घाटी में कर्णप्रयाग-ग्वालदम मार्ग पर थराली के पास किमनी गांव में किमनी शैलाश्रय की खोज की गई है। यहाँ के शैलाश्रय में हल्के सफेद रंग से चित्रित हथियार व पशु आकृतियाँ पाई गई हैं।

कसार देवीः अल्मोड़ा मुख्यालय से 6 किमी. की दूरी पर स्थित कसार देवी में चौदह नृतकों का चित्रण किया गया है।

लाखु-उड्यारः अल्मोड़ा नगर से 13 किमी. की दूरी पर अल्मोड़ा-पिथौरागढ़ मार्ग पर बाड़ेछीना के पास दलबैंड पर स्थित लाखु-उड्यार आदिम मानव आकृतियों व पशुओं के चित्रण के लिए प्रसिद्ध है। ये मानव आकृतियाँ कहीं पर एकल तो कहीं पर समूहों में नृत्यावस्था में दिखाई गई हैं।

हुडलीः उत्तरकाशी स्थित हुडली में नीले रंग के शैलचित्र उकेरे हुए मिले हैं।

ग्वारख्या उड्यारः बद्रीनाथ मार्ग पर चमोली से 8 किमी. उत्तर पश्चिम में अलकनन्दा के दाहिने पार्श्व में छिनका से लगभग 2 किमी. की दूरी पर डुंग्री गांव में पाषाण कालीन मानव, भेड़, बारहसिंगा व लोमड़ी सदृश आकृतियाँ चित्रित हैं।

लोककला

उत्तराखंड की लोक कलाओं में ऐंपण (छिपण) जिसे रंगोली या अल्पना कहते हैं, बार-बूंद (दीवार पर बने नमूने), ज्यूंति मातृका और पट्टा (आकृतियों का चित्रांकन), तथा डिकारे या डिकाल (मिट्टी की मूर्तियां) प्रमुख हैं।

ऐंपण : ऐंपण का शाब्दिक अर्थ लीपना या सजावट है जो किसी मांगलिक कार्य जैसे—व्रत-त्योहार, उपनयन संस्कार आदि के अवसर पर घर की देहरी, पूजा स्थल की भूमि और दीवारों पर, बैठने की सीढ़ी पर, तुलसी के चारों तरफ विस्तार (चावल का पीठा) व लाल मिट्टी से उकेरी जाती है। जिसमें सूर्य, चंद्र, स्वास्तिक, शंख, घंटा, पुष्प, बेल, नाग, तथा ज्यामितीय आकृतियां बनाई जाती हैं।

बार-बूंद : इस लोककला में कुछ निश्चित बिन्दुओं को बनाकर उनको रेखाओं से जोड़कर दीवार पर विभिन्न नमूने निर्मित किए जाते हैं। इस तरह बनाए गए नमूनों को विभिन्न रंगों द्वारा भरा जाता है।

ज्यूंति मातृका : ज्यूंति मातृका में विभिन्न रंगों के प्रयोग से लक्ष्मी, सरस्वती, गणेश आदि के चित्र बनाए जाते हैं। यह मुख्यतः जन्माष्टमी, दशहरा, दीपावली, नवरात्रि जैसे मुख्य त्योहारों के अवसर पर बनाया जाता है।

डिकाल : घरों में प्रयुक्त होने वाली मिट्टी से देवी-देवताओं की मूर्तियां बनाकर उन्हें विभिन्न रंगों से सजाया जाता है। मिट्टी के अतिरिक्त केले के तनों, भृंगराज आदि से विभिन्न आकृतियाँ बनाई जाती हैं।

प्रकीर्ण : प्रकीर्ण अंगुलियों से कागज, दरवाजों, चौराहों आदि पर बनाया जाता है।

पौ : महालक्ष्मी पूजा के दिन घर के मुख्य द्वार या ओखली से तिजोरी, पूजागृह तक लक्ष्मी देवी के पद चिह्न बनाए जाते हैं। इन्हें पौ कहा जाता है।

परिधान

गढ़वाली पुरुषों के परिधान : सफेद कुर्ता, चूड़ीदार पायजामा, मिरजई, सफेद टोपी, पगड़ी, गुलबंद, साफा आदि।

कुमायुँनी पुरुषों के परिधान : धोती, सुराव, कोट, पैजम, कुर्ता, भोटू (बास्कट), कमीज, मिरजई टांक (साफा) टोपी।

गढ़वाली महिलाओं के परिधान : नथुली, बुलाक, पायजेब, कांडी माला आदि।

कुमायुँनी महिलाओं के परिधान : धागरी (घाघरा या लहंगा), आंगड़ा या आंगड़ी, खानू अंगाडि (चोली) धोती, पिछौड़ आदि।

उत्तराखंड के पारंपरिक आभूषण

परिधान तथा आभूषण किसी भी क्षेत्र को विशिष्ट पहचान प्रदान करते हैं। एक विशिष्ट सांस्कृतिक एवं परंपराओं वाला क्षेत्र रहने के कारण उत्तराखंड के लोग भिन्न तरह का परिधान तथा आभूषण धारण करते हैं। उत्तराखंड के कुछ पारंपरिक आभूषण निम्नलिखित हैं–

नथुली या नथ	– विवाहित स्त्रियाँ नाक पर पहनती हैं। यह सोने की बनी होती है।
तगड़ी	– कमर में पहनी जाती है।
इमरती	– चांदी निर्मित, पैरों में पहनी जाती है।
हसुला (सूत)	– एक से डेढ़ किलो वजन का सूत, विवाहित स्त्रियों के गले का प्रमुख आभूषण
तिलहरी	– गले का आभूषण
मुद्‌ड़े	– स्वर्ण निर्मित आभूषण, कान में पहने जाते हैं।
करधनी या कमर ज्यौड़ि	– चांदी का बना, कमर में पहना जाता है।
गुलबंद	– स्वर्ण या चांदी निर्मित, विवाहित स्त्रियों के गले का प्रमुख आभूषण
फूली	– कुँवारी और विवाहित स्त्रियों द्वारा नाक पर पहना जाने वाला आभूषण
पौंटा	– एड़ी से पैर के ऊपरी भाग तक पहना जाता है।
धागुला	– चांदी निर्मित, हाथ में पहना जाने वाला प्रमुख आभूषण
खुड्‌ले	– भोटिया लोगों द्वारा पहना जाने वाला चांदी निर्मित आभूषण
झांवर	– पैर में पहना जाने वाला, चांदी से बना आभूषण
पौंजी	– स्वर्ण या चांदी निर्मित आभूषण, विवाहित स्त्रियों द्वारा पहना जाता है।
मुंदड़ी	– एक प्रकार की अंगूठी, हाथ की अंगुलियों में पहनी जाती है।
चरे या चर्‍यो	– विवाहित स्त्रियाँ गले में पहनती हैं।
सीसफूल	– सौभाग्य का प्रतीक, माथे का आभूषण
प्वल्या (बिछुवा)	– चांदी निर्मित, पैर की अंगुलियों में पहना जाता है।
मुर्खला	– कान का कुंडल
बुजनी	– कान का कुंडल
बुलांक	– स्वर्ण निर्मित, नाक पर पहना जाता है।
अमिर्तीतार	– चांदी निर्मित अमिर्तीतार पैरों का आभूषण है। यह तीन तारों द्वारा बँटी हुई होती है।
मुनाड़	– कानों में पहने जाते हैं।
स्यूण-सांगल	– चांदी निर्मित, कंधों पर पहना जाता है।
चन्द्रहार	– गले का हार

❑❑❑

परिवहन के साधन

किसी भी प्रदेश के बहुमुखी विकास में परिवहन व्यवस्था का महत्त्वपूर्ण योगदान रहता है। उत्तराखंड की भूमि ऊबड़-खाबड़ एवं पर्वतीय होने के कारण यहाँ यातायात की व्यवस्था असुविधाजनक एवं महंगी है, फिर भी राज्य में थल, जल तथा वायुमार्ग की परिवहन सुविधाएं उपलब्ध हैं।

सड़क परिवहन

उत्तराखंड में आवागमन के लिए सड़कों का उपयोग सबसे ज्यादा होता है। राज्य का थल मार्ग पक्की तथा कच्ची दोनों प्रकार की सड़कों से युक्त है। यातायात के प्रमुख साधनों में बस सेवा प्रमुख है। उत्तराखंड के लिए उत्तर प्रदेश, हरियाणा, दिल्ली, राजस्थान, हिमाचल प्रदेश इत्यादि स्थानों से बस सेवा उपलब्ध है।

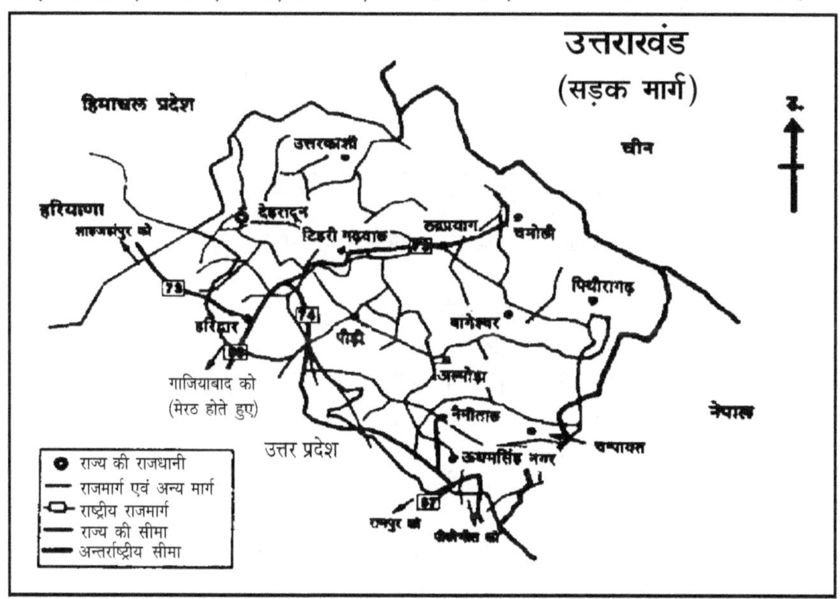

उत्तराखंड में पक्की सड़कों की कुल लंबाई लगभग 33,914 किलोमीटर है। जिसमें से सार्वजनिक निर्माण विभाग की सड़कों की लम्बाई 25,665 कि.मी., स्थानीय निकायों द्वारा बनाई गई सड़कों की लम्बाई 2,674 कि.मी. है। राज्य में राष्ट्रीय राजमार्ग की कुल लम्बाई 2471.3 कि.मी. है। उत्तराखंड की राजधानी देहरादून राष्ट्रीय राजमार्ग संख्या 45 द्वारा देश के प्रमुख भागों से जुड़ी हुई है। उत्तराखंड में राष्ट्रीय राजमार्गों की कुल संख्या 9 है।

उत्तराखंड की सड़कों की लंबाई (2015-16)

(A) लोकनिर्माण विभाग द्वारा संघृत सड़कें

1.	राष्ट्रीय मार्ग	2471.3 किमी
2.	राज्य मार्ग	4521.07 किमी
3.	जनपद की प्रमुख सड़कें	2151.81 किमी
4.	जनपद की अन्य सड़कें	2651.40 किमी
5.	ग्रामीण सड़कें	19537.38 किमी

(B) स्थानीय निकायों द्वारा संघृत सड़कें

1.	जिला पंचायत	992.95 किमी
2.	अन्य स्थानीय निकाय	2428.27 किमी

(C) अन्य विभागों द्वारा संघृत सड़कें

1.	सिंचाई	741 किमी
2.	गन्ना विकास	883.04 किमी
3.	वन	3270 किमी
4.	उत्तराखंड कृषि उत्पादन विपणन बोर्ड	950.94 किमी

उत्तराखंड के महत्त्वपूर्ण सड़क मार्ग

- लोहाघाट–अल्मोड़ा–रानीखेत–कर्णप्रयाग–श्रीनगर–देहरादून मार्ग।
- देहरादून–मसूरी मार्ग।
- हरिद्वार–ऋषिकेश–टिहरी–उत्तरकाशी–गंगोत्री मार्ग।
- टनकपुर–हल्द्वानी–रामनगर–कोटद्वार मार्ग।
- धारचूला–डीडीहाट–बागेश्वर–ग्वालदम–कर्णप्रयाग–रुद्रप्रयाग–रुड़की–हरिद्वार मार्ग।
- ऋषिकेश–देवप्रयाग–चमोली–बद्रीनाथ मार्ग।
- खटीमा–किच्छा–रुद्रपुर–काशीपुर मार्ग।
- कोटद्वार–पौड़ी–श्रीनगर–रुद्र प्रयाग–गौरीकुंड मार्ग।
- काठगोदाम–नैनीताल मार्ग।
- काशीपुर–रामनगर–रानीखेत–कर्णप्रयाग–बद्रीनाथ मार्ग।
- खटीमा–टनकपुर–चंपावत–पिथौरागढ़ मार्ग।
- रुद्र प्रयाग–रुड़की–हरिद्वार मार्ग।

- देहरादून–हरिद्वार–कोटद्वार–भवाली मार्ग।
- हल्द्वानी–अल्मोड़ा–बागेश्वर–कपकोट मार्ग।

सीमा सड़क संगठन दीपक परियोजना के अन्तर्गत राष्ट्रीय राजमार्ग संख्या 58-ऋषिकेश-जोशीमठ-माड़ा तथा ऋषिकेश-चम्बा-धरासू-यमुनोत्री मार्ग को दो लेन में चौड़ा किया गया है।

रेल परिवहन

उत्तराखंड में भूमि के असमतल होने के कारण यहाँ रेल की सुविधा संतोषजनक नहीं है। राज्य के हरिद्वार, देहरादून, काठगोदाम, हल्द्वानी, रुड़की, कोटद्वार, काशीपुर तथा लाल कुआं आदि में रेलवे स्टेशन हैं।

केन्द्र सरकार ने जोधपुर से हरिद्वार के बीच नई लिंक एक्सप्रेस सेवा शुरू कर दी है तथा सप्ताह में दो दिन चलने वाली गोरखपुर-देहरादून एक्सप्रेस को सप्ताह में तीन दिन कर दिया गया है। दून-बांद्रा के बीच चलने वाली देहरादून एक्सप्रेस अब नीमच भी जाती है।

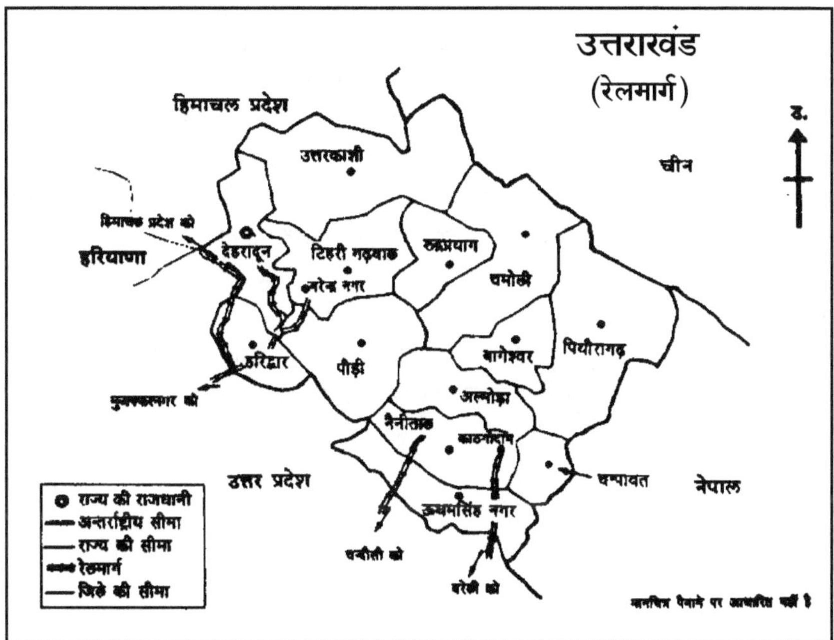

उत्तराखंड की कुछ अन्य महत्त्वपूर्ण रेलगाड़ियां शताब्दी एक्सप्रेस (देहरादून से नई दिल्ली), देहरादून-दिल्ली एक्सप्रेस (देहरादून से दिल्ली), मसूरी एक्सप्रेस (देहरादून से दिल्ली), देहरादून एक्सप्रेस (देहरादून से हावड़ा), काठगोदाम-देहरादून एक्सप्रेस (काठगोदाम से देहरादून) रानीखेत एक्सप्रेस (दिल्ली से काठगोदाम) हैं।

- नजीबाबाद–कोटद्वार (बड़ी लाइन) (उत्तरी रेलवे)
- लक्सर–हरिद्वार–देहरादून (बड़ी लाइन) (उत्तरी रेलवे)
- हरिद्वार–ऋषिकेश (बड़ी लाइन) (उत्तरी रेलवे)
- पीलीभीत–खटीमा–टनकपुर (छोटी लाइन) (उत्तरी-पूर्वी रेलवे)
- किच्छा–लालकुआँ–काठगोदाम (बरेली से लालकुआँ तक बड़ी लाइन एवं छोटी लाइन है जबकि लाल कुआँ से काठगोदाम तक बड़ी लाइन है। (उत्तरी पूर्वी रेलवे)
- लालकुआँ–काशीपुर–रामनगर–(छोटी लाइन) (उत्तरी-पूर्वी रेलवे)

वायु परिवहन

उत्तराखंड राज्य के पन्तनगर (ऊधम सिंह नगर), नैनी-सैनी (पिथौरागढ़), जौली ग्राण्ट (देहरादून), चिन्याली सौड़ (टिहरी), गौचर (चमोली) में हवाई अड्डे हैं। स्विट्जरलैण्ड की एक पर्यटन संस्था 'स्विस कनेक्ट' 'बाजपुर' में एक छोटे हवाई अड्डे को विकसित कर रही है। इस हवाई अड्डे के विकसित हो जाने से देश-विदेश के पर्यटक विश्वप्रसिद्ध 'कार्बेट राष्ट्रीय उद्यान' तथा नैनीताल का भ्रमण आसानी से कर सकेंगे। गौचर (चमोली) और चिनयालिसौर (उत्तरकाशी) में भी हवाई पट्टियां बनाई गई हैं। देहरादून-नई दिल्ली के बीच नियमित वायु सेवा प्रारंभ की गई है। केदारनाथ के लिए 16 मई, 2003 से हेलीकॉप्टर सेवा प्रारंभ की गई है। पवनहंस के ये हेलीकॉप्टर अगस्त्य मुनि से संचालित होते हैं तथा केदारनाथ तक जाने एवं अगस्त्य मुनि वापस पहुँचने का मार्ग 40 मिनट में तय करते हैं। यह सेवा केदारनाथ के पट खुले रहने तक उपलब्ध रहती है।

जल परिवहन

प्रदेश में गंगा, यमुना तथा कुछ अन्य नदियों में नौका-वाहन की व्यवस्था है। इन नदियों में संचालित छोटी-बड़ी नौकाओं द्वारा स्थानीय तथा आस-पास के क्षेत्रों में आवागमन किया जाता है।

23

ऊर्जा संसाधन

उत्तराखंड की भावी अर्थव्यवस्था का प्रमुख आधार इस प्रदेश के ऊर्जा संसाधन बन सकते हैं। राज्य में व्याप्त अपार जल संसाधनों के आधार पर ऊर्जा संसाधनों की व्यापक संभावनाएं हैं। उत्तराखंड में भारत की दो सबसे बड़ी नदियाँ गंगा-यमुना के साथ ही अनेक छोटी-बड़ी नदियाँ भी पहाड़ों से निकलती हैं। अगर उत्तराखंड में इन प्राकृतिक संसाधनों का सही ढंग से दोहन किया जाय तो यह प्रदेश अपनी आय में बहुत वृद्धि कर सकता है। राज्य के पास पनबिजली उत्पादन की जबर्दस्त क्षमता है। यमुना, भागीरथी, गंगा, रामगंगा और शारदा नदियों पर अनेक पनबिजली संयंत्र हैं, जिनमें बिजली का उत्पादन हो रहा है। राज्य के 15,745 आबाद गांवों में से 15,571 (2015-16) गांवों में बिजली पहुँचा दी गई है।

उत्तराखंड की संस्थापित क्षमता 1290.10 मेगावाट (2015-16) है। लघु विद्युत परियोजनाओं को विकसित करने से लगभग 40 हजार मेगावाट बिजली का उत्पादन किया जा सकता है। उत्तराखंड में अभी तक चल रही विद्युत परियोजनाओं से प्रदेश सरकार को 200 करोड़ रुपए से ज्यादा की आय होती है। उत्तराखंड में उपलब्ध जल संसाधनों का यदि सही उपयोग किया जाय तो आगामी पाँच-सात सालों में उत्तराखंड को प्रतिवर्ष 1.74 खरब रुपए की आय हो सकती है।

उत्तराखंड के निर्माणाधीन बांध

बाँध का नाम	नदी	निकटतम नगर	बाँध की ऊंचाई (मी॰में)	उत्पादन क्षमता (मेगावाट)
टिहरी बांध	भागीरथी	टिहरी	261	600
किसाऊ	टोंस	देहरादून	253	180
लखवार	यमुना	देहरादून	192	120
व्यासी बांध	यमुना	देहरादून	61	---
मनेरी भाली	भागीरथी	उत्तरकाशी	39	246
धौलीगंगा परियोजना	धौलीगंगा	धारनूली	---	280
पंचेश्वर बांध परियोजना	काली नदी	धारचूला	---	500

टिहरी बांध परियोजना : टिहरी बांध का निर्माण गढ़वाल हिमालय की महत्त्वपूर्ण नदी भागीरथी और सहायक भिलंगना के संगम स्थल से 1.5 कि॰मी॰ नीचे टिहरी में किया जा रहा है। परियोजना के अन्तर्गत नदी तल से 260.5 मीटर ऊँचा चट्टान निर्मित (रॉक फिल) बाँध बनाए जाने का प्रावधान है। बाँध के पीछे निर्मित 'स्वामी रामतीर्थ सागर' भागीरथी घाटी में 45 कि॰मी॰ तथा भिलंगना घाटी में 25 कि॰मी॰ तक विस्तृत होगा, जिसमें 32.2 बिलियन घन मीटर जल एकत्र होगा। जलाशय की जलग्रहण क्षमता 2,615 मिलियन घन मीटर होगी। इसके फलस्वरूप ऊपरी गंगा प्रवाह क्षेत्र से प्रतिवर्ष 7,400 मिलियन घन मीटर व्यर्थ बह जाने वाले जल का सदुपयोग किया जायेगा। इस एकत्र जल से गंगा-यमुना दोआब में 2.70 लाख हेक्टेयर भूमि में सिंचाई की जा सकेगी तथा 340 मेगावाट जलविद्युत 90 प्रतिशत उपलब्धता पर उत्पन्न की जायेगी। जल के सतत् प्रवाह को बनाये रखने के लिए टिहरी से 22 कि॰मी॰ नीचे कोटेश्वर नामक स्थान पर एक अन्य बांध बनाया जाएगा, जिससे 150 मेगावाट अतिरिक्त जलविद्युत प्राप्त होगी। इस परियोजना से बाढ़-नियन्त्रण, पर्यटन विकास, मत्स्य पालन के अतिरिक्त 500 क्यूसेक पेयजल दिल्ली को उपलब्ध कराया जायेगा। 27 मीटर गहरे और 1,100 मीटर लम्बे परियोजना के आधार का निर्माण पूरा हो चुका है और अब बांध को बाढ़ के खतरे से बचाने के लिए कॉफर बांध का निर्माण किया गया है।

1972 में योजना आयोग ने टिहरी बांध परियोजना को स्वीकृति दी थी। 30 जुलाई, 2006 को टिहरी पनबिजली कांप्लेक्स परियोजना के पहले चरण में बिजली उत्पादन शुरू हो गया। इस चरण को टिहरी बांध व पनबिजली परियोजना के नाम से जाना जाता है। 30 जुलाई, 2006 को इस महत्त्वाकांक्षी पनबिजली परियोजना की 250 मेगावाट की पहली इकाई चालू हुई। पूर्व केंद्रीय विद्युत मंत्री सुशील कुमार शिंदे ने बटन दबाकर जमीन के नीचे बने सयंत्र को चालू किया। बहुचर्चित टिहरी पनबिजली कांप्लेक्स परियोजना कुल मिलाकर 2400 मेगावाट की है। इसके तीन चरण हैं। फिलहाल इसके 1000 मेगावाट के पहले चरण (टिहरी बांध एवं पनबिजली संयंत्र) को पूरा किया जा सका है। इसमें 250 मेगावाट की चार यूनिटें हैं। पहली यूनिट 30 जुलाई को चालू हुई। इसके बाद एक-एक कर बाकी तीन इकाइयों को चालू किया जाएगा। इसमें कुछ वक्त लग सकता है। चारों इकाइयों के चालू होने से पूरे 1000 मेगावाट बिजली बनने लगेगी, जिससे उत्तरी राज्यों को बिजली संकट से राहत मिलने की उम्मीद है। खासकर इससे दिल्ली को सबसे ज्यादा फायदा होगा क्योंकि उसने टिहरी पनबिजली निगम के साथ 600 मेगावाट बिजली खरीद का समझौता कर लिया है। नियमानुसार इसकी 12 फीसदी बिजली उत्तराखंड को मुफ्त में मिलेगी।

टिहरी जल विद्युत परियोजना : एक नजर में

1. टिहरी बांध डिजायनकर्ता   –   प्रो. जेम्स ब्रून
2. योजना आयोग द्वारा   –   1972
   बांध परियोजना की स्वीकृति
3. बांध का निर्माण कार्य शुरू   –   1978
4. प्रभावित आबादी   –   1 लाख
5. शहरी आबादी   –   5,291 परिवार

6.	ग्रामीण आबादी	—	9,290 परिवार
7.	पुनर्वास पर खर्च	—	582 करोड़ रु.
8.	लागत	—	6500 करोड़ रु.
9.	ऊँचाई	—	260.5 मीटर
10.	कुल जल भराव	—	45 वर्ग किलोमीटर
11.	विद्युत उत्पादन क्षमता	—	2400 मेगावाट
12.	संभावित सिंचाई	—	2.7 लाख हेक्टेयर भूमि
13.	पेयजल	—	उत्तर प्रदेश के 30 लाख और दिल्ली के 40 लाख निवासी

मनेरी भाली परियोजना : 304 मेगावाट की यह परियोजना उत्तराखंड के उत्तरकाशी जिले में स्थित है। इस परियोजना पर 1976 में कार्य शुरू किया गया था। इस परियोजना की लागत 82 करोड़ रुपए अनुमानित थी। कुल 153 करोड़ रुपए खर्च किए जाने के बाद भी धनाभाव के कारण 1990 में इस परियोजना पर कार्य बन्द कर दिया गया था। पावर फाइनेंस कार्पोरेशन द्वारा राज्य सरकार को 800 करोड़ रुपए का ऋण उपलबध कराए जाने पर 12 वर्ष के अन्तराल पर इस परियोजना पर पुनः कार्य शुरू करके इसे पूरा किया गया।

धारचूला पनबिजली परियोजना : धारचूला पनबिजली परियोजना पिथौरागढ़ जिले के पास धौलीगंगा नदी पर बन रही है। इस योजना पर जापान की काजिमा और दक्षिण कोरिया की डेबु कम्पनी कार्य कर रही हैं। यह पनबिजली परियोजना 280 मेगावाट की है। इस परियोजना में उत्तराखंड को 12% बिजली निःशुल्क दी जाएगी और शेष बिजली उत्तराखंड को लागत मूल्य पर बेची जाएगी। इस परियोजना में पैदा होने वाली बिजली उत्तराखंड के अतिरिक्त उत्तर प्रदेश, हिमाचल प्रदेश, हरियाणा, पंजाब और दिल्ली को भी दी जाएगी।

उत्तराखंड में प्रमुख विद्युत उत्पादन इकाइयाँ व इनकी उत्पादन क्षमता

क्र. सं.	परियोजना का नाम	जिला/स्थान	नदी का नाम	उत्पादन क्षमता (मेगावाट)	चालू वर्ष/ स्थापना वर्ष
1.	चिल्ला	पौड़ी	गंगा	144	1980-81
2.	खोदरी	देहरादून	गंगा	120	1983-84
3.	छिबरा	देहरादून	टोन्स	240	1974-76
4.	ढकरानी	देहरादून	यमुना	33.75	1965-70
5.	मनेरी भाली (प्रथम चरण)	उत्तरकाशी	भागीरथी	90	1984-85
6.	खटीमा	नैनीताल	शारदा	41.4	1954-55
7.	रामगंगा	पौड़ी	रामगंगा	198	1975-76
8.	ढालीपुर	देहरादून	यमुना	51	1965-70
9.	टनकपुर	नैनीताल	शारदा	120	—
10.	कुल्हाल	देहरादून	यमुना	30	1974-96

जल विद्युत निगम द्वारा चिह्नित गढ़वाल की लघु जल विद्युत परियोजनाएँ

क्र. सं.	परियोजना	जनपद	नदी	विद्युत उत्पादन (मेगावाट)
1.	गौरीकुंड न्यालसू	रुद्रप्रयाग	मंदाकिनी	15
2.	राम बाड़ा गौरीकुंड	रुद्रप्रयाग	मंदाकिनी	24 (14)
3.	फाटा ब्यूंग	रुद्रप्रयाग	मंदाकिनी	18 (14)
4.	उरगम	चमोली	अलकनंदा	3.8
5.	उरगम द्वितीय	चमोली	अलकनंदा	–
6.	अलकनंदा प्रथम	चमोली	अलकनंदा	15.0
7.	अलकनंदा द्वितीय	चमोली	अलकनंदा	10
8.	लक्ष्मण गंगा	चमोली	अलकनंदा	4.4
9.	झोर (कशोर) गंगा	चमोली	अलकनंदा	4.0
10.	बिहरी गंगा द्वितीय	चमोली	अलकनंदा	4.5
11.	नंदाकिनी प्रथम	चमोली	अलकनंदा	1.8
12.	नंदाकिनी द्वितीय	चमोली	अलकनंदा	6.2
13.	नंदाकिनी तृतीय	चमोली	अलकनंदा	4.2
14.	कालोगंगा प्रथम	रुद्रप्रयाग	अलकनंदा	4.6
15.	कालोगंगा द्वितीय	रुद्रप्रयाग	अलकनंदा	6.0
16.	गौरीकुंड	रुद्रप्रयाग	अलकनंदा	13.2
17.	फाटा भ्युग	रुद्रप्रयाग	अलकनंदा	9.7
18.	मदमहेश्वर	रुद्रप्रयाग	अलकनंदा	5.6
19.	मंदाकिनी प्रथम	रुद्रप्रयाग	अलकनंदा	7.5
20.	मंदाकिनी द्वितीय	रुद्रप्रयाग	अलकनंदा	6.0
21.	मंदाकिनी तृतीय	रुद्रप्रयाग	अलकनंदा	1.32
22.	बालगंगा प्रथम	टिहरी	भागीरथी	5.4
23.	बालगंगा द्वितीय	टिहरी	भागीरथी	7.0
24.	भिलंगना प्रथम	टिहरी	भागीरथी	10.5
25.	भिलंगना द्वितीय	टिहरी	भागीरथी	8.4
26.	हनुमान गंगा	उत्तरकाशी	यमुना	5.5
27.	यमुना प्रथम (पालीगाड)	उत्तरकाशी	यमुना	3.6
28.	वर्नी गाड	टिहरी	यमुना	6.5
29.	बडियार	उत्तरकाशी	यमुना	3.0
30.	हनुमान गाड	उत्तरकाशी	यमुना	3.0
31.	ककोनी गाड	उत्तरकाशी	भागीरथी	3.6
32.	कालन्दी गाड	उत्तरकाशी	भागीरथी	7.0

33.	असागंगा प्रथम	उत्तरकाशी	भागीरथी	4.5
34.	असागंगा द्वितीय	उत्तरकाशी	भागीरथी	3.0
35.	असागंगा तृतीय	उत्तरकाशी	भागीरथी	3.0
36.	जलोन्धरो रोड	उत्तरकाशी	भागीरथी	4.0
37.	पिलान गाड द्वितीय	उत्तरकाशी	भागीरथी	4.0
38.	सुपिन	उत्तरकाशी	टोंस	11.2
39.	टोंस	उत्तरकाशी	टोंस	14.4
40.	पबर	देहरादून	टोंस	5.2

उत्तराखंड की लघु जल विद्युत योजनाएँ

क्र.सं.	जल विद्युत योजनाएँ	क्षमता (मेगावाट)	सक्रिय/निष्क्रिय
1.	पाडूकेश्वर	0.750	120 किलोवाट पैदा हो रही है
2.	गुप्तकाशी	0.200	निष्क्रिय
3.	हर्षिल	0.200	25 किलोवाट पैदा हो रही है
4.	भटवाड़ी	0.050	25 किलोवाट पैदा हो रही है
5.	चमोली	0.800	2 वर्षों से बंद
6.	धारचूला	0.200	निष्क्रिय
7.	मुनस्यारी	0.800	निष्क्रिय
8.	चंपावत	0.200	निष्क्रिय
9.	बागेश्वर	0.050	निष्क्रिय
10.	केदारनाथ	0.020	30 किलोवाट पैदा हो रही है
11.	तपोवन	0.800	80 किलोवाट पैदा हो रही है
12.	गंगोत्री	0.001	निष्क्रिय
13.	बद्रीनाथ	0.3	निष्क्रिय
14.	कुमायूँ	0.50	निष्क्रिय
15.	जनपद टिहरी तिलवाड़ा	0.020	6 वर्षों से बंद
16.	दुर्गापुर नैनीताल	1.050	निष्क्रिय
17.	थराली	0.200	3 वर्षों से बंद
18.	जनपद-गलोगी-जनपद-चमोली	3	पिछले 10 वर्षों से बंद
19.	गंगोरी	0.800	जुलाई, 90 से बंद

सर्वेक्षित जल विद्युत परियोजनाएं

क्र. सं.	परियोजना का नाम	जिला	नदी	क्षमता (मेगावाट)
1.	लोहारी नागपाल	उत्तरकाशी	भागीरथी	520
2.	पाला मनेरी	उत्तरकाशी	भागीरथी	400

क्र. सं.	परियोजना का नाम	जिला	नदी	क्षमता (मेगावाट)
3.	भैरों घाटी प्रथम	उत्तरकाशी	भागीरथी	1,000
4.	भैरों घाटी द्वितीय	उत्तरकाशी	भागीरथी	324
5.	हनोल-ब्यूनी	उत्तरकाशी	टोंस	26
6.	आराकोट-ब्यूनी	उत्तरकाशी	पब्बर	62
7.	हनुमान चट्टी/स्याना चट्टी	उत्तरकाशी	यमुना	33
8.	बड़कोट कुवां	उत्तरकाशी	यमुना	25
9.	स्याना चट्टी/गंगनानी	उत्तरकाशी	यमुना	45
10.	कुंग डामरा	उत्तरकाशी	यमुना	126
11.	तालुका-सांकरी	उत्तरकाशी	टोंस	60
12.	जखोल-सांकरी	उत्तरकाशी	सुपिन	60
13.	सांकरी-मोरी	उत्तरकाशी	टोंस	90
14.	छतरा बांध	उत्तरकाशी/देहरादून	टोंस	225
15.	विष्णु प्रयाग	चमोली	अलकनंदा	360
16.	तपोवन विष्णु प्रयाग	चमोली	धौलीगंगा	360
17.	बोवाला-नंद प्रयाग	चमोली	अलकनंदा	132
18.	लोटा-तपोवन	चमोली	धौलीगंगा	108
19.	बगोली बांध	चमोली	पिंडर	80
20.	पाडली बांध	चमोली	पिंडर	50
21.	कर्णप्रयाग	चमोली	अलकनंदा	160
22.	गौरीकुंड	चमोली	मंदाकिनी	9
23.	चुनी सेमी	चमोली	मंदाकिनी	26
24.	भियुन्डर गंगा	चमोली	भियुन्डर	20
25.	विष्णु गाड (पीपल कोटी)	चमोली	अलकनंदा	340
26.	भरकूला-लाटा	चमोली	धौलीगंगा	45
27.	फाटा-भ्युग	चमोली	मंदाकिनी	13.5
28.	रामबारा-गौरीकुंड	चमोली	मंदाकिनी	14.7
29.	सिगोली-भटवाड़ी	चमोली	मंदाकिनी	43
30.	किसाऊ बांध	देहरादून	टोंस	600
31.	लखवार	देहरादून	यमुना	300
32.	व्यासी	देहरादून	यमुना	120
33.	कटा पत्थर	देहरादून	यमुना	19
34.	ल्यूनी-भेल	देहरादून	टोंस	50
35.	श्रीनगर	पौड़ी	अलकनंदा	330
36.	कोटली भेल	पौड़ी/टिहरी	गंगा	1,000
37.	उत्यासू बांध	पौड़ी	अलकनंदा	1,000
38.	टिहरी बांध प्रथम	टिहरी	भागीरथी	1,000
39.	टिहरी बांध द्वितीय	टिहरी	भागीरथी	400
40.	कोटेश्वर बांध	टिहरी	भागीरथी	400
41.	भिलंगना	टिहरी	भिलंगना	19

विद्युत एवं जलप्रदाय

(A) विद्युत् उपभोग (2015-16)

1. घरेलू — 2391.15 मेगायूनिट वाट
2. वाणिज्य — 1637.19 मेगायूनिट वाट
3. औद्योगिक — 5719.58 मेगायूनिट वाट
4. सड़क का प्रकाश — 45.37 मेगायूनिट वाट
5. कृषि — 141.03 मेगायूनिट वाट

(B) ग्रामीण उपभोग (2015-16)

1. विद्युतीकृत ग्राम — (संख्या) 15,571
2. पम्पसेट/नलकूप (जलनिगम) — (संख्या) 28,936

(C) पेयजल प्रदाय (2015-16)

1. गाँव — संख्या 15426
2. जनसंख्या — (संख्या लाख) 72.01
3. कमी वाले ग्राम — (संख्या) 02

उत्तराखंड में विभिन्न उपक्रमों के अधीन निर्माणाधीन परियोजनाएं

उपक्रम	THDC	NTPC	NHPC	SJVNL	IPPS (अति लघु परियोजनाएं)		
निर्माणाधीन परियोजनाएं	विष्णु-पी-पलकोटि (250 MW)	लोहरनाग पाल (600 MW)	लखवार व्यासी (200 MW)	देवसारी बाँध (300 MW)	विष्णु प्रयाग	अलकनंदा	गोरीकुण्ड
	किसाऊ बाँध	लता तपोवन (171 MW)	कोटी भेल (240 MW)	नटवारमोरी (33 MW)	श्रीनगर	मपंग वोगुडियार	फाटा-ब्यूंग
	मलेरी झेलम (35 MW)	तपोवन विष्णुगाड (520 MW)	खरतोलीलुमटी (55 MW)	जखोल सांकरी (35 MW)	हनोलत्यूनी	वोगडियार सांकरीभोल	जिम्बागाड
	जाड़गंगा (600 MW)	रुपसियाबगड़ खसियाबाड़ा (260 MW)	छुंगारचाल (240 MW)		भिलंगना-III	सिंगोली भटवाड़ी	नंदाकिनी-III
	वोकांग-बेलिंग (330 MW)		गरवातवा घाट (600 MW)		उर्थिंग सोबला	मोरी हनोल	विरहीगंगा-I
	झेलम तमक (60 MW)				राम बाड़ा		विरही गंगा-II
	करमोली (140 MW)						
	गोहनाताल (50 MW)						

24

प्रदेश की अर्थव्यवस्था

उत्तराखंड में कृषि योग्य भूमि की अनुपलब्धता के कारण यहाँ के लोगों को रोजगार की तलाश में देश के अन्य भागों में जाना पड़ता है। बाहर से कमाकर यहाँ पैसा भेजने के कारण उत्तराखंड की अर्थव्यवस्था को 'मनीआर्डर अर्थव्यवस्था' कहा जाता है। उत्तराखंड के लोगों के रोजगार के प्रमुख क्षेत्र सेना, अर्द्धसैनिक संगठन, सरकारी नौकरियाँ, पुलिस, निजी क्षेत्र की नौकरियाँ, होटल, सिक्यूरटी आदि हैं।

उत्तराखंड का खाता कुल 2,192.08 करोड़ रुपए से 9 नवम्बर, 2000 को खुला। उत्तराखंड को लगभग 2,600 करोड़ रुपए की कुल ऋण देनदारी विरासत में मिली है। एक सरकारी सूचना के अनुसार उत्तराखंड के उत्तर प्रदेश से अलग होने से पूर्व उत्तर प्रदेश की कुल ऋण देनदारी 780 अरब रुपए थी। उत्तराखंड के अलग होने के समय उत्तरप्रदेश ने इसमें से 5.3 प्रतिशत की ऋण देनदारी उत्तराखंड को हस्तान्तरित कर दी है।

भारत सरकार ने योजना आयोग (अब नीति आयोग) की संस्तुति पर उत्तराखंड को 1 अप्रैल, 2001 से विशेष राज्य का दर्जा प्रदान कर दिया है। इस प्रकार विशेष सुविधा पाने वाला उत्तराखंड देश का 11वाँ राज्य बन गया है। विशेष राज्य का दर्जा पाने वाले 10 अन्य राज्य असम, नगालैण्ड, जम्मू-कश्मीर, हिमाचल प्रदेश, मणिपुर, मेघालय, त्रिपुरा, सिक्किम, अरुणाचल प्रदेश तथा मिजोरम हैं।

विशेष श्रेणी का दर्जा प्राप्त राज्यों को अनेक ऐसी सुविधाएं प्राप्त होने लगती हैं जो सामान्य श्रेणी के राज्यों को नहीं प्राप्त होती हैं। विशेष श्रेणी के राज्यों को केन्द्रीय सहायता एक विशेष मापदण्ड पर मिलती है। केन्द्रीय सहायता में 90 प्रतिशत भाग अनुदान का तथा शेष 10 प्रतिशत भाग ऋणों का होता है। अन्य राज्यों को प्राप्त होने वाली केन्द्रीय सहायता में 70 प्रतिशत भाग अनुदान का तथा 30 प्रतिशत भाग ऋणों का होता है।

उत्तराखंड के वित्तीय संसाधन

- **पानीः** गंगा, यमुना, टोंस, काली, गोरी, रामगंगा सहित सभी प्रमुख नदियाँ उत्तराखंड से ही निकलती हैं।
- **वनः** 2000 से ऊपर कीमती जड़ी-बूटियों सहित विशाल वन सम्पदा।
- **पर्यटनः** सांस्कृतिक, धार्मिक, साहसिक पर्यटन।
- **खनिजः** मैग्नेसाइट, ग्रेनाइट, ग्रेफाइट, डोलोमाइट, फास्फोराइट, वेराइट, जिप्सम, तांबा, खड़िया आदि।
- **उत्पादनः** फल, फूल, चारा, मशरूम, मत्स्य, कस्तूरी, रेशम, ऊन।
- **बिजलीः** 1305 मेगावाट संस्थापित क्षमता।

उत्तराखंड में बैंक शाखाओं की संख्या (2015-2016)

1.	राष्ट्रीयकृत बैंक	1472
2.	क्षेत्रीय ग्रामीण बैंक	287
3.	अन्य निजी बैंक	182
4.	सहकारी बैंक	243

व्यावसायिक बैंकों में जमा धनराशि (2015-2016)

1.	जमा	₹ 91463 करोड़
2.	ऋण वितरण	₹ 49848 करोड़
3.	सी डी अनुपात	55 प्रतिशत
4.	प्राथमिक क्षेत्र के ऋणों का वितरण	₹ 12973 करोड़
	(i) कृषि एवं सहायक सेवाएं	₹ 6075 करोड़
	(ii) लघु उद्योग	₹ 6898 करोड़

राज्य में जिलेवार कर्मियों की जनसंख्या

क्र.सं.	जिला	कुल कर्मी	जिले की जनसंख्या का प्रतिशत
1.	हरिद्वार	4,25,263	29.39
2.	ऊधम सिंह नगर	3,92,156	31.74
3.	नैनीताल	2,78,947	36.56
4.	टिहरी गढ़वाल	2,64,715	43.77
5.	चमोली	1,64,729	44.48

क्र.सं.	जिला	कुल कर्मी	जिले की जनसंख्या का प्रतिशत
6.	बागेश्वर	1,18,844	47.64
7.	चम्पावत	90,208	40.17
8.	देहरादून	4,00,475	31.23
9.	अल्मोड़ा	2,92,182	46.34
10.	गढ़वाल	2,69,871	38.71
11.	पिथौरागढ़	1,98,709	42.98
12.	उत्तरकाशी	1,35,904	46.07
13.	रुद्र प्रयाग	1,02,033	44.86

राज्य के जिलों की कार्य सहभागिता दर

क्र. सं.	जिले का नाम	कार्य सहभागिता दर		
		व्यक्ति	पुरुष	महिलाएं
1.	उत्तरकाशी	46.07	48.28	43.71
2.	चमोली	44.48	44.90	44.06
3.	रुद्र प्रयाग	44.86	42.32	47.15
4.	टिहरी गढ़वाल	43.77	45.06	42.53
5.	देहरादून	31.23	47.78	12.57
6.	गढ़वाल	38.71	40.79	36.84
7.	पिथौरागढ़	42.98	43.40	42.58
8.	बागेश्वर	47.64	45.14	49.90
9.	अल्मोड़ा	46.34	44.55	47.92
10.	चम्पावत	40.17	43.49	36.93
11.	नैनीताल	36.56	48.06	23.93
12.	ऊधमसिंह नगर	31.74	48.03	13.68
13.	हरिद्वार	29.39	47.20	8.79

उत्तराखंड में 12वीं पंचवर्षीय योजना की कार्यप्रणाली

उत्तराखण्ड राज्य की बारहवीं पंचवर्षीय योजना (2012-2017) के अन्तर्गत 11% वार्षिक वृद्धि दर का अनुमान व्यक्त किया गया है। इस पंचवर्षीय योजना में ₹ 97,970 करोड़ का निजी क्षेत्र का और ₹ 65,300 करोड़ का सार्वजनिक निवेश प्रस्तावित है।

राष्ट्रीय विकास परिषद् तथा केन्द्रीय योजना आयोग की संस्तुतियों के आधार पर नई पंचवर्षीय योजना में उत्तराखण्ड के त्वरित विकास के सन्दर्भ में अग्रलिखित नीतियों एवं प्राथमिकताओं को निर्दिष्ट किया गया है—

- अन्य पर्वतीय क्षेत्रों के समान प्रति व्यक्ति क्षेत्रीय सहायता तथा विनियोग में वृद्धि का प्रयास।
- न्यूनतम आवश्यक सेवाओं को सृजित करने हेतु पर्याप्त धन की व्यवस्था की जाएगी।
- पारिस्थितिकी/पर्यावरण संरक्षण तथा सम्वर्द्धन को प्रमुखता के साथ लागू किया जाएगा।
- कृषि क्षेत्र में आधारभूत परिवर्तन करते हुए उत्तराखण्ड क्षेत्र की महुवा तथा मदिरा पर आधारित अर्थव्यवस्था में आमूल परिवर्तन किया जाएगा।
- वाटर हार्वेस्टिंग (Water Harvesting) उपायों के माध्यम से राज्य की 'हाइड्रोलॉजी एवं वाटर रेजिम' में पर्याप्त सुधार का प्रयास किया जाएगा तथा ही पोलिथिन टैंक, हाईड्रम, स्प्रिंकलर, ड्रिप सिंचाई तथा उपयुक्त एग्रोनोमिक प्रेक्टिसेज के माध्यम से सही जल प्रबन्ध को सुनिश्चित किया जाएगा।
- रोजगार के अवसरों में वृद्धि हेतु लोगों को प्रशिक्षित कर उनकी कार्यकुशलता में अभिवृद्धि की जाएगी।
- क्षेत्र की आवश्यकता के अनुरूप अभिज्ञानित प्रयोजनाओं को प्रोजेक्ट एप्रोच के आधार पर लागू किया जाएगा।
- क्षेत्र में प्रदूषण रहित कुटीर उद्योग तथा लघु उद्योगों की स्थापना पर बल दिया जाएगा।
- शहरी तथा ग्रामीण क्षेत्र से सम्बन्धित स्थानीय निकायों को अधिकारयुक्त बनाया जाएगा।
- वर्तमान प्रशासनिक एवं विकास ढांचे को पुनर्गठित एवं समरूप बनाया जाएगा।
- अनुसूचित जाति/अनुसूचित जनजाति के हितों की रक्षा हेतु विशेष योजना।

सामाजिक-आर्थिक विकास हेतु संचालित योजनाएं

1. प्रधानमंत्री रोजगार योजना
2. स्वर्ण जयंती शहरी रोजगार योजना
3. वाल्मीकि अम्बेडकर आवास योजना
4. सार्वभौमिक स्वास्थ्य जीवन बीमा योजना
5. जनश्री बीमा योजना
6. अन्त्योदय अन्न योजना
7. वरिष्ठ नागरिक बचत योजना
8. अन्नपूर्णा योजना

ग्रामीण विकास कार्यक्रम

1. राष्ट्रीय ग्रामीण रोजगार गारण्टी योजना
2. भारत निर्माण योजना
3. उत्तराखंड सार्वभौमिक रोजगार योजना
4. स्वर्ण जयन्ती ग्राम स्वरोजगार योजना
5. ग्रामीण रोजगार सृजन कार्यक्रम
6. आजीविका योजना
7. ऋण-सह-अनुदान ग्रामीण आवास योजना
8. राष्ट्रीय ग्रामीण स्वास्थ्य मिशन
9. त्वरित ग्रामीण जलापूर्ति कार्यक्रम
10. राजीव गांधी राष्ट्रीय जल मिशन
11. ग्रामीण संचार सेवक योजना
12. रूरल सेनीटेशन प्रोग्राम
13. गरीबी निरोधक कार्यक्रम
14. कुटीर ज्योति कार्यक्रम
15. स्वर्ण जयन्ती ग्रामीण आवास वित्त योजना
16. समग्र आवास योजना
17. ग्रामीण विकास और पर्यावरण का अभिनव कार्यक्रम
18. सम्पूर्ण स्वच्छता अभियान
19. प्रधानमंत्री ग्रामीण जल संवर्द्धन योजना
20. प्रधानमंत्री ग्राम सड़क योजना
21. व्यक्तिगत दुर्घटना सहायता योजना
22. इन्दिरा आवास योजना
23. राष्ट्रीय उन्नत चूल्हा कार्यक्रम
24. खेतिहर मजदूर बीमा योजना

25

जिलों का संक्षिप्त परिचय

उत्तरकाशी

- भौगोलिक विस्तार — 30°22' से 31°25' उत्तरी अक्षांश, 71°51' से 79°27' पूर्वी देशांतर के मध्य
- मंडल — गढ़वाल
- क्षेत्रफल — 8,016 वर्ग किमी.
- स्थापना वर्ष — 1960
- मुख्यालय — उत्तरकाशी
- जनसंख्या (2011 के अनुसार) — 330086
- पुरुष — 168597
- महिला — 161489
- दशकीय वृद्धि दर — 11.89%
- लिंगानुपात (प्रति 1000 पुरुषों पर महिलाओं की संख्या) — 958
- जनसंख्या घनत्व — 41 प्रति वर्ग किमी.
- साक्षरता दर — 75.80%
- पुरुष साक्षरता दर — 88.80%
- महिला साक्षरता दर — 62.40%
- ग्रामीण जनसंख्या — 3,05,781
- नगरीय जनसंख्या — 24,305

- प्रमुख मंदिर   —   परशुराम मंदिर, विश्वनाथ मंदिर, दत्तात्रेय मंदिर, अन्नपूर्णा मंदिर
- प्रमुख नदी   —   भागीरथी
- नदियों का उद्गम स्थल   —   गंगा, यमुना
- विधानसभा क्षेत्रों की संख्या   —   3
- नगर पालिका (2015-16)   —   1
- नगर पंचायत (2015-16)   —   4
- तहसीलों की संख्या (2015-16)   —   6
- विकास खंडों की संख्या (2015-16)   —   6
- पर्यटक स्थल   —   गंगोत्री, यमुनोत्री, हरकी दून, गौमुख

चमोली

- भौगोलिक विस्तार   —   30°25'-31°25' उत्तरी अक्षांश से 79°-19' पूर्वी देशांतर
- मंडल   —   गढ़वाल
- क्षेत्रफल   —   8,030 वर्ग किमी.
- स्थापना वर्ष   —   1960
- मुख्यालय   —   गोपेश्वर
- जनसंख्या (2011 के अनुसार)   —   3,91,605
- पुरुष   —   1,93,991
- महिला   —   1,97,614
- दशकीय वृद्धि दर   —   5.74%
- लिंगानुपात (प्रति 1000 पुरुषों पर महिलाओं की संख्या)   —   1019
- जनसंख्या घनत्व   —   49 प्रति वर्ग किमी.
- साक्षरता दर   —   82.80%
- पुरुष साक्षरता दर   —   93.40%
- महिला साक्षरता दर   —   72.30%
- ग्रामीण जनसंख्या   —   3,32,029
- नगरीय जनसंख्या   —   59,396

- प्रमुख मंदिर — रुद्रनाथ, बद्रीनाथ, अनुसूया देवी मंदिर, आदि बद्री धाम, हेमकुंड, कल्पेश्वर, कर्ण प्रयाग, नंद प्रयाग, विष्णु प्रयाग।
- प्रमुख त्योहार व मेले — शिवरात्रि, विश्वट संक्रांति नंदा देवी, मदमहेश्वर, मार्कंडेय आदि।
- समुद्र तल से ऊँचाई — 1200 मीटर
- भाषा — हिंदी, गढ़वाली
- प्रमुख नदियाँ — अलकनंदा, मन्दाकिनी, पिंडर
- प्रमुख फसलें — गेहूँ, टमाटर
- खनिज पदार्थ — स्वर्ण, जिंक, तांबा, लोहा डोलोमाइट
- विधानसभा क्षेत्रों की संख्या — 4
- नगरपालिका (2015-16) — 2
- नगर पंचायत (2015-16) — 4
- तहसीलों की संख्या (2015-16) — 7
- विकास खंड़ों की संख्या (2015-16) — 9
- पर्यटक स्थल — बद्रीनाथ, फूलों की घाटी, काग भुसन्ड ताल, कर्ण प्रयाग, चमोली, नंदा देवी राष्ट्रीय पार्क

रुद्र प्रयाग

- भौगोलिक विस्तार — 29°55' 37" से 31°28' 01" उत्तरी अक्षांश और 78°54' 04" से 79°2'00" पूर्वी देशांतर के मध्य
- मंडल — गढ़वाल
- क्षेत्रफल — 1,984
- स्थापना वर्ष — 1995
- मुख्यालय — रुद्र प्रयाग
- जनसंख्या (2011 के अनुसार) — 2,42,285
- पुरुष — 1,14,589
- महिला — 1,27,696
- दशकीय वृद्धि दर — 6.53%
- लिंगानुपात (प्रति 1000 पुरुषों पर महिलाओं की संख्या) — 1114
- जनसंख्या घनत्व — 122 प्रति वर्ग किमी.

- साक्षरता दर — 83.10%
- पुरुष साक्षरता दर — 93.90%
- महिला साक्षरता दर — 70.40%
- ग्रामीण जनसंख्या — 2,32,360
- नगरीय जनसंख्या — 9,925
- भाषा — हिंदी, गढ़वाली
- विधानसभा क्षेत्रों की संख्या — 2
- नगरपालिका (2015-16) — 0
- नगर पंचायत (2015-16) — 2
- तहसीलों की संख्या (2015-16) — 3
- विकास खंड़ों की संख्या (2015-16) — 3
- पर्यटक स्थल — केदारनाथ, गुप्तकाशी, गौरी कुण्ड, रुद्र प्रयाग, चौखम्बा पर्वत, देवरिया ताल, बासुकी ताल, कानताल

टिहरी गढ़वाल

- भौगोलिक विस्तार — 30°3' से 30°53' उत्तरी अक्षांश तथा 77°56'-79°04' पूर्वी देशांतर के मध्य
- मंडल — गढ़वाल
- क्षेत्रफल — 3,642 वर्ग किमी.
- स्थापना वर्ष — 1948
- मुख्यालय — नई टिहरी
- जनसंख्या (2011 के अनुसार) — 6,18,931
- पुरुष — 2,96,986
- महिला — 3,20,945
- दशकीय वृद्धि दर — 2.35%
- लिंगानुपात (प्रति 1000 पुरुषों पर महिलाओं की संख्या) — 1077
- जनसंख्या घनत्व — 170 प्रति वर्ग किमी.
- साक्षरता दर — 74.40%

- पुरुष साक्षरता दर — 89.80%
- महिला साक्षरता दर — 64.30%
- ग्रामीण जनसंख्या — 5,48,792
- नगरीय जनसंख्या — 70,139
- विधानसभा क्षेत्रों की संख्या — 6
- नगरपालिका (2015-16) — 2
- नगर पंचायत (2015-16) — 4
- तहसीलों की संख्या (2015-16) — 10
- उपतहसील (2015-16) — 1
- विकास खंडों की संख्या (2015-16) — 10
- पर्यटक स्थल — देवप्रयाग, नरेन्द्र नगर

देहरादून

- मंडल — गढ़वाल
- क्षेत्रफल — 3,088 वर्ग किमी.
- स्थापना वर्ष — 1815
- मुख्यालय — देहरादून
- जनसंख्या (2011 के अनुसार) — 16,96,694
- पुरुष — 8,92,199
- महिला — 8,04,495
- दशकीय वृद्धि दर — 32.33%
- लिंगानुपात (प्रति 1000 पुरुषों पर महिलाओं की संख्या) — 902
- जनसंख्या घनत्व — 549 व्यक्ति प्रति वर्ग किमी.
- साक्षरता दर — 84.20%
- पुरुष साक्षरता दर — 89.40%
- महिला साक्षरता दर — 78.50%
- ग्रामीण जनसंख्या — 7,54,753
- नगरीय जनसंख्या — 9,41,941

- वन क्षेत्र (2017) — 1605 वर्ग किमी.
- भाषा — गढ़वाली, कुमायुँनी, हिंदी, सिंधी, पंजाबी
- प्रमुख नदियाँ — गंगा, यमुना, टोंस, बिंदल, सांग आदि।
- फल — आम, अमरूद, अंगूर, लीची, स्ट्राबेरी, संतरा आदि।
- प्रमुख संस्थान — इंडियन मिलिट्री एकेडमी; वन शोध संस्थान, इंडियन इन्स्टीट्यूट ऑफ पेट्रालियम, सर्वे ऑफ इंडिया, तेल एवं प्राकृतिक गैस आयोग
- प्रमुख मेले व त्योहार — झंडा मेला, मारू सिद्ध लक्ष्मणेश्वर मेला, बिस्सू मेला, महासू देवता मेला, टपकेश्वर मेला, चकराता मेला, गांधी मेला, ज्येष्ठा, दशहरा, शिवरात्रि, माता भद राज, चंदरबनी, अंबिका देवी।
- समुद्र तल से ऊँचाई — 640 मीटर
- प्रमुख मंदिर — नीलकंठ महादेव मंदिर, शंतुला देवी मंदिर, सुरकंडा देवी मंदिर आदि।
- उत्तराखंड का एक मात्र नगर निगम — देहरादून
- विधानसभा क्षेत्रों की संख्या — 9
- नगरपालिका (2015-16) — 3
- नगर पंचायत (2015-16) — 2
- तहसीलों की संख्या (2015-16) — 7
- उपतहसील (2015-16) — 1
- विकास खंड़ों की संख्या (2015-16) — 6
- पर्यटक स्थल — मसूरी, ऋषिकेश, देहरादून, राजाजी पार्क

पौड़ी गढ़वाल

- भौगोलिक विस्तार — 29°2' उत्तरी अक्षांश से 30°25' उत्तरी अक्षांश तक 78°12' पूर्वी देशान्तर से 79°2' पूर्वी देशांतर के मध्य
- मंडल — गढ़वाल
- क्षेत्रफल — 5,329 वर्ग किमी.
- स्थापना वर्ष — 1839
- मुख्यालय — पौड़ी
- जनसंख्या (2011 के अनुसार) — 6,87,271

- पुरुष   –   3,26,829
- महिला   –   3,60,442
- दशकीय वृद्धि दर   –   –1.41%
- लिंगानुपात (प्रति 1000 पुरुषों पर महिलाओं की संख्या)   –   1,103
- जनसंख्या घनत्व   –   129 प्रति वर्ग किमी.
- साक्षरता दर   –   82%
- पुरुष साक्षरता दर   –   92.70%
- महिला साक्षरता दर   –   72.30%
- समुद्र तल से ऊँचाई   –   1814 मीटर
- भाषा   –   हिन्दी, गढ़वाली
- प्रमुख नदी   –   अलकनंदा
- ग्रामीण जनसंख्या   –   5,74,568
- नगरीय जनसंख्या   –   1,12,703
- तकनीकी शिक्षण संस्थाएं   –   जी.बी. पंत इंजीनियरिंग कॉलेज, पौड़ी
- प्रमुख मंदिर   –   ताड़केश्वर मंदिर, कोटेश्वर महादेव मंदिर, ज्वालपा देवी मंदिर, बिनसर महादेव, कमलेश्वर मंदिर, धारी देवी मंदिर।
- प्रमुख मेले व त्योहार   –   संगलाकोटी मेला, भूमि व गिरी का मेला, देवालगढ़ का मेला, मकर संक्रान्ति, बिंदेश्वरी-बिनसर
- विधानसभा क्षेत्रों की संख्या   –   8
- नगरपालिका (2015-16)   –   4
- तहसीलों की संख्या (2015-16)   –   9
- विकास खंड़ों की संख्या (2015-16)   –   15
- पर्यटक स्थल   –   श्रीनगर, पौड़ी, लैंसडाउन, सोना नदी वन्य जीव विहार

पिथौरागढ़

- भौगोलिक विस्तार   –   29°-4' और 30°-3' उत्तरी अक्षांश; 79°-45' तथा 80°-81 पूर्वी देशान्तर के मध्य

- मंडल — कुमायूँ
- क्षेत्रफल — 7,090 वर्ग किमी.
- स्थापना वर्ष — 1960
- मुख्यालय — पिथौरागढ़
- जनसंख्या (2011 के अनुसार) — 4,83,439
- पुरुष — 2,39,306
- महिला — 2,44,133
- दशकीय वृद्धि दर — 4.58%
- लिंगानुपात (प्रति 1000 पुरुषों पर महिलाओं की संख्या) — 1020
- जनसंख्या घनत्व — 68 प्रति वर्ग किमी.
- साक्षरता दर — 82.20%
- पुरुष साक्षरता दर — 92.70%
- महिला साक्षरता दर — 72.30%
- समुद्र तल से ऊँचाई — 1645 मीटर
- भाषा — हिंदी, कुमायुँनी
- प्रमुख फसलें — दालें, मक्का, मंडुवा
- प्रमुख मेले व त्योहार — नवरात्रि मेला, थाल मेला, नाग मेला, जौलबीजी, महाकाली शक्ति पीठ, पंचेश्वर, कार्तिक पूर्णिमा
- प्रमुख नदियाँ — काली गंगा, राम गंगा, धावरी, कुटी, धौली
- प्रमुख मंदिर — कपिलेश्वर महादेव, सूर्या मंदिर, महाकाली शक्तिपीठ, राम गुफा, ध्वज मंदिर
- ग्रामीण जनसंख्या — 4,13,834
- नगरीय जनसंख्या — 69,605
- विधानसभा क्षेत्रों की संख्या — 5
- नगरपालिका (2015-16) — 1
- नगर पंचायत (2015-16) — 2
- तहसीलों की संख्या (2015-16) — 11
- उपतहसील (2015-16) — 2
- विकास खंडों की संख्या (2015-16) — 8

चंपावत

- भौगोलिक विस्तार — 29°5' उत्तर से 29°30' उत्तरी अक्षांश तथा 79°59' पूर्वी देशांतर से 80°3' पूर्वी देशान्तर के मध्य
- मंडल — कुमायूँ
- क्षेत्रफल — 1,766 वर्ग किमी.
- स्थापना वर्ष — 1995
- मुख्यालय — चंपावत
- जनसंख्या (2011 के अनुसार) — 2,59,648
- पुरुष — 1,31,125
- महिला — 1,28,523
- दशकीय वृद्धि दर — 15.63%
- लिंगानुपात (प्रति 1000 पुरुषों पर महिलाओं की संख्या) — 980
- जनसंख्या घनत्व — 147 प्रति वर्ग किमी.
- साक्षरता दर — 79.80%
- पुरुष साक्षरता दर — 91.60%
- महिला साक्षरता दर — 68%
- ग्रामीण जनसंख्या — 2,21,305
- नगरीय जनसंख्या — 38,343
- भाषा — हिंदी, कुमायुँनी
- प्रमुख मंदिर — पूर्णागिरी मंदिर, देवी धुरा, बालेश्वर मंदिर, रीठा साहिब, ग्वाल देवता
- प्रमुख मेले व त्योहार — जौलबीजी व थाल मेला देवी धुरा मेला, पूर्णागिरी मेला, वैशाव संक्रान्ति, नंदा अष्टमी
- प्रमुख फसलें — गन्ना, मक्का, झंगोरा, मंडुवा, दाल, मिर्च, अदरक, टमाटर
- विधानसभा क्षेत्रों की संख्या — 2
- नगरपालिका (2015-16) — 1
- नगर पंचायत (2015-16) — 2

- तहसीलों की संख्या (2015-16) — 5
- उपतहसील (2015-16) — 1
- विकास खंडों की संख्या (2015-16) — 4
- पर्यटक स्थल — चंपावत, मायावती आश्रम, पूर्णागिरि

अल्मोड़ा

- भौगोलिक विस्तार — 79°2'–80°6' पूर्वी देशांतर 29°25' 30 डिग्री उत्तरी अक्षांश के मध्य
- मंडल — कुमायूँ
- क्षेत्रफल — 3,144 वर्ग किमी.
- स्थापना वर्ष — 1854
- मुख्यालय — अल्मोड़ा
- जनसंख्या (2011 के अनुसार) — 6,22,506
- पुरुष — 2,91,081
- महिला — 3,31,425
- दशकीय वृद्धि दर — –1.64%
- लिंगानुपात (प्रति 1000 पुरुषों पर महिलाओं की संख्या) — 1139
- जनसंख्या घनत्व — 198 व्यक्ति प्रति वर्ग किमी.
- साक्षरता दर — 80.50%
- पुरुष साक्षरता दर — 92.90%
- महिला साक्षरता दर — 69.90%
- ग्रामीण जनसंख्या — 5,60,192
- नगरीय जनसंख्या — 62,314
- समुद्र तल से ऊँचाई — 1,646 मीटर
- भाषा — हिंदी, कुमायुँनी
- प्रमुख नदियाँ — कोसी, पश्चिमी रामगंगा, पिंडर
- प्रमुख फल — छोटे संतरे, आड़ू, सेब
- प्रमुख फसलें — मक्का, गेहूँ, मसूर, मंडुवा, टमाटर, सोयाबीन
- प्रमुख मेले व त्योहार — दशहरा मेला, जगन्नाथ मेला, सोमनाथ मेला, पन्नागिरी नवरात्रि मेला, कालापानी गुंजी

का कृष्ण जन्माष्टमी मेला, बिरथी का होन्कारा देवी मेला, नैनी पाताल का मेला, श्रीकृष्ण जन्माष्टमी, भिकिया सेन, देवीधुरा रक्षाबंधन मेला, कपिलेश्वर मेला, नन्दा देवी फेस्टिवल, उत्रैणी फेस्टिवल, जोगेश्वर मानसून फेस्टिवल आदि ।

- विधानसभा क्षेत्रों की संख्या — 7
- नगरपालिका (2015-16) — 1
- नगर पंचायत (2015-16) — 1
- तहसीलों की संख्या (2015-16) — 9
- विकास खंडों की संख्या (2015-16) — 11
- पर्यटक स्थल — कटारमल (कोसी) का सूर्य मंदिर, रानीखेत, अल्मोड़ा, द्वाराहाट, जागेश्वर का ज्योतिर्लिंग मंदिर, विन्सर वन्य जीव बिहार

बागेश्वर

- मंडल — कुमायूँ
- क्षेत्रफल — 2,241 वर्ग किमी.
- स्थापना वर्ष — 1995
- मुख्यालय — बागेश्वर
- जनसंख्या (2011 के अनुसार) — 2,59,898
- पुरुष — 1,24,326
- महिला — 1,35,572
- दशकीय वृद्धि दर — 5.15%
- लिंगानुपात (प्रति 1000 पुरुषों पर महिलाओं की संख्या) — 1090
- जनसंख्या घनत्व — 116 व्यक्ति प्रति वर्ग किमी.
- साक्षरता दर — 80%
- पुरुष साक्षरता दर — 92.30%
- महिला साक्षरता दर — 69%
- ग्रामीण जनसंख्या — 2,50,819
- नगरीय जनसंख्या — 9,079

- समुद्र तल से ऊँचाई — 960 मीटर
- भाषा — हिंदी, कुमायुँनी
- प्रमुख मंदिर — बैजनाथ मंदिर, बागनाथ मंदिर, श्रीहरि मंदिर, चंद्रिका मंदिर
- प्रमुख नदियाँ — सरयू, गोमती, पूंगा, कोसी, पिंडर, रेवती
- प्रमुख मेले व त्योहार — नंदा देवी, पूर्णागिरी, उत्तरायनी, देवी धुरा, हरेला।
- प्रमुख फसलें — गेहूँ, मक्का, मसूर, बाजरा, मंडुवा
- विधानसभा क्षेत्रों की संख्या — 3
- नगरपालिका (2015-16) — 1
- तहसीलों की संख्या (2015-16) — 5
- उपतहसील (2015-16) — 1
- विकास खंड़ों की संख्या (2015-16) — 3

नैनीताल

- भौगोलिक विस्तार — 28°-29° उत्तरी अक्षांश 78° पूर्वी देशांतर
- मंडल — कुमायूँ
- क्षेत्रफल — 4,251 वर्ग किमी.
- स्थापना वर्ष — 1890
- उपनाम — झीलों का नगर
- मुख्यालय — नैनीताल
- जनसंख्या (2011 के अनुसार) — 9,54,605
- पुरुष — 4,93,666
- महिला — 4,60,939
- दशकीय वृद्धि दर — 25.13%
- लिंगानुपात (प्रति 1000 पुरुषों पर महिलाओं की संख्या) — 934
- जनसंख्या घनत्व — 225 प्रतिवर्ग किमी.
- साक्षरता दर — 83.90%
- पुरुष साक्षरता दर — 90.10%
- महिला साक्षरता दर — 77.30%
- ग्रामीण जनसंख्या — 5,82,871
- नगरीय जनसंख्या — 3,71,734

- तकनीकी शिक्षण संस्थाएं — रुड़की इंजीनियरिंग कॉलेज हरिद्वार
- समुद्र तल से ऊँचाई — 1,938 मीटर
- मंदिर — नैना देवी का मंदिर, मुक्तेश्वर महामंदिर
- भाषा — हिंदी, कुमायुँनी
- प्रमुख फसलें — गन्ना, गेहूँ, टमाटर, मसूर, उड़द
- प्रमुख मेले व त्योहार — सीता बनी मेला, नंदा देवी मेला, घाटमेला, शरदोत्सव

- विधानसभा क्षेत्रों की संख्या — 5
- नगरपालिका (2015-16) — 4
- नगर पंचायत (2015-16) — 3
- तहसीलों की संख्या (2015-16) — 8
- विकास खंड (2015-16) — 8
- पर्यटक स्थल — कार्बेट राष्ट्रीय उद्यान, भीमताल, रामगढ़, नैनीताल

ऊधमसिंह नगर

- भौगोलिक विस्तार — 28°-58' उत्तरी अक्षांश और 79°-25' देशांतर पूर्व में
- मंडल — कुमायूँ
- क्षेत्रफल — 2,542 वर्ग किमी.
- स्थापना वर्ष — 1995
- मुख्यालय — रुद्रपुर
- जनसंख्या (2011 के अनुसार) — 16,48,902
- पुरुष — 8,58,783
- महिला — 7,90,119
- दशकीय वृद्धि दर — 33.45%
- लिंगानुपात (प्रति 1000 पुरुषों पर महिलाओं की संख्या) — 920
- जनसंख्या घनत्व — 649 प्रतिवर्ग किमी.
- साक्षरता दर — 73.10%
- पुरुष साक्षरता दर — 81.10%
- महिला साक्षरता दर — 64.40%

- ग्रामीण जनसंख्या — 10,62,142
- नगरीय जनसंख्या — 5,86,760
- प्रमुख मेले — छेती मंदिर मेला, अतरिया मंदिर मेला
- वह व्यक्ति जिसके नाम पर जिले का नाम पड़ा — जनरल डायर की हत्या करने वाले स्वतंत्रता सेनानी ऊधम सिंह
- विधानसभा क्षेत्रों की संख्या — 7
- नगरपालिका (2015-16) — 8
- नगर पंचायत (2015-16) — 6
- तहसीलों की संख्या (2015-16) — 8
- विकास खंडों की संख्या (2015-16) — 7

हरिद्वार

- भौगोलिक विस्तार — 29°30' से 30° उत्तरी अक्षांश तथा 77°43' से 78°20' पूर्वी देशांतर
- क्षेत्रफल — 2,360 वर्ग किमी.
- स्थापना वर्ष — 1988
- मुख्यालय — हरिद्वार
- जनसंख्या (2011 के अनुसार) — 18,90,422
- पुरुष — 10,05,295
- महिला — 8,85,127
- दशकीय वृद्धि दर — 30.63%
- लिंगानुपात (प्रति 1000 पुरुषों पर महिलाओं की संख्या) — 880
- जनसंख्या घनत्व — 801 व्यक्ति प्रति वर्ग किमी.
- साक्षरता दर — 73.40%
- पुरुष साक्षरता दर — 81%
- महिला साक्षरता दर — 64.80%
- ग्रामीण जनसंख्या — 11,97,328
- नगरीय जनसंख्या — 6,93,094
- समुद्र तल से ऊँचाई — 294.7 मीटर
- भाषा — हिंदी, पंजाबी, गढ़वाली

- प्रमुख मंदिर — दक्ष महादेव मंदिर, चंडी देवी, मनसा देवी, माया देवी, भीमगोड़ा मंदिर व कुंड सप्त ऋषि आश्रम, भारत माता मंदिर, शांति कुंज
- प्रमुख मेले व त्योहार — कुंभ, अर्द्धकुंभ मेला, महाकाली का मेला, विषुवत संक्रांति, कांवड़ मेला
- विधानसभा क्षेत्रों की संख्या — 9
- नगरपालिका (2015-16) — 3
- नगर पंचायत (2015-16) — 3
- तहसीलों की संख्या (2015-16) — 4
- विकास खंडों की संख्या (2015-16) — 6
- पर्यटक स्थल — रुड़की, हरिद्वार, हर की पौड़ी
- प्रमुख नगर — भगवानपुर, भलसुआगंज, रुड़की, मंगलौर, कनखल, नरसैन, ज्वलापुर, पथरी, श्यामपुर, सुल्तानपुर, लक्सर, खानपुर

❑❑❑

26

विविध

उत्तराखंड राज्य लोक सेवा आयोग

उत्तराखंड राज्य लोक सेवा आयोग का गठन कर दिया गया है। इस आयोग में अध्यक्ष और उनके साथ तीन सदस्यों की व्यवस्था की गई है। श्री एन.पी. नवानी राज्य लोक सेवा आयोग के प्रथम अध्यक्ष थे। आयोग में अन्य राजकीय विभागों के अलावा बेसिक, माध्यमिक और उच्च शिक्षा से सम्बन्धित चयन आयोग के अधिकार भी शामिल किए गए हैं। आयोग का मुख्यालय हरिद्वार में है।

उत्तराखंड में पंचायतों के वार्डों में वृद्धि

उत्तराखंड की पंचायतों का परिसीमन होने के बाद जिला पंचायतों के 151 और क्षेत्र पंचायतों के 1202 वार्ड बढ़े हैं। प्रदेश में अब 7 हजार 555 ग्राम पंचायतें और जिला पंचायतों के वार्ड 360 हो गए हैं। क्षेत्र पंचायतों के वार्ड 3147 हो गए हैं। जिला पंचायत के लिए पर्वतीय क्षेत्रों में वार्ड बनाने का मानक 12 हजार की जनसंख्या पर रखा गया है। जबकि क्षेत्र पंचायतों में मानक 25 हजार की जनसंख्या है। क्षेत्र पंचायत में वार्डों की संख्या कम से कम 20 और अधिक से अधिक 40 होगी।

उत्तराखंड योजना आयोग

राज्य सरकार ने 21 मार्च, 2001 को राज्य के 'योजना आयोग' का गठन किया। राज्य योजना आयोग राज्य के विकास हेतु योजनाओं का निर्माण करता है। योजना निदेशालय तथा सचिवालय का गठन भी कर दिया गया है। इसका मुख्यालय देहरादून में है।

उत्तराखंड में बालश्रम उन्मूलन

उत्तराखंड में बालश्रम की समस्या विकराल रूप धारण किए हुए है। विषम भौगोलिक परिस्थितियों, कृषि योग्य उपजाऊ भूमि और उद्योगों का अभाव एवं बढ़ती बेरोजगारी ने यहाँ के लोगों का जीवन संघर्षमय बना दिया है। आर्थिक विपन्नता, साक्षरता की कमी और गरीबी उन्मूलन कार्यक्रमों को प्रभावी ढंग से न लागू किया जाना बालश्रम के प्रमुख कारण हैं। छोटे कस्बों से लेकर ब्लॉक, तहसील एवं जिला मुख्यालयों तक इस शोषण की गूंज चारों ओर सुनाई देती है। उत्तराखंड की सरकार इस कलंक को मिटाने का हर संभव प्रयास कर रही है।

उत्तराखंड : खेल-कूद

टिहरी एवं नई टिहरी में राज्य स्तर का स्टेडियम स्थापित किया जा रहा है। राज्य में खेल-कूद को बढ़ावा देने हेतु मनसेर सिंह, अभिनव बिन्द्रा तथा जसपाल राणा आदि सरीखी अन्तर्राष्ट्रीय खेल प्रतिभाओं की सहायता ली जा रही है। देहरादून में 'खेल अकादमी' की स्थापना की गई है। उत्तराखंड में पर्वतारोहण के लिए विश्व प्रसिद्ध पर्वत श्रेणियाँ हैं। उल्लेखनीय है कि पर्वतारोहण का साहसिक खेलों में प्रमुख स्थान है। उत्तराखंड के प्रमुख खेल निम्नलिखित हैं।

- **पर्वतारोहण** – उत्तराखंड में पर्वतारोहण खेलों का प्रमुख अंग बन गया है। यहाँ पर नेहरू पर्वतारोहण संस्थान, उत्तरकाशी पर्वतारोहण का प्रशिक्षण देता है। पर्वतारोहण संस्थानों में 'जवाहर लाल नेहरू' पर्वतारोहण संस्थान चमोली का भी महत्वपूर्ण स्थान है।

- **राफ्टिंग** – यह एक रोमांचक व साहसिक खेल है। राफ्टिंग बहती हुई नदी में ऊपर से नीचे की ओर जाती है।

- **स्कीइंग** – यह खेल बर्फ से भरे मैदान में खेला जाता है। इस खेल में बर्फ में फिसला और कूदा जाता है। ऊँची कूद इस खेल का विशेष रोमांचक अंग है।

- **केनोइंग** – राफ्टिंग के समान ही केनोइंग भी नदी में खेला जाने वाला एक रोमांचक खेल है। इसमें एक या दो चालक होते हैं।

- **तैराकी (गोताखोरी)** – संपूर्ण उत्तराखंड में स्थित नदियों व झीलों में यह खेल खेला जाता है।

साहसिक खेल : स्थान

क्रमांक	साहसिक खेल	उपयुक्त स्थान
1.	रॉक क्लाइम्बिंग	नैनीताल, गर्जिया, पौड़ी, जोशीमठ, उत्तरकाशी, श्रीनगर, पिथौरागढ़, ऊखीमठ
2.	ट्रेकिंग	बद्रीनाथ, दून घाटी, गैरसैंण, नैनीताल
3.	पर्वतारोहण	उत्तराखंड की पर्वत चोटियां
4.	पैराग्लाइडिंग	मुन्स्यारी, धारचूला, गोपेश्वर, गैरसैंण
5.	आइस हॉकी	औली, मिलम, उत्तरकाशी, नौटी, मुन्स्यारी
6.	आइस स्केटिंग	मुन्स्यारी, मिलम, औली, नौटी
7.	राफ्टिंग	गंगा (देवप्रयाग), रामगंगा, कालीगंगा
8.	केनोइंग	गूलर भोज

खेल नीति, 2006

राज्य सरकार द्वारा 16 जनवरी, 2006 को घोषित खेल नीति केन्द्र सरकार की वर्ष 2001 की खेल नीति के अनुरूप ही है। खेल नीति की प्रमुख विशेषताएं निम्नलिखित हैं:

- राज्य में राष्ट्रीय व राज्य स्तर पर विशेष पदक पाने वालों को सरकारी नौकरी में 4 प्रतिशत आरक्षण दिया जाएगा।

- जो संस्थाएं और व्यक्ति राज्य में खेल स्टेडियम निर्माण करवाएंगे उनके नाम पर ही स्टेडियम का नाम रखा जाएगा।
- जिन कर्मचारियों का राष्ट्रीय व प्रदेश स्तर पर खेलों में चयन होगा, उन्हें खेलों में भाग लेने के लिए छुट्टी दी जाएगी।
- ग्राम पंचायत स्तर पर खेलों को प्रोत्साहन दिया जाएगा।
- युवा कल्याण विभाग व नेहरू युवा संघ ग्रामीण स्तर पर खेलों को प्रोत्साहन देने के काम में जुटेगा।
- खिलाड़ियों को स्वास्थ्य प्रशिक्षण कार्यक्रम के लिए भी पारिश्रमिक दिया जाएगा।
- राज्य सरकार उदीयमान खिलाड़ियों के लिए स्कॉलरशिप, खुराक व बीमा की व्यवस्था करेगी।
- अंतर्राष्ट्रीय पदक जीतने वाले खिलाड़ियों को पुरस्कृत किया जाएगा और मीडिया सेल का गठन किया जाएगा।

उत्तराखंड के चर्चित खिलाड़ी

खिलाड़ी		संबंधित खेल
बछेन्द्री पाल	–	पर्वतारोहण
जसपाल राणा	–	निशानेबाजी (अर्जुन पुरस्कार से सम्मानित)
सीता गुसांई	–	हॉकी (अर्जुन पुरस्कार से सम्मानित)
नरेन्द्र सिंह बिष्ट	–	मुक्केबाजी
सुरेश चन्द्र पांडे	–	एथलेटिक्स
पदम बहादुर मल्ल	–	एशियायी खेलों में स्वर्ण पदक विजेता
हरदयाल सिंह	–	मेलबोर्न ओलंपिक खेलों में हॉकी में स्वर्ण पदक विजेता टीम के सदस्य
सुरेन्द्र सिंह भंडारी	–	ताइक्वांडो, 2002 में बुसान में आयोजित एशियायी खेलों में कांस्य पदक विजेता।
डॉ. हर्षवन्ती बिष्ट	–	पर्वतारोहण (अर्जुन पुरस्कार से सम्मानित)
मुकेश ठाकुर	–	अन्तर्राष्ट्रीय बॉडी बिल्डर
शोभा रावत	–	अन्तर्राष्ट्रीय हॉकी
पुष्कर भंडारी	–	अन्तर्राष्ट्रीय खिलाड़ी-फुटबॉल
मातबार सिंह असवाल	–	अन्तर्राष्ट्रीय खिलाड़ी-फुटबॉल
कमल नयन बड़थ्वाल	–	अन्तर्राष्ट्रीय खिलाड़ी-फुटबॉल
जनार्दन सिंह वाल्दिया	–	जूनियर भारतीय मुक्केबाजी के प्रशिक्षक
सुनील राणा	–	अन्तर्राष्ट्रीय खिलाड़ी-हैन्डबॉल

- दिनेश असवाल — बॉडी बिल्डर
- सुखपाल सिंह बिष्ट — फुटबॉल
- वीर बहादुर — अन्तर्राष्ट्रीय फुटबॉल खिलाड़ी
- राम बहादुर — अन्तर्राष्ट्रीय फुटबॉल, (एशियायी खेलों में फुटबॉल में स्वर्ण पदक विजेता टीम के सदस्य)
- कुलवन्त सिंह — जूनियर अन्तर्राष्ट्रीय मुक्केबाज
- दिनेश रावत — एथलेटिक्स
- विनीता त्रिपाठी — एथलेटिक्स
- विक्रम सिंह बिष्ट — बैडमिंटन
- हिमाँशु काला — टेबल टेनिस
- हंसा मनराल — भारोत्तोलन (देश की प्रथम द्रोणाचार्य पुरस्कार प्राप्त भारोत्तोलक महिला)
- सविता मरतोलिया — पर्वतारोहण
- सुमन कुटियाल — पर्वतारोहण
- हुकुम सिंह — पर्वतारोहण

समाज, महिला कल्याण एवं बाल विकास

समाज के अपेक्षाकृत निर्बल वर्गों की सहायता एवं विभिन्न कल्याणकारी कार्यों को आधुनिक सिद्धान्तों एवं प्रणालियों के आधार पर संचालित करने के लिए उत्तराखंड सरकार पूरी तरह प्रयासरत है। अनुसूचित जाति/अनुसूचित जनजाति के छात्रों को इंजीनियरिंग परीक्षा में सम्मिलित होने हेतु प्रवेश-पूर्व प्रशिक्षण देने के लिए रुड़की (हरिद्वार) में एक प्रशिक्षण केन्द्र चलाया गया है। विकलांगों को प्रशिक्षण दिये जाने के उद्देश्य से नैनीताल, टिहरी गढ़वाल तथा पिथौरागढ़ में एक-एक राजकीय कर्मशाला की स्थापना की गई है। वृद्ध व अशक्त महिलाओं तथा पुरुषों के लिए 50 की क्षमता का एक आवासीय गृह चमोली में चलाया जा रहा है।

वेश्यावृत्ति में लगी महिलाओं के पुनर्वासन हेतु टिहरी गढ़वाल, उत्तरकाशी व देहरादून में 50-50 की क्षमता के नारी निकेतनों की स्थापना की गई है।

अनैतिक व्यापार निरोधक अधिनियम के अन्तर्गत देहरादून, हल्द्वानी, कोटद्वार व टिहरी गढ़वाल में जिला शरणालय व प्रवेशालय की स्थापना की गई है, जहाँ न्यायालय के आदेशानुसार नैतिक संकटग्रस्त महिलाओं को रखा जाता है। यहाँ पर उन्हें निःशुल्क भोजन, वस्त्र व आवास प्रदान किया जाता है।

परित्यक्त व अनाथ शिशुओं के पालन-पोषण के लिए अल्मोड़ा में शिशु सदन स्थापित किया गया है।

निराश्रित बालिकाओं के लिए बागेश्वर में एक 'आश्रम पद्धति विद्यालय' की स्थापना की गई है । इस विद्यालय की क्षमता 100 बालिकाओं की है । इसमें अध्ययनरत बालिकाओं को छात्रावासी सुविधा के साथ भरण-पोषण की निःशुल्क सुविधा प्रदान की जाती है ।

पुस्तकें

पुस्तकें	लेखक	पुस्तकें	लेखक
हिमालयन ट्रैवल्स	जोधसिंह नेगी, 1920	गढ़वाल जागर लोकगीतों का काव्यशास्त्रीय अध्ययन	डॉ. नंदकिशोर ढौंडियाल
हिमालय डिस्ट्रिक्ट गजेटियर्स	एटकिन्स, 1882-86	गढ़वाल पेन्टिंग्स	बैरिस्टर मुकुन्दीलाल
गढ़वाल गजेटियर्स	एच.जी. वाल्टन, 1911	उत्तराखंड का इतिहास (21-भाग)	डॉ. शिवप्रसाद डबराल
होली हिमालय	इ. सेरमन ओकले, 1905	अलकनंदा उप्त्यका	डॉ. शिवप्रसाद डबराल
गढ़वाल-एन्शिएंट एंड मॉर्डन	पातीराम, 1917	रुद्रप्रयाग का आदमखोर बाघ	जिम कार्बेट
मेम्वायर्स ऑफ देहरादून	जी.आर.सी. विलियम्स, 1874	हिमालय की लोककथाएं	ओकले, तारादत्त
गढ़वाल का इतिहास	हरिकृष्ण रतूड़ी, 1920	रुपहले शिखरों के सुनहरे स्वर	डॉ. कृष्णानंद जोशी, 1982
मलेथा की गूल	भोलादत्त देवरानी, 1922	रमोला	डॉ. कृष्णानंद जोशी, 1989
कुमायुँनी लोकगाथाएं	डॉ. प्रयाग जोशी 1971	उत्तराखंड में कुली बेगार प्रथा	डॉ. शेखर पाठक, 1987
गढू सुम्याल	शिवनारायण सिंह बिष्ट, 1928	गढ़वाली लोकगीत	डॉ. गोविंद चातक
हिमालयन फोकलोर	तारादत्त गैरोला/ओकले, 1935	आर्यों का आदिदेशः मध्य हिमालय	भजनसिंह 'सिंह', 1986
कुमायुँ का इतिहास	बद्रीदत्त पाण्डे, 1937	कूर्मांचल की लोककथाएं	जीवनचंद पंत
हिमालय की यात्रा	काका साहब कालेलकर, 1948	कुमायुँ-गढ़वाल की लोकगाथाओं का विवेचनात्मक अध्ययन	डॉ. प्रयाग जोशी, 1987
हिमालय परिचय (गढ़वाल)	राहुल सांकृत्यायन, 1957		
गढ़वाली लोककथाएं	डॉ. गोविन्द चातक, 1958	पर्वतीय लोककथाएं	पुष्पा भट्ट
कुमायुँ की लोककथाएं	रमेश मटियानी 'शैलेश' 1959	उत्तराखंड : आर्य संस्कृति का मूल स्रोत	डॉ. गिरिराज शाह, 1995
कुमायुँ	राहुल सांकृत्यायन, 1959	तीलू रौतेली	विमल साहित्यरत्न, 1992
मध्य हिमालय का पुरातत्व	डॉ. यशवन्तसिंह कठोच, 1981	कुमायुँनी लोकगाथाएं: (तृतीय भाग)	डॉ. प्रयाग जोशी, 1994
गढ़वाल की दिवंगत विभूतियां	भक्तदर्शन, 1980	कुमायुँनी भाषा, साहित्य एवं संस्कृति	डॉ. देवसिंह पोखरिया, 1994
कुमाऊंनी भाषा और उसका लोकसाहित्य	डॉ. त्रिलोचन पाण्डेय, 1977	गोरखवाणी	डॉ. पीताम्बर दत्त बड़थ्वाल, 1994
बलिवीरों का देश गढ़वाल	पूर्वसिंह नेगी, 1977	भारतीय लोकसंस्कृति का सदंर्भः मध्य हिमालय	डॉ. गोविंद चातक, 1990
भूम्याल	अबोधबन्धु बहुगुणा, 1977		
उत्तराखंड के प्रमुख स्वतंत्रता सेनानी	डॉ. धर्मपाल सिंह मनराल, 1977		
गढ़वाल के लोकनृत्य गीत	डॉ. शिवानंद नौटियाल, 1981		
कुमाऊं का लोकसाहित्य	डॉ. कृष्णानंद जोशी, 1981		
गढ़वाली लोकसाहित्य का सांस्कृतिक और साहित्यिक अध्ययन	डॉ. ऊर्वदित्त उपाध्याय 1973 1964		

		पुस्तकें	लेखक
ब्रिटिश कुमायूँ-गढ़वाल	डॉ. आर.एस. टोलिया, 1996	उत्तरांचल प्रदेश के लोक-गाथा गीत	डॉ. दिनेश चन्द्र बलूनी, 2005
कुमायूँ की चित्रकला	डॉ. यशोधर मठपाल, 1997	उत्तरांचल नगर और नगरपालिकाएं	गोविन्दा नन्द सेमवाल, 2003
हमारा उत्तराखंड	डॉ. के.सी. पुरोहित, 1997		
उत्तरांचल में उद्यमिता विकास	डॉ. अरुण कुकसाल, 2003	जनपद हरिद्वारः एक संदर्भ	डॉ. दिनेश चन्द्र बलूनी, 2005
उत्तरखंड में जल संसाधन प्रबंध	डॉ. भगवती प्रसाद पुरोहित, 2002	नैनीताल समाचार-पच्चीस साल का सफर	नैनीताल समाचार टीम, 2003
मध्य हिमालय की कला	डॉ. यशवन्तसिंह कठोच, 2003	उत्तरांचल : राज्य निर्माण का संक्षिप्त इतिहास	केदार सिंह फोनिया, 2005
उत्तरांचल राज्य के प्रतीक चिह्न	जगमोहन रौतेला, 2002		
सेन्ट्रल हिमालया	डॉ. एम.एस.एस. रावत, 2003	क्रीड़ा पथ : उत्तरांचल	राजेश मोहन उप्रेती, 2004

पत्रिकाएं

प्रमुख पत्रिकाएं	वार्षिक/त्रैमासिक	स्थान	प्रमुख पत्रिकाएं	वार्षिक/त्रैमासिक	स्थान
राष्ट्रीय ज्वाला	त्रैमासिक	दुगड्डा	मध्य हिमालय	मासिक	पिथौरागढ़
उतरा	त्रैमासिक	नैनीताल	युगवाणी	मासिक	देहरादून
उत्तराखंड संस्कृति	वार्षिक	पौड़ी	उत्तराखंड वाणी	मासिक	देहरादून
धाद	अनियतकालीन	देहरादून	पर्वत जन	मासिक	देहरादून
पुरवासी	वार्षिक	अल्मोड़ा	हलन्त	मासिक	देहरादून
पहाड़	वार्षिक	नैनीताल	आज का पहाड़	त्रैमासिक	पिथौरागढ़

समाचार-पत्र

प्रमुख पत्र	दैनिक/साप्ताहिक/पाक्षिक	स्थान	प्रमुख पत्र	दैनिक/साप्ताहिक/पाक्षिक	स्थान
अनिकेत	साप्ताहिक	गोपेश्वर	युगवाणी	साप्ताहिक	देहरादून
देवभूमि	साप्ताहिक	नन्दप्रयाग	सहारा समय	साप्ताहिक	देहरादून
नैनीताल समाचार	पाक्षिक	नैनीताल	पौड़ी टाइम्स	साप्ताहिक	पौड़ी
खबर सार	पाक्षिक	पौड़ी	हिमवन्त	साप्ताहिक	देहरादून
हिमाल प्रसंग	पाक्षिक	पिथौरागढ़	गढ़वाल धै	साप्ताहिक	देहरादून
गढ़वाल-समाचार-पत्र	हिन्दी का प्रथम समाचार-पत्र	लैंसडाउन	प्रजाबंधु	साप्ताहिक	रानीखेत
			सत्यपथ	साप्ताहिक	कोटद्वार
द हिल्स	प्रथम समाचार-पत्र	मूसरी	अमर उजाला	दैनिक	देहरादून (संस्करण)
नया जमाना	साप्ताहिक	देहरादून	मसूरी टाइम्स	साप्ताहिक	मसूरी

प्रमुख पत्र	दैनिक/ साप्ताहिक/ पाक्षिक	स्थान	प्रमुख पत्र	दैनिक/ साप्ताहिक/ पाक्षिक	स्थान
गढ़वाल पोस्ट	साप्ताहिक (अंग्रेजी)	देहरादून	हिमाचल	साप्ताहिक	देहरादून/ मसूरी
द व्हाइज ओवर	साप्ताहिक (अंग्रेजी)	देहरादून	ऊधमसिंह नगर का दर्पण	दैनिक (सान्ध्य)	ऊधमसिंह नगर
कर्मभूमि	साप्ताहिक (हिन्दी)	लैंसडाउन	जयंत	दैनिक	कोटद्वार
			सीमान्त वार्ता	दैनिक (सान्ध्य)	देहरादून
बदरी विशाल	दैनिक	हरिद्वार	वैली मेल	दैनिक (सान्ध्य)	देहरादून
उत्तर उजाला	दैनिक	हल्द्वानी	दैनिक जागरण	दैनिक	देहरादून
दून दर्पण	दैनिक	देहरादून			(संस्करण)

प्रमुख पुरस्कार

- **पर्वत जन, गढ़ गौरव, दीपशिखा सम्मान** – ये तीनों पुरस्कार पर्यावरण के क्षेत्र में उल्लेखनीय कार्य करने हेतु प्रदान किए जाते हैं।

- **स्वामी राम पुरस्कार** – एक लाख रुपए के स्वामी राम पुरस्कार की स्थापना –'हिमालयन इंस्टीट्यूट' द्वारा वर्ष 2003 में की गई है।

- **डॉ. पीताम्बर बड़्थ्वाल पुरस्कार** – यह पुरस्कार साहित्य के क्षेत्र में प्रदान किया जाता है।

- **उत्तराखंड संस्कृत अकादमी पुरस्कार** – इस पुरस्कार का मूल नाम अन्तर्राष्ट्रीय हिमाद्रि उत्तराखंड संस्कृत सम्मान है। डेढ़ लाख रुपए का यह पुरस्कार संस्कृत के किसी विद्वान को दिया जाता है।

- **जय श्री सम्मान** – यह पुरस्कार गढ़वाली भाषा-साहित्य को प्रोत्साहन देने हेतु प्रदान किया जाता है।

- **दून श्री सम्मान** – दून श्री सम्मान से पर्यावरण के क्षेत्र में उल्लेखनीय कार्य करने वाले को सम्मानित किया जाता है।

- **मदर टेरेसा करुणा पुरस्कार** – 11 लाख रुपए के इस वार्षिक पुरस्कार की स्थापना मदर टेरेसा की स्मृति में राज्य सरकार द्वारा की गई है। यह पुरस्कार प्रतिवर्ष ऐसे व्यक्ति अथवा संस्था को प्रदान किया आता है जिसने इस राज्य में निर्धनों, निराश्रितों एवं दुर्बलों के जीवन में सुधार के लिए उत्कृष्ट योगदान किया हो।

प्रमुख बुग्याल

उत्तराखंड की ऊँची चोटियों पर बर्फ जमी रहती है। ऊँची चोटियों से पहले कई स्थानों पर हरे-भरे मैदान हैं। इन मैदानों में पौधे नहीं उगते बल्कि मखमली घास उगी रहती है। ऐसे क्षेत्रों को बुग्याल

कहा जाता है। जून से सितम्बर महीने तक हरी मखमली घास से भरे ऐसे मैदान पर्यटकों के आकर्षण का प्रमुख केन्द्र होते हैं। उत्तराखंड के कुछ प्रमुख बुग्याल निम्नलिखित हैं–

औली : यह बुग्याल जोशीमठ से लगभग 15 किमी. की दूरी पर स्थित है। वर्तमान समय में यह साहसिक पर्यटन के लिए विश्व प्रसिद्ध हो चुका है। इस बुग्याल में कई तरह के पुष्प व मखमली घास पाई जाती है। यहाँ पूरे साल देशी-विदेशी पर्यटक आते रहते हैं व अपने साहसिक करतबों का प्रदर्शन करते हैं।

केदार कांठा : केदार कांठा बुग्याल उत्तरकाशी जिले में स्थित है। यह मखमली घास के ढलानों और विविध वन्य पुष्पों के लिए प्रसिद्ध है। यहाँ साल में लगभग 4 महीने वर्षा होती है।

मानेग : उत्तरकाशी जिले में स्थित यह बुग्याल सरताल से लगा हुआ है। राजगढ़ी से सरगांव होते हुए पैदल मार्ग से यह 40 किमी. की दूरी पर है। यह लगभग 10 किमी. क्षेत्र में फैला हुआ है।

द्यारा : द्यारा बुग्याल उत्तरकाशी जिले से लगभग 6 किमी. की दूरी पर स्थित है। यह 10 किमी. लंबा व 5 किमी. चौड़ा है। शीतकाल में इस क्षेत्र में स्कीइंग के प्रशिक्षण शिविर लगाए जाते हैं।

चोपता : ऊखीमठ गोपेश्वर मार्ग पर दोगलबिटा से आगे और तुगनाथ तक छोटे-बड़े अत्यन्त रमणीक बुग्याल हैं। इन बुग्यालों की सुन्दरता के कारण इस क्षेत्र को गढ़वाल का स्विट्जरलैण्ड कहा जाता है।

बेदनी : बेदनी बुग्याल 3354 मी. ऊँचाई पर स्थित है। रूपकुंड मार्ग में स्थित यह बुग्याल वाण गाँव से 8 किमी. की दूरी पर स्थित है। कुमायूँ व गढ़वाल की राजजात यात्रा बेदनी बुग्याल होते हुए गुजरती है। यह बुग्याल वेदों की निर्माण स्थली माना जाता है।

कफनी ग्लेशियर : कफनी ग्लेशियर बागेश्वर जिले में पिंडारी ग्लेशियर के नजदीक स्थित है। यह हाली से 12 किमी. की दूरी पर है। इस मार्ग में तरह-तरह की वनस्पतियों एवं फूलों के अलावा सुन्दर बुग्याल व हिमशिखर भी स्थित हैं।

रूपकुंड : रूपकुंड बुग्याल ऋषिकेश मार्ग पर स्थित है। अनेकों फूलों के बीच स्थित फेनकमल के फूलों से आच्छादित यह बुग्याल लगभग 5030 मीटर की ऊँचाई पर 67 किलोमीटर क्षेत्र में फैला हुआ है।

मासरताल सहस्त्रताल : बुढ़ाकेदार से खड़ी चढ़ाई पार करके जैसे ही मासरताल पहुँचा जाता है, तो हरे घास के मैदान शुरू हो जाते हैं। इन बुग्यालों की सुन्दरता में तब और वृद्धि हो जाती है जब इनके मध्य छोटे-छोटे अनेक सरोवर देखने को मिलते हैं।

अप्सराओ कोटाली : कुश कल्याण के आगे 4350 मी. की ऊँचाई पर पांडवों की चोटी है। इस चोटी के पश्चात् ढलवां भूमि पर कोटाली का हारी नामक बुग्याल है।

पंवाली कांठा भाट्या : यह बुग्याल टिहरी जिले से 14 किमी. की दूरी पर स्थित है। इससे लगा हुआ भाट्या का बुग्याल अत्यंत सुंदर व हिम शृंखलाओं के अवलोकन हेतु आदर्श बुग्याल है। यह बुग्याल शीतऋतु में बर्फ से ढका होने पर स्कीइंग के लिए आदर्श जगह बन जाता है।

डाक एवं संचार सेवाएं (2015-2016)

1.	डाकघर	2721
2.	टेलिफोन एक्सचेंज	445
3.	पी.सी.ओ.	2076
4.	टेलीफोन कनेक्शन	156430
5.	बीएसएनएल के मोबाइल कनेक्शन	982748

जनस्वास्थ्य एवं परिवार कल्याण (2015-2016)

(A) ऐलोपैथिक चिकित्सालय एवं औषधालय

1.	जनपद स्तरीय चिकित्सालय	13
2.	टी.बी. चिकित्सालय	18
3.	कोढ़ चिकित्सालय	3
4.	राजकीय एलोपैथिक चिकित्सालय	319
5.	राजकीय चिकित्सालय में बेडों की संख्या	9657
6.	सामुदायिक स्वास्थ्य केन्द्र	86

(B) परिवार कल्याण सेवाएं

1.	महिला एवं बाल कल्याण केंद्र	2
2.	महिला एवं बाल कल्याण उपकेन्द्र	1897

(C) आयुर्वेदिक एवं यूनानी चिकित्सालय

1.	आयुर्वेदिक	544
2.	यूनानी	5

(D) होम्योपेथिक चिकित्सालय   110

27

व्यक्ति परिचय

उत्तराखंडः महान हस्तियां

अतीत के गौरव

राजनीतिज्ञ

पं॰ गोविन्द बल्लभ पन्त (1887-1961)ः आप भारतीय राष्ट्रीय कांग्रेस के प्रमुख नेताओं में से एक थे। भारत के स्वतन्त्रता आन्दोलन में आप का अतुलनीय योगदान रहा है। स्वतन्त्रता प्राप्ति के बाद आपको भारत रत्न से सम्मानित किया गया। आप उत्तर प्रदेश के प्रथम मुख्यमन्त्री थे।

बद्री प्रसाद पाण्डेः उत्तराखंड में 'कुमायूँ-केशरी' के नाम से लोकप्रिय इस महान नेता ने वर्ष 1946 के हलद्वानी सम्मेलन में पर्वतीय क्षेत्र को विशेष दर्जा प्रदान करने की मांग की थी।

हेमवती नन्दन बहुगुणा (1919-1989)ः स्वतन्त्रता आन्दोलन में 'कांग्रेसी' नेता के रूप में आपने बढ़-चढ़ कर हिस्सा लिया। आजादी के बाद केन्द्रीय सरकार में कई महत्त्वपूर्ण पदों पर कार्य किया। 1973 में आपने उत्तर प्रदेश के मुख्यमन्त्री का पद भार संभाला था।

इन्द्र सिंह नयालः गोविन्द बल्लभ पन्त के मुख्यमंत्रित्व काल में विधान परिषद् सदस्य की हैसियत से इन्होंने पर्वतीय क्षेत्र के प्रथम प्रबन्धन हेतु आग्रह किया था।

पी. सी. जोशीः पर्वतीय क्षेत्र की समस्याओं को हल करने के लिए लम्बे समय तक संघर्ष करते रहे।

साहित्यकार

सुमित्रानन्दन पंतः ये छायावाद के प्रमुख कवियों में से एक थे। हिन्दी साहित्य की उन्नति में इन्होंने महत्त्वपूर्ण योगदान किया है।

गुमानी पंतः इन्होंने हिन्दी एवं पर्वतीय भाषा के विकास में महत्त्वपूर्ण योगदान किया है।

शैलेश मटियानीः हिन्दी के महान साहित्यकार मटियानी ने लगभग 24 उपन्यास और 15 कहानी संग्रह की रचना की है। उत्तर प्रदेश शासन के संस्थागत सम्मान, शारदा सम्मान, लोहिया सम्मान तथा साधना सम्मान से सम्मानित श्री मटियानी का 24 अप्रैल, 2001 को निधन हो गया।

श्रीमती गौरा पंत 'शिवानी': ये हिन्दी की एक प्रसिद्ध लेखिका, कथाकार एवं उपन्यासकार थीं। इन्हे अनेक सम्मानों एवं पुरस्कारों से सम्मानित किया गया था।

मनोहर श्याम जोशी: एक लेखक, सम्पादक तथा पत्रकार के रूप में आपने बहुत ख्याति अर्जित की थी। बुनियाद धारावाहिक से आपको काफी लोकप्रियता प्राप्त हुई। 30 मार्च, 2006 को आपका निधन हो गया।

डा॰ हेमचन्द्र जोशी: ये बीते दिनों की लोकप्रिय पत्रिका 'धर्मयुग' के संस्थापक सम्पादक थे।

स्वतन्त्रता सेनानी

देव सिंह दानू : आप नेताजी सुभाष चन्द्र बोस के निकट सहयोगी थे। आपने नेताजी द्वारा बनायी गई सेना में कई महत्त्वपूर्ण पदों पर कार्य किया था।

चन्द्र सिंह गढ़वाली: ये 'पेशावर कांड' के महानायक थे। पर्वतीय क्षेत्र में अंग्रेजी शासन को इन्होंने सदैव ही लोहे के चने चबवाए।

नागेन्द्र सकलानी: आजादी की लड़ाई में आपने महत्त्वपूर्ण योगदान किया। क्षेत्र में आजादी की मशाल जलाने में आपने तन-मन से प्रयत्न किया।

सरला बहन: ये एक अंग्रेज महिला थीं। इनका वास्तविक नाम हाइलामन था। महात्मा गांधी से ये बहुत प्रभावित थीं। आजादी की लड़ाई में इनका योगदान अविस्मरणीय है। गांधी जी ने उनका नाम 'सरला' रख दिया था। उनके जीवन का अन्तिम समय उत्तराखंड में ही व्यतीत हुआ।

सैन्य अधिकारी

जनरल बी॰सी॰ जोशी: आप उत्तराखंड के ही रहने वाले थे। आप भारतीय थल सेना के सेनाध्यक्ष पद पर रहते हुए स्वर्गवासी हुए।

जनरल बिपिन रावत: आप को भारतीय थल सेना के सेनाध्यक्ष होने का गौरव प्राप्त है।

वर्तमान के गौरव

राजनीतिज्ञ

सुरजीत सिंह बरनाला: श्री बरनाला को उत्तराखंड के प्रथम राज्यपाल होने का गौरव प्राप्त हुआ है। ये 9 नवम्बर, 2000 से 7 जनवरी, 2003 तक उत्तराखंड के राज्यपाल रहे।

नित्यानंद स्वामी: श्री नित्यानंद स्वामी को देश के 27वें राज्य 'उत्तराखंड' के प्रथम मुख्यमन्त्री निर्वाचित होने का गौरव प्राप्त हुआ। ये 9 नवम्बर, 2000 से 29 अक्टूबर, 2001 तक उत्तराखंड के मुख्यमन्त्री रहे। इसके पहले ये उत्तरप्रदेश विधानपरिषद् के सभापति थे।

भगत सिंह कोश्यारी: नित्यानंद स्वामी सरकार में कैबिनेट मन्त्री रहे भगत सिंह कोश्यारी को उत्तराखंड के दूसरे मुख्यमन्त्री होने का गौरव प्राप्त हुआ। इन्हें एक अच्छा संगठनकर्ता माना जाता है। वर्तमान में आप लोकसभा सदस्य हैं।

डॉ॰ मुरली मनोहर जोशीः आप इलाहाबाद विश्वविद्यालय में भौतिक विज्ञान के प्रोफेसर रह चुके हैं। आप 'भाजपा' के अध्यक्ष भी रह चुके हैं। केन्द्र में भाजपा सरकार के पहले तीनों कार्यकालों में आपने कैबिनेट मन्त्री का पद सुशोभित किया। वर्तमान में आप लोकसभा सदस्य हैं।

नारायण दत्त तिवारीः इन्होंने आजादी की लड़ाई में बढ़-चढ़ कर भाग लिया। ये कांग्रेस के एक वरिष्ठ नेता हैं। केन्द्र में कई महत्त्वपूर्ण पदों को संभालने के साथ ही इन्होंने उत्तर प्रदेश के मुख्य मन्त्री का पद भी तीन बार संभाला। इन्हें उत्तराखंड के तृतीय मुख्यमंत्री होने का गौरव प्राप्त है। आप आन्ध्र प्रदेश के राज्यपाल भी रह चुके हैं।

सतपाल महाराजः ये आध्यात्मिक गुरु होने के साथ-साथ राजनेता भी हैं। वर्तमान में आप उत्तराखंड सरकार में मंत्री हैं।

डॉ॰ इन्द्रा हृदयेशः आप कांग्रेस की एक वरिष्ठ नेत्री हैं।

हरीश रावतः कांग्रेस के एक वरिष्ठ नेता हैं। 1 फरवरी 2014 से 17 मार्च 2017 तक आप उत्तराखंड के मुख्यमंत्री रहे।

पूरन चन्द्र शर्माः उत्तराखंड भारतीय जनता पार्टी के वरिष्ठ नेता हैं।

डॉ॰ इस्लाम अहमद सिद्दीकीः ये अमेरिका में 'क्लिंटन सरकार' में उपमन्त्री रह चुके हैं। इनका जन्म हल्द्वानी के 'वन भूल पुरा' में हुआ था।

मेजर जनरल भुवनचन्द्र खंडूरीः आप भाजपा के वरिष्ठ नेता हैं। अटल बिहारी वाजपेयी सरकार में मंत्री रहे। 8 मार्च, 2007 से 26 जून 2009 तक उत्तराखंड के चौथे मुख्यमंत्री के रूप में कार्य किया है। 11 सितम्बर 2011 को आप दोबारा राज्य के मुख्यमंत्री बने। वर्तमान में आप लोकसभा सदस्य हैं।

डॉ. रमेश पोखरियाल 'निशंक'ः आप भाजपा के युवा नेता हैं। 27 जून, 2009 से 10 सितम्बर 2011 तक आपने उत्तराखण्ड के पांचवें मुख्यमंत्री के रूप में कार्य किया। वर्तमान में आप लोकसभा सदस्य हैं।

साहित्यकार

हिमांशु जोशीः हिन्दी के एक प्रसिद्ध कहानीकार एवं उपन्यासकार हैं। इनकी अनेक रचनाएं बहुत लोकप्रिय हुई हैं।

मृणाल पाण्डेः इन्होंने कई पत्र-पत्रिकाओं का सफलतापूर्वक सम्पादन किया है। आप एक वरिष्ठ लेखिका एवं पत्रकार हैं।

पवन तिवारीः एक युवा पत्रकार के रूप में पवन तिवारी उभरते हुए हस्ताक्षर हैं। अपनी लेखनी के माध्यम से आपने उत्तराखंड आन्दोलन को नई दिशा प्रदान की। वर्तमान में आप लेखन कार्य में लगे हुए हैं।

शिक्षाविद्

उर्मिला रानी सूरीः इन्हें वर्ष 2000 में राष्ट्रीय शिक्षक पुरस्कार मिल चुका है।

एम॰डी॰ उपाध्यायः ये एक प्रसिद्ध शिक्षाविद् हैं। आप कुमायूँ विश्वविद्यालय के कुलपति रह चुके हैं।

डॉ॰ शिवप्रसाद डबरालः एक प्रसिद्ध लेखक के साथ-साथ आपने गम्भीर चिन्तक के रूप में भी लोकप्रियता अर्जित की है।

पुष्पेश पंतः दिल्ली में एक लेखक एवं चिन्तक के रूप में लोकप्रिय हैं।

पर्यावरणविद्

चंडीप्रसाद भट्टः इन्हें 'रेमन मैग्सेसे' पुरस्कार मिल चुका है। इन्होंने वनों की रक्षा एवं उसके क्षेत्रफल में वृद्धि के लिए सराहनीय कार्य किया है। वर्ष 2013 में इन्हें गांधी शांति पुरस्कार से सम्मानित किया गया है।

सुन्दरलाल बहुगुणाः ये 'चिपको आन्दोलन' के जनक हैं। आप एक विश्वविख्यात पर्यावरणविद् हैं। अनेक महत्त्वपूर्ण सम्मानों से सम्मानित श्री बहुगुणा के अथक् प्रयत्नों से पर्यावरण की रक्षा में बहुत सहायता मिली है।

खिलाड़ी

सुश्री बछेन्द्री पालः ये उत्तरकाशी की निवासी हैं। ये भारत की प्रथम महिला पर्वतारोही हैं, जिन्होंने वर्ष 1984 में माउंट एवरेस्ट पर 'तिरंगा' फहराया। इन्हें अर्जुन पुरस्कार, पद्मश्री, नेशनल एडवेंचर पुरस्कार, आई॰ एम॰ एफ॰ स्वर्णपदक सहित अनेक पुरस्कारों से पुरस्कृत किया जा चुका है।

जसपाल राणाः ये एक निशानेबाज हैं। 1994 के हिरोशिमा एशियाई खेलों में 25 मीटर सेंटर फायर स्पर्धा में इन्होंने स्वर्णपदक जीता था। 1995 की राष्ट्रमंडल निशानेबाजी प्रतियोगिता में इन्होंने 8 स्वर्ण पदक जीते थे। इन्हें 1994 में अर्जुन पुरस्कार मिल चुका है। वर्ष 2006 के मेलबर्न राष्ट्रमंडल खेलों में इन्होंने शानदार प्रदर्शन किया।

नौकरशाह

कमल पाण्डेः ये भारतीय प्रशासनिक सेवा के उच्च अधिकारी रह चुके हैं। केन्द्र सरकार में गृह सचिव के रूप में कार्य कर चुके हैं।

विनोद पाण्डेः 'भारतीय प्रशासनिक सेवा' के पूर्व वरिष्ठ अधिकारी श्री पाण्डे केन्द्र सरकार में कैबिनेट सचिव के रूप में कार्य कर चुके हैं।

बी॰डी॰ पाण्डेः 'भारतीय प्रशासनिक सेवा' के पूर्व उच्चाधिकारी को केन्द्र में कैबिनेट सचिव के रूप में कार्य करने का अवसर प्राप्त हो चुका है।

वास्तुकार, चित्रकार, मूर्तिकार, छायाकार एवं सामाजिक कार्यकर्ता

आनंद सिंह बिष्टः आनंद सिंह बिष्ट का जन्म 1913 में ग्राम कोलसी, उदयपुर, गढ़वाल में हुआ था। आप राष्ट्रीय स्तर के ख्याति प्राप्त वास्तुशिल्पी, स्वतंत्रता संग्राम सेनानी एवं समाज सेवी रहे हैं।

गंगा सिंह राणा (1892-1969)ः गंगा सिंह राणा का जन्म 1892 में ग्राम परवोलापट्टी अजमेर बल्ला गढ़वाल में हुआ था। आप ने 'वोटेनिकल आर्टिस्ट' के रूप में प्रसिद्धि पाई थी।

अनूप साहः अनूप साह का जन्म 6 अगस्त, 1949 को नैनीताल में हुआ था। आप स्वतंत्र छायाकार, पर्वतारोही एवं लेखक हैं।

चमेली जुगराणः 17 मार्च, 1939 को ग्राम गंडासू, गढ़वाल में जन्मी चमेली जुगराण ने चित्रकारी के क्षेत्र में प्रसिद्धि पाई है।

द्वारिका प्रसार धूलियाः प्रो. द्वारिका प्रसाद धूलिया राष्ट्रीय ख्याति प्राप्त कलाविद्, प्रोफेसर एवं लेखक हैं।

आपकी प्रसिद्ध पुस्तक अजंता की गुफाओं पर आधारित 'चित्र दर्शन' है।

रमेश बिष्टः गढ़वाल निवासी रमेश बिष्ट एक प्रसिद्ध मूर्तिकार हैं। 1965-70 के मध्य उत्तर प्रदेश ललित कला अकादमी ने आपको सर्वश्रेष्ठ मूर्तिकार घोषित किया था।

रणवीर सिंह बिष्टः पद्मश्री से सम्मानित होने वाले आप उत्तराखंड के अकेले चित्रकार हैं। उत्तराखंड में चित्रकला के क्षेत्र में आपका गौरवशाली नाम है।

चन्द्रशेखर पाण्डेयः 2 जुलाई, 1961 को जिला अल्मोड़ा में जन्मे श्री पाण्डेय अन्तर्राष्ट्रीय हिमालयन रन एण्ड ट्रैक स्पर्धा आयोजित करनेवाले पहले भारतीय हैं।

रतन सिंह चौहानः रतन सिंह चौहान का पर्वतारोहण के क्षेत्र में प्रमुख नाम है। पर्वतारोहण, रॉक क्लाइम्बिंग, स्की जैसे साहसिक कार्यों में बेहतर प्रदर्शन के लिए आपको कई पुरस्कार मिले हैं।

हरीशचन्द्र सिंह रावतः आप एक प्रसिद्ध पर्वतारोही हैं। आपकी उपलब्धियों पर भारत सरकार ने 'पद्मश्री' व 'अर्जुन अवार्ड' से सम्मानित किया है।

दीप जोशीः आप पिथौरागढ़ जिले के रहने वाले हैं। समाज सेवा के लिए आपको वर्ष 2009 में रेमन मैग्सेसे पुरस्कार प्राप्त हो चुका है।

❑❑❑

1. पृथक् 'उत्तराखंड' राज्य अस्तित्व में आया:
   (a) 9 नवम्बर, 2000 को
   (b) 1 नवम्बर, 2000 को
   (c) 5 नवम्बर, 2000 को
   (d) 7 नवम्बर, 2000 को

2. उत्तराखंड राज्य को देश की सीमाएं स्पर्श करती हैं:
   (a) तिब्बत-बांग्लादेश
   (b) तिब्बत-नेपाल
   (c) नेपाल-पाकिस्तान
   (d) तिब्बत-पाकिस्तान

3. नवम्बर, 2000 में गठित भारत के राज्यों में उत्तराखंड का क्रम है:
   (a) 25वाँ
   (b) 26वाँ
   (c) 27वाँ
   (d) 28वाँ

4. उत्तराखंड का सर्वाधिक उच्च पर्वत शिखर है:
   (a) त्रिशूल
   (b) नन्दा देवी
   (c) पंचचूली
   (d) नन्दाकोट

5. पृथक् राज्य उत्तराखंड के गठन हेतु सर्वप्रथम राजनीतिक समर्थन दिया:
   (a) प. गोविन्द बल्लभ पंत ने
   (b) पं॰ जवाहर लाल नेहरू ने
   (c) श्रीमती इन्दिरा गांधी ने
   (d) राजीव गांधी ने

6. उत्तराखंड में जिलों की संख्या है:
   (a) 13
   (b) 14
   (c) 15
   (d) 16

7. उत्तराखंड हेतु गठित पहला आयोग था:
   (a) पन्त आयोग
   (b) फजल अली आयोग
   (c) कौशिक आयोग
   (d) इनमें से कोई नहीं

8. उत्तराखंड में स्थित शिवालिक पर्वतमाला को हरिद्वार के निकट किस नाम से जाना जाता है?
   (a) चुरिया
   (b) डुण्डवा
   (c) ॠषिकेश
   (d) नहान

9. उत्तराखंड राज्य किस प्राकृतिक सम्पदा हेतु सम्पन्न माना जाता है?
   (a) वन सम्पदा   *(b)* खनिज सम्पदा
   (c) गैस सम्पदा   *(d)* जल सम्पदा

10. उत्तराखंड में सर्वाधिक ऊँचाई पर स्थित पहाड़ी स्थान कौन सा है?
    (a) मसूरी   *(b)* देहरादून
    (c) नैनीताल   *(d)* रानीखेत

11. पृथक् राज्य 'उत्तराखंड' के गठन हेतु प्रथम संकल्पना करने वाले क्षेत्रीय नेता थे:
    (a) पं गोविन्द बल्लभ पन्त   *(b)* बद्रीदत्त पाण्डेय
    (c) नारायण दत्त तिवारी   *(d)* डॉ॰ मुरली मनोहर जोशी

12. उत्तराखंड में ऊपरी गंगा नहर का उद्गम निम्नलिखित में से किस स्थान से हुआ है?
    (a) बनबसा   *(b)* ओखला
    (c) नरौरा   *(d)* हरिद्वार

13. पृथक् उत्तराखंड हेतु गठित पहली राजनीतिक पार्टी है:
    (a) भारतीय जनता पार्टी   *(b)* उत्तराखण्ड क्रान्ति दल
    (c) भारतीय राष्ट्रीय कांग्रेस   *(d)* समाजवादी पार्टी

14. उत्तराखंड में स्थित ऋषिकेश तीर्थस्थान किस नदी के किनारे स्थित है?
    (a) गंगा   *(b)* यमुना
    (c) घाघरा   *(d)* शारदा

15. पृथक् उत्तराखंड हेतु प्रथम सर्वदलीय सम्मेलन आयोजित हुआ:
    (a) पौड़ी गढ़वाल में   *(b)* नैनीताल में
    (c) कर्ण प्रयाग में   *(d)* देहरादून में

16. उत्तराखंड राज्य का क्षेत्रफल है:
    (a) 59,950 वर्ग कि॰मी॰   *(b)* 53,960 वर्ग कि॰मी॰
    (c) 57,970 वर्ग कि॰मी॰   *(d)* 53,483 वर्ग कि॰मी॰

17. उत्तराखंड में 'सातताल' झील कहाँ स्थित है?
    (a) नैनीताल   *(b)* अल्मोड़ा
    (c) गढ़वाल   *(d)* देहरादून

18. पृथक् उत्तराखंड हेतु प्रथम प्रदर्शन नई दिल्ली में आयोजित हुआ:
    (a) 1985 में   *(b)* 1986 में
    (c) 1987 में   *(d)* 1989 में

19. 'पायराइट्स फॉस्फेट्स एण्ड केमीकल्स लिमिटेड' द्वारा उत्तराखंड के किन जिलों में 'रॉक फॉस्फेट्स' उत्खनन का कार्य किया जा रहा है?
    (a) गढ़वाल-नैनीताल   *(b)* देहरादून-टिहरी गढ़वाल
    (c) देहरादून-ऊधमसिंह नगर   *(d)* चम्पावत-पिथौरागढ़

20. पृथक् उत्तराखंड हेतु केन्द्र को पारित प्रस्ताव भेजने वाली पहली उत्तर प्रदेश सरकार थी:
 (a) सपा सरकार   *(b)* कांग्रेस सरकार
 (c) बसपा सरकार   *(d)* भाजपा सरकार

21. विश्वविख्यात 'फूलों की घाटी' उत्तराखंड के किस जिले में स्थित है?
 (a) नैनीताल   *(b)* उत्तरकाशी
 (c) अल्मोड़ा   *(d)* चमोली

22. उत्तराखंड के पृथक्कीरण का मूल कारण है:
 (a) पर्वतीय जनों की संस्कृति की सुरक्षा   *(b)* पर्वतीय जनों का पिछड़ापन एवं निर्धनता
 (c) पर्वतीय जनों की अपनी पहचान एवं जमीन   *(d)* पर्वतीय जनों की राजनीतिक इच्छा

23. उत्तराखंड में क्षेत्रफल के आधार पर सर्वाधिक बड़ा जिला कौन सा है?
 (a) उत्तरकाशी   *(b)* रुद्रप्रयाग
 (c) चमोली   *(d)* अल्मोड़ा

24. 'उत्तराखण्ड' हेतु 'कौशिक समिति' गठित करने वाले मुख्यमन्त्री थे:
 (a) कल्याण सिंह   *(b)* मुलायम सिंह यादव
 (c) सुश्री मायावती   *(d)* राम प्रकाश गुप्त

25. 'कौशिक समिति' गठित की गई थी:
 (a) 1994 में   *(b)* 1995 में
 (c) 1996 में   *(d)* 1998 में

26. जनसंख्या के आधार पर उत्तराखंड का कौन सा जिला सबसे बड़ा है?
 (a) नैनीताल   *(b)* चमोली
 (c) हरिद्वार   *(d)* बागेश्वर

27. उत्तराखंड में सबसे कम क्षेत्रफल किस जिले का है?
 (a) देहरादून   *(b)* उत्तरकाशी
 (c) टिहरी गढ़वाल   *(d)* चंपावत

28. 1-2 अक्टूबर, 1994 को नई दिल्ली जा रहे आन्दोलनकारियों के साथ अमानवीय अत्याचार किए गए, वह कुख्यात स्थान था:
 (a) गाजियाबाद   *(b)* मेरठ
 (c) मुजफ्फरनगर   *(d)* नई दिल्ली

29. कोटेश्वर गुफा किस जिले में स्थित है?
 (a) देहरादून   *(b)* रुद्रप्रयाग
 (c) पिथौरागढ़   *(d)* अल्मोड़ा

30. पृथक् उत्तराखंड हेतु छात्र पहली बार आन्दोलित हुए:
 (a) जुलाई, 1992 में   *(b)* जुलाई, 1993 में
 (c) जुलाई, 1994 में   *(d)* जुलाई, 1995 में

31. स्वतन्त्रता दिवस पर उत्तराखंड के गठन की प्रथम घोषणा करने वाले प्रधानमन्त्री हैं:
 (a) राजीव गांधी   *(b)* एच॰ डी॰ देवगौड़ा
 (c) चन्द्रशेखर   *(d)* अटल बिहारी वाजपेयी

32. उत्तराखंड के किस नगर में राष्ट्रीय इण्डियन मिलिटरी कॉलेज स्थित है?
    (a) देहरादून   (b) नैनीताल
    (c) ऋषिकेश   (d) पिथौरागढ़

33. राष्ट्रपति के माध्यम से 'उत्तराखंड राज्य विधेयक' उत्तर प्रदेश विधान सभा को विचारार्थ भेजने वाली सरकार थी:
    (a) कांग्रेस सरकार   (b) संयुक्त मोर्चा सरकार
    (c) भाजपा सरकार   (d) इनमें से कोई नहीं

34. राष्ट्रपति द्वारा 'उत्तर प्रदेश पुनर्गठन विधेयक-2000', हस्ताक्षरित किया गया:
    (a) 25 अगस्त, 2000 को   (b) 26 अगस्त, 2000 को
    (c) 28 अगस्त, 2000 को   (d) 31 अगस्त, 2000 को

35. उत्तराखंड का सबसे पुराना इंजीनियरिंग विश्वविद्यालय कौन सा है?
    (a) गोविन्द बल्लभ पन्त कृषि तथा प्रौद्योगिकी विश्वविद्यालय
    (b) वन अनुसन्धान संस्थान
    (c) गढ़वाल विश्वविद्यालय
    (d) रुड़की विश्वविद्यालय

36. 'उत्तराखंड' का मातृ-राज्य है:
    (a) मध्य प्रदेश   (b) उत्तर प्रदेश
    (c) बिहार   (d) राजस्थान

37. उत्तराखंड में स्थित मसूरी की लाल बहादुर शास्त्री अकादमी का निम्नलिखित में से किससे सम्बन्ध है?
    (a) आई॰ए॰एस॰ प्रशिक्षण   (b) वन अनुसन्धान
    (c) आई॰पी॰एस॰ प्रशिक्षण   (d) परमाणु शोध

38. उत्तराखंड की विशिष्ट पहचान है:
    (a) जनसंख्या   (b) पर्वतीय संस्कृति
    (c) नैसर्गिक सौन्दर्य   (d) समुन्नति

39. उत्तराखंड में भारतीय सर्वेक्षण विभाग का कार्यालय निम्नलिखित में से किस नगर में स्थित है?
    (a) चमोली   (b) नैनीताल
    (c) हरिद्वार   (d) देहरादून

40. उत्तराखंड राज्य का वन क्षेत्र है:
    (a) 62%   (b) 45.43%
    (c) 64%   (d) 65%

41. उत्तराखंड में किस नगर में राज्य वन सेवा महाविद्यालय है?
    (a) अल्मोड़ा   (b) हरिद्वार
    (c) चम्पावत   (d) देहरादून

42. उत्तराखंड की भौगोलिक स्थिति है:

(a) 27°52′ उत्तरी अक्षांश से 30°27′ उत्तरी अक्षांश तथा
76°35′ पूर्वी देशान्तर से 80°4′ पूर्वी देशान्तर तक

(b) 28°43′ उत्तरी अक्षांश से 31°27′ उत्तरी अक्षांश तथा
77°34′ पूर्वी देशान्तर से 81°02′ पूर्वी देशान्तर तक

(c) 28°53′ उत्तरी अक्षांश से 31°29′ उत्तरी अक्षांश तथा
77°35′ पूर्वी देशान्तर से 81°5′ पूर्वी देशान्तर तक

(d) 29°52′ उत्तरी अक्षांश से 32°29′ उत्तरी अक्षांश तथा
78°36′ पूर्वी देशान्तर से 82°6′ पूर्वी देशान्तर तक

43. भारतीय औषधि फार्मास्युटिकल्स निगम का कारखाना निम्नलिखित मे से किस नगर में स्थित है?

(a) ऋषिकेश   (b) मसूरी

(c) हरिद्वार   (d) रुड़की

44. उत्तराखंड राज्य की भौगोलिक सीमाएं हैं:

(a) उत्तर में नेपाल एवं हिमाचल प्रदेश, पूर्व में हरियाणा, दक्षिण में उत्तर प्रदेश, पश्चिम में हिमाचल प्रदेश एवं नेपाल

(b) उत्तर में चीन एवं नेपाल, पूर्व में उत्तर प्रदेश, दक्षिण में हिमाचल प्रदेश, पश्चिम में उत्तर प्रदेश एवं हिमाचल प्रदेश

(c) उत्तर में उत्तर प्रदेश एवं चीन, पूर्व में नेपाल, दक्षिण में हिमाचल प्रदेश, पश्चिम में हरियाणा एवं हिमाचल प्रदेश

(d) उत्तर में हिमाचल प्रदेश एवं चीन, पूर्व में नेपाल, दक्षिण में उत्तर प्रदेश, पश्चिम में हरियाणा एवं हिमाचल प्रदेश

45. उत्तराखंड में कृषि नीति को व्यावहारिक स्वरूप प्रदान करने हेतु 'प्रयोगशाला से खेतों तक' कार्यक्रम किस संस्थान की देन है?

(a) चन्द्रशेखर आजाद कृषि विश्वविद्यालय   (b) नरेन्द्र देव कृषि विश्वविद्यालय

(c) पन्तनगर विश्वविद्यालय   (d) राजा बलवन्त सिंह कृषि विश्वविद्यालय

46. उत्तराखंड उच्च न्यायालय स्थित है:

(a) बागेश्वर में   (b) नैनीताल में

(c) देहरादून में   (d) गोपेश्वर में

47. प्रसिद्ध 'केम्पटी जलप्रपात' निम्नलिखित में से किस पहाड़ी स्थान पर है?

(a) मसूरी   (b) नैनीताल

(c) अल्मोड़ा   (d) लैन्सडाउन

48. देश के उच्च न्यायालयों में 'उत्तराखंड उच्च न्यायालय' का क्रम है:

(a) 18वां   (b) 19वां

(c) 20वां   (d) 21वां

49. ब्रिटिश सरकार के शासन काल में उत्तर प्रदेश की ग्रीष्मकालीन राजधानी निम्नलिखित में से किस नगर में होती थी?

(a) श्रीनगर   (b) मसूरी

(c) रानीखेत   (d) नैनीताल

50. वर्ष 2011 की जनगणनानुसार, उत्तराखंड राज्य की जनसंख्या है:

(a) 1,50,40,270   (b) 1,00,86,292

(c) 90,09,670   (d) 95,37,218

51. वर्ष 2011 की जनगणनानुसार, उत्तराखंड राज्य का जनसंख्या घनत्व है:

(a) 189 व्यक्ति प्रति वर्ग कि.मी.   (b) 200 व्यक्ति प्रति वर्ग कि.मी.

(c) 175 व्यक्ति प्रति वर्ग कि.मी.   (d) 210 व्यक्ति प्रति वर्ग कि.मी.

52. गंगा नदी के किनारे स्थित 'हर की पौड़ी' उत्तराखंड में कहाँ स्थित है?

(a) बद्रीनाथ   (b) ऋषिकेश

(c) हरिद्वार   (d) इनमें से कोई नहीं

53. वर्ष 2011 की जनगणनानुसार, उत्तराखंड की साक्षरता है:

(a) 85.48 प्रतिशत   (b) 78.38 प्रतिशत

(c) 78.8 प्रतिशत   (d) 75.18 प्रतिशत

54. उत्तराखंड का कौन सा नगर शंकराचार्य द्वारा हिन्दू धर्म की पुनर्स्थापना का स्थान था?

(a) ऋषिकेश   (b) बद्रीनाथ

(c) केदारनाथ   (d) हरिद्वार

55. उत्तराखंड में कृषि योग्य भूमि है:

(a) 11.5 प्रतिशत   (b) 13.06 प्रतिशत

(c) 13.5 प्रतिशत   (d) 14.5 प्रतिशत

56. 'सहस्रधारा जल प्रपात' उत्तराखंड के किस शहर में स्थित है?

(a) नैनीताल   (b) अल्मोड़ा

(c) हरिद्वार   (d) देहरादून

57. उत्तराखंड राज्य से लोकसभा के निर्धारित स्थान हैं:

(a) 5   (b) 7

(c) 8   (d) 9

58. 'तपोवन' उत्तराखंड में कहाँ स्थित है?

(a) हरिद्वार के निकट   (b) ऋषिकेश के निकट

(c) मसूरी के निकट   (d) अल्मोड़ा के निकट

59. उत्तराखंड राज्य से राज्यसभा के निर्धारित स्थान हैं:

(a) 2   (b) 3

(c) 4   (d) 5

60. उत्तराखंड का विश्व प्रसिद्ध 'कार्बेट नेशनल पार्क' निम्नलिखित में से किस जिले में स्थित है?
    (a) पिथौरागढ़   (b) चमोली
    (c) नैनीताल   (d) अल्मोड़ा

61. उत्तराखंड विधान सभा की निर्वाचित सदस्य संख्या है:
    (a) 40   (b) 50
    (c) 60   (d) 70

62. बिल्डिंग रिसर्च इंस्टीट्यूट एवं स्ट्रक्चरल इंजीनियरिंग सेन्टर कहाँ है?
    (a) देहरादून   (b) पौड़ी
    (c) नरेन्द्र नगर   (d) रुड़की

63. राज्य के प्रथम राज्यपाल बनने का गौरव किसे प्राप्त है?
    (a) सुरजीत सिंह बरनाला   (b) प्रकाश सिंह बादल
    (c) मोतीलाल बोरा   (d) जगन्नाथ मिश्र

64. उत्तराखंड में किस जिले में सर्वाधिक जनजातियाँ पाई जाती हैं?
    (a) चमोली   (b) ऊधमसिंह नगर
    (c) टिहरी गढ़वाल   (d) उत्तरकाशी

65. उत्तराखंड राज्य शैक्षिक अनुसंधान एवं प्रशिक्षण परिषद् कहाँ स्थित है?
    (a) ऋषिकेश   (b) पौड़ी
    (c) नरेन्द्र नगर   (d) हरिद्वार

66. निम्नलिखित (जनजातीय-स्थान) जोड़ों में से सही जोड़ा बताइए?
    (a) थारू - उत्तरकाशी   (b) जौनसार - नैनीताल
    (c) थारू - पिथौरागढ़   (d) भोटिया - अल्मोड़ा

67. हरिद्वार की 'हर की पौड़ी' का निर्माण करवाया था–
    (a) राजा मंगलसेन ने   (b) राजा अशोक ने
    (c) राजा हरपाल ने   (d) राजा विक्रमादित्य ने

68. उत्तराखंड राज्य से उत्तर प्रदेश में सर्वाधिक समय तक मुख्यमन्त्री पद को सुशोभित करने वाले निम्नलिखित में से कौन थे?
    (a) नारायण दत्त तिवारी   (b) गोविन्द बल्लभ पन्त
    (c) हेमवती नन्दन बहुगुणा   (d) इनमें से कोई नहीं

69. उत्तराखंड में 'पर्वतों की रानी' किसे कहा जाता है?
    (a) मसूरी   (b) रानीखेत
    (c) लैंसडाउन   (d) नैनीताल

70. राज्य के विश्वविख्यात नेता सुन्दरलाल बहुगुणा का कार्यक्षेत्र है:
    (a) समाज सुधार   (b) राजनीति
    (c) पर्यावरण   (d) साहित्य

71. उत्तराखंड का सबसे ऊँचा बाँध है:
    (a) टिहरी (भागीरथी नदी)
    (b) किसाऊ (टोन्स नदी)
    (c) लखवार (यमुना नदी)
    (d) रामगंगा (रामगंगा नदी)

72. 'कुमायूँ विश्वविद्यालय' का कुलपति रहने का गौरव मिलाः
    (a) नाथू राम उप्रेती को
    (b) एम॰डी॰ उपाध्याय को
    (c) बालादत्त पाण्डे को
    (d) चन्द्रलाल शाह को

73. टाटा इन्स्टीट्यूट ऑफ फण्डामेण्टल रिसर्च मुम्बई की सहभागिता से तीन मीटर व्यास की एशिया की सबसे बड़ी दूरबीन उत्तराखंड में कहाँ स्थापित की गई है?
    (a) पिथौरागढ़
    (b) अल्मोड़ा
    (c) देवस्थल (नैनीताल)
    (d) टिहरी गढ़वाल

74. 'उत्तराखंड उच्च न्यायालय' के प्रथम मुख्य न्यायाधीश थेः
    (a) न्यायमूर्ति एस॰ के सेन
    (b) न्यायमूर्ति पी॰सी॰ वर्मा
    (c) न्यायमूर्ति एम॰सी॰ जैन
    (d) न्यायमूर्ति ए॰ए॰ देसाई

75. राज्य के किस स्थान पर 'वन्य जन्तु रक्षक प्रशिक्षण केन्द्र' स्थापित किया गया है?
    (a) कालागढ़
    (b) ललितपुर
    (c) नैनीताल
    (d) अल्मोड़ा

76. राज्य की विभूति डॉ॰ इस्लाम अहमद सिद्दीकी ने अमेरिका में एक इतिहास रचा, वह क्षेत्र है:
    (a) विज्ञान
    (b) राजनीति
    (c) फिल्म क्षेत्र
    (d) सामाजिक कार्य

77. दक्षिण-पूर्व एशिया का सबसे पहला राष्ट्रीय पार्क 'हेली नेशनल पार्क' था जो वर्तमान में जाना जाता है:
    (a) राजाजी राष्ट्रीय उद्यान
    (b) गोविन्द राष्ट्रीय उद्यान
    (c) कार्बेट राष्ट्रीय उद्यान
    (d) दुधवा राष्ट्रीय उद्यान

78. सतपाल महाराज मूलतः हैं:
    (a) पर्यावरणविद्
    (b) साहित्यकार
    (c) राजनीतिज्ञ
    (d) आध्यात्मिक गुरु

79. केदारनाथ उत्तराखंड के किस जिले में स्थित है?
    (a) रुद्र प्रयाग
    (b) उत्तरकाशी
    (c) चमोली
    (d) पिथौरागढ़

80. राज्य में 'कुमायूँ केशरी' कहा जाता है:
    (a) पं॰ गोविन्द बल्लभ पन्त को
    (b) बद्री प्रसाद पाण्डे को
    (c) डॉ॰ मुरली मनोहर जोशी को
    (d) हेमवती नन्दन बहुगुणा को

81. 'चिपको आन्दोलन' सम्बन्धित है:
    (a) वन्य जीव संरक्षण से
    (b) जल संरक्षण से
    (c) वन संरक्षण से
    (d) वायु संरक्षण से

82. उत्तराखंड उच्च न्यायालय के पहले रजिस्ट्रार जनरल नियुक्त होने का गौरव मिला थाः
(a) सुधांशु धूलिया को (b) एल॰पी॰ नैथानी को
(c) एम॰एम॰ घिल्डियाल को (d) जी॰सी॰एस॰ रावत को

83. बाघ परियोजना (टाइगर प्रोजेक्ट) सम्बन्धित हैः
(a) कार्बेट नेशनल पार्क से (b) राजाजी नेशनल पार्क से
(c) दुधवा नेशनल पार्क से (d) नन्दा देवी नेशनल पार्क से

84. राज्य में बाल विकास की प्रथम योजना लागू हैः
(a) गोपेश्वर में (b) बागेश्वर में
(c) हल्द्वानी में (d) नैनीताल में

85. केदारनाथ में किसका मन्दिर है?
(a) त्रिदेव (b) विष्णु
(c) शिव (d) ब्रह्मा

86. राज्य में 'छोटा कश्मीर' कहा जाता हैः
(a) अल्मोड़ा को (b) नैनीताल को
(c) मसूरी को (d) पिथौरागढ़ को

87. रूस के सहयोग से स्थापित 'एण्टी-बायोटिक्स' दवाइयाँ बनाने का कारखाना उत्तराखंड के किस नगर में स्थित है?
(a) ऋषिकेश (b) नैनीताल
(c) अल्मोड़ा (d) बागेश्वर

88. राज्य में 'वन नगर' कहा जाता हैः
(a) उत्तरकाशी को (b) देहरादून को
(c) रानीखेत को (d) पौड़ी गढ़वाल को

89. उत्तराखंड के निम्नलिखित में से किस जिले में केसर की कृषि नहीं की जाती है?
(a) पिथौरागढ़ (b) देहरादून
(c) पौड़ी गढ़वाल (d) अल्मोड़ा

90. उत्तराखंड की अर्थव्यवस्था को कहा जाता हैः
(a) उधार की अर्थव्यवस्था (b) स्थिर अर्थव्यवस्था
(c) मनीआर्डर अर्थव्यवस्था (d) अस्थिर अर्थव्यवस्था

91. उत्तराखंड में एण्टी-बायोटिक्स दवाइयां बनाने का कारखाना किस देश के सहयोग से स्थापित हुआ है?
(a) रूस (b) जर्मनी
(c) फ्रांस (d) अमेरिका

92. राज्य में एक नया हवाई अड्डा प्रस्तावित हैः
(a) बाजपुर में (b) बागेश्वर में
(c) गोपेश्वर में (d) चम्पावत में

93. उत्तराखंड विधानसभा में एंग्लो-इंडियन समुदाय के मनोनीत सदस्यों की संख्या है–
(a) 2
(b) 1
(c) 3
(d) 4

94. उत्तराखंड की दशकीय (2001-2011) जनसंख्या वृद्धि दर है:
(a) 23.55 प्रतिशत
(b) 20.55 प्रतिशत
(c) 18.81 प्रतिशत
(d) 21.55 प्रतिशत

95. पर्वतारोही बछेन्द्री पाल की ऐतिहासिक उपलब्धि है:
(a) माउण्ट ब्लैक विजय
(b) नवोदित पर्वतारोहियों का मार्ग दर्शन
(c) कामेट एण्ड गमीन विजय
(d) माउण्ट एवरेस्ट विजय

96. प्रख्यात खिलाड़ी सैयद अली सम्बन्धित हैं:
(a) हॉकी से
(b) बैडमिन्टन से
(c) टेनिस से
(d) कुश्ती से

97. राज्य के प्रख्यात व्यक्तित्व डॉ देवीदत्त पन्त हैं:
(a) साहित्यकार
(b) वैज्ञानिक
(c) राजनेता
(d) समाज सुधारक

98. उत्तराखंड में स्थायी चरागाह भूमि है:
(a) 3.25 प्रतिशत
(b) 3.49 प्रतिशत
(c) 5.25 प्रतिशत
(d) 6.25 प्रतिशत

99. उत्तराखंड में 2011 की जनगणना के अनुसार लिंग-अनुपात कितना है?
(a) 955
(b) 975
(c) 963
(d) 970

100. प्रसिद्ध निशानेबाज जसपाल राणा ने निशानेबाजी में लगातार 8 स्वर्णपदक जीतकर इतिहास रचा, वह खेल प्रतियोगिता थी:
(a) एशियाई खेल
(b) ओलम्पिक खेल
(c) राष्ट्रीय खेल
(d) राष्ट्रमण्डलीय खेल

101. निम्नलिखित में से किस प्रकार के फलों का उत्पादन उत्तराखंड में होता है?
(a) शुष्क जलवायु वाले
(b) समशीतोष्ण जलवायु वाले
(c) शीतोष्ण जलवायु वाले
(d) ऊष्ण जलवायु वाले

102. टिहरी बांध परियोजना का निर्माण प्रदेश में कहाँ किया जा रहा है?
(a) नैनीताल
(b) टिहरी
(c) पिथौरागढ़
(d) अल्मोड़ा

103. कागज बनाने का उद्योग उत्तराखंड में कहाँ स्थित है?
(a) रानीखेत
(b) हल्द्वानी
(c) चमोली
(d) कलाकुआँ

104. गढ़वाल का प्राचीन नाम बताइए:

    (a) पिथौरागढ़   *(b)* खानदेश

    (c) लखनकोट   *(d)* खसदेश

105. 'गोविन्द वन्य जीव अभयारण्य' प्रदेश के किस जिले में स्थित है?

    (a) अल्मोड़ा जिले में   *(b)* उत्तरकाशी जिले में

    (c) पिथौरागढ़ जिले में   *(d)* नैनीताल जिले में

106. बद्रीनाथ के पास स्थित 'फूलों की घाटी राष्ट्रीय पार्क' की स्थापना कब की गई थी?

    (a) 1971 ई.   *(b)* 1981 ई.

    (c) 1988 ई.   *(d)* 1978 ई.

107. नैनीताल में स्थित 'जिम कार्बेट नेशनल पार्क' की स्थापना कब की गई थी?

    (a) 1935 ई.   *(b)* 1984 ई.

    (c) 1938 ई.   *(d)* 1945 ई.

108. प्रदेश के देहरादून नगर में 'फॉरेस्ट स्कूल ऑफ देहरादून' नामक कॉलेज की स्थापना कब हुई थी?

    (a) 1975 ई.   *(b)* 1985 ई.

    (c) 1978 ई.   *(d)* 1928 ई.

109. हरिद्वार के 'पशुपतिनाथ महादेव मन्दिर' की स्थापना किसने की थी?

    (a) श्री बल्लभाचार्य   *(b)* बाबा श्रवणनाथ

    (c) जम्मू के राजा सुचेत सिंह   *(d)* श्री शंकराचार्य

110. 'दक्षेश्वर महादेव' का प्रसिद्ध मन्दिर' प्रदेश में कहाँ पर है?

    (a) कनखल (हरिद्वार)   *(b)* नैनीताल

    (c) अल्मोड़ा   *(d)* ऋषिकेश

111. प्रदेश में प्रसिद्ध 'गंगा मन्दिर' किस नगर में स्थित है?

    (a) हरिद्वार   *(b)* अल्मोड़ा

    (c) गंगोत्री   *(d)* नैनीताल

112. प्रदेश के 'बद्रीनाथ मन्दिर' की स्थापना किसने की थी?

    (a) गोस्वामी तुलसीदास   *(b)* बल्लभाचार्य

    (c) राधास्वामी   *(d)* आदिशंकराचार्य

113. प्रदेश के गढ़वाली क्षेत्र का प्रसिद्ध 'गायन-नृत्य' कौन सा है?

    (a) खयाल गायन-नृत्य   *(b)* झुमैलो गायन-नृत्य

    (c) घुरिया गायन-नृत्य   *(d)* कार्तिक गायन-नृत्य

114. उत्तराखंड की किस जनजाति की उपजातियां कठरिया, ज्गिोरा तथा राना हैं?

    (a) बुक्सा   *(b)* जौनसारी

    (c) माहीगीर   *(d)* थारू

115. प्रदेश के अल्मोड़ा, पिथौरागढ़, चमोली व उत्तरकाशी में कौन सी जनजाति निवास करती है?

    (a) बुक्सा   *(b)* राजी

    (c) भोटिया   *(d)* थारू

116. प्रदेश की कौन सी जनजाति के लोग गावला व बैंग रैंग चिम नामक देवता की पूजा करते हैं?
    (a) थारू
    (b) जौनसारी
    (c) भोटिया
    (d) राजी

117. प्रदेश की किस जनजाति का वाद्य यन्त्र 'हुडके' है?
    (a) भोटिया
    (b) राजी अथवा बनरौत
    (c) बुक्सा
    (d) थारू

118. 'महसू' नामक देवता की पूजा प्रदेश की किस जनजाति द्वारा की जाती है?
    (a) थारू
    (b) राजी या बनरौत
    (c) बुक्सा
    (d) जौनसारी

119. उत्तराखंड की जौनसारी जनजाति के प्रमुख तीर्थस्थल का नाम बताइए:
    (a) देवगढ़
    (b) लाखामण्डल
    (c) कोटद्वार
    (d) उत्तरकाशी

120. प्रदेश के उत्तरकाशी, देहरादून व टिहरी गढ़वाल जिलों में कौन सी जनजाति निवास करती है?
    (a) थारू
    (b) बुक्सा
    (c) जौनसारी
    (d) राजी

121. प्रदेश की निम्नलिखित में से किस जनजाति में बहुपति प्रथा का प्रचलन है?
    (a) बुक्सा
    (b) थारू
    (c) जौनसारी
    (d) भोटिया

122. उत्तराखंड की किस जनजाति द्वारा 'बाघनाथ' नामक देवता की पूजा की जाती है?
    (a) राजी
    (b) जौनसारी
    (c) थारू
    (d) भोटिया

123. 'मुण्डा' भाषा प्रदेश की किस जनजाति में प्रचलित है?
    (a) भोटिया
    (b) राजी
    (c) थारू
    (d) बुक्सा

124. थारू जनजाति में कैसी परिवार प्रथा है?
    (a) संयुक्त प्रथा
    (b) सीमित प्रथा
    (c) दोनों प्रकार की प्रथाएं
    (d) दोनों में से कोई नहीं

125. उत्तराखंड का कौन-सा नगर सबसे ऊँचाई पर बसा है?
    (a) पिथौरागढ़
    (b) नैनीताल
    (c) टिहरी गढ़वाल
    (d) मसूरी

126. प्रदेश की सबसे गहरी झील निम्नलिखित में से कौन सी है?
    (a) सातताल झील
    (b) खुरपाताल झील
    (c) नौकछिया ताल झील
    (d) भीमताल झील

127. केन्द्र सरकार द्वारा स्थापित संस्थान 'फाउण्ड्री फोर्ज' प्रदेश के किस नगर में है?
    (a) अल्मोड़ा
    (b) चमोली
    (c) पिथौरागढ़
    (d) हरिद्वार

128. 'कालसी' प्रदेश के किस जिले में स्थित है?
   (a) नैनीताल
   (b) चमोली
   (c) पिथौरागढ़
   (d) देहरादून

129. किसाऊ बांध किस नदी पर निर्माणाधीन है?
   (a) टोंस
   (b) गंगा
   (c) अलकनंदा
   (d) भागीरथी

130. अर्जुन पुरस्कार से सम्मानित डॉ. हर्षबन्ती विष्ट का सम्बन्ध किस खेल से है?
   (a) पर्वतारोहण
   (b) बैडमिन्टन
   (c) पोलो
   (d) जूडो

131. प्रसिद्ध सूर्य मन्दिर प्रदेश में कहाँ पर स्थित है?
   (a) कौसानी - जिला अल्मोड़ा
   (b) कालसी - जिला देहरादून
   (c) कटारमल - जिला अल्मोड़ा
   (d) हर की पौड़ी - जिला हरिद्वार

132. प्रदेश के सबसे उत्तर में स्थित जिला कौन सा है?
   (a) चमोली
   (b) पिथौरागढ़
   (c) उत्तरकाशी
   (d) देहरादून

133. प्रदेश का कौन-सा नगर 'संत नगरी' के नाम से जाना जाता है?
   (a) हरिद्वार
   (b) पिथौरागढ़
   (c) उत्तरकाशी
   (d) ऋषिकेश

134. प्रदेश के उच्च न्यायालय के मुख्य न्यायाधीश की नियुक्ति राष्ट्रपति किनके परामर्श से करता है?
   (a) प्रदेश के राज्यपाल व सर्वोच्च न्यायालय के न्यायाधीश
   (b) प्रदेश के राज्यपाल व मुख्यमंत्री
   (c) प्रदेश के मुख्यमंत्री व सर्वोच्च न्यायालय के न्यायाधीश
   (d) प्रधानमंत्री व प्रदेश के राज्यपाल

135. प्रदेश के उच्च न्यायालय का मुख्य न्यायाधीश कितने वर्ष की आयु तक अपने पद पर बना रह सकता है?
   (a) 65 वर्ष
   (b) 58 वर्ष
   (c) 62 वर्ष
   (d) 60 वर्ष

136. संविधान द्वारा प्रदेश को प्रदान सभी शक्तियों का प्रयोग करने व कार्य करने का अधिकार किसे प्राप्त है?
   (a) मंत्रिमण्डल को
   (b) राज्यपाल को
   (c) मुख्यमंत्री को
   (d) विधानसभा को

137. प्रदेश की मंत्रिपरिषद् किसके प्रति उत्तरदायी होती है?
   (a) राज्यपाल के
   (b) विधान सभा के
   (c) मुख्यमंत्री के
   (d) प्रधानमंत्री के

138. प्रदेश के राज्यपाल की नियुक्ति कौन करता है?
    (a) प्रधानमंत्री   (b) राष्ट्रपति
    (c) मुख्यमंत्री   (d) गृहमंत्री

139. प्रदेश के राज्यपाल का कार्यकाल सामान्यतः कितने वर्ष का होता है?
    (a) 5 वर्ष   (b) 2 वर्ष
    (c) 6 वर्ष   (d) 4 वर्ष

140. प्रदेश के राज्यपाल के पद के लिए कम-से-कम कितनी आयु होनी चाहिए?
    (a) 25 वर्ष   (b) 30 वर्ष
    (c) 35 वर्ष   (d) 50 वर्ष

141. प्रदेश के लोकसेवा आयोग के अध्यक्ष की नियुक्ति कौन करता है?
    (a) राष्ट्रपति   (b) प्रधानमंत्री
    (c) मुख्यमंत्री   (d) राज्यपाल

142. विधान सभा में धन विधेयक किसकी सिफारिश के बिना प्रस्तुत नहीं किया जा सकता?
    (a) गृहमंत्री   (b) राज्यपाल
    (c) मुख्यमंत्री   (d) वित्त मंत्री

143. प्रदेश में मंत्रिपरिषद् का मुखिया क्या कहलाता है?
    (a) मुख्यमंत्री   (b) राज्यपाल
    (c) गृहमंत्री   (d) वित्तमंत्री

144. प्रदेश के मुख्यमंत्री की नियुक्ति कौन करता है?
    (a) प्रधानमंत्री   (b) मुख्य न्यायाधीश
    (c) राज्यपाल   (d) संसद

145. उत्तराखंड के किस स्थान की लीची संपूर्ण भारत में प्रसिद्ध है?
    (a) चमोली   (b) हरिद्वार
    (c) नैनीताल   (d) देहरादून

146. कुम्भ मेला उत्तराखंड के किस नगर में लगता है?
    (a) मसूरी   (b) पिथौरागढ़
    (c) बागेश्वर   (d) हरिद्वार

147. निम्नलिखित में किस जनजाति का संबंध महाभारत काल से है?
    (a) माहीगीर   (b) भोटिया
    (c) बुक्सा   (d) थारू

148. 'गढ़वाल का हातिमताई' कहकर किसे पुकारा जाता है?
    (a) गोविन्द सिंह रावत   (b) कृपाल सिंह
    (c) अशोक जना बटशर   (d) कुँवर सिंह नेगी

149. उत्तराखंड के कुछ-प्रमुख संस्थानों के नाम प्रस्तुत हैं। सही जोड़ा बनाएं

प्रमुख स्थान   **नगर**

1. ड्रग्स कम्पोजिट रिसर्च यूनिट   (क) ऋषिकेश
2. भारी विद्युत संयन्त्र   (ख) रानीपुर (हरिद्वार)
3. हिन्दुस्तान एण्टी-बायोटिक्स लिमिटेड   (ग) देहरादून
4. इण्डियन इंस्टीट्यूट ऑफ पेट्रोलियम   (घ) रानीखेत

	1	2	3	4
(a)	(क)	(ख)	(ग)	(घ)
(b)	(घ)	(ख)	(क)	(ग)
(c)	(घ)	(क)	(ग)	(ख)
(d)	(ख)	(ग)	(क)	(घ)

150. चांचरी निम्नलिखित में से क्या है?

(a) नृत्य   (b) साहित्य

(c) संगीत   (d) चित्रकारी

151. उत्तराखंड में प्रसिद्ध ऐतिहासिक स्थल 'गोविषाण' की पहचान की गई है:

(a) हरिद्वार में   (b) काशीपुर में

(c) रुद्रप्रयाग में   (d) श्रीनगर में

152. उत्तराखंड में प्रसिद्ध शैल गुफा चित्र स्थल 'लख्यूओड़्यार' इस जिले में स्थित है:

(a) पौड़ी में   (b) अल्मोड़ा में

(c) चमोली में   (d) नैनीताल में

153. उत्तराखंड में प्राचीन ऐतिहासिक स्थान, जो 'कत्यूरी' राजाओं का मुख्य स्थान भी रहा, है:

(a) दूनागिरी   (b) बागेश्वर

(c) द्वाराहाट   (d) जागेश्वर

154. भगवान शिव के बारह ज्योतिर्लिंगों में से एक स्थापित है:

(a) हरिद्वार में   (b) ऋषिकेश में

(c) बद्रीनाथ में   (d) केदारनाथ में

155. निम्नलिखित में से कौन सा भूकम्प (Earthquake) सर्वाधिक तीव्रता का था?

(a) कपकोट (Kapkote) 1958   (b) धारचूला 1980

(c) चमोली 1999   (d) उत्तरकाशी 1991

156. 'चांदपुरगढ़' का राज्य स्थित था:

(a) पौड़ी गढ़वाल में   (b) पिथौरागढ़ में

(c) चमोली में   (d) अल्मोड़ा में

157. निम्नलिखित में से कौन-सा 'वर्ल्ड हेरीटेज साइट' (विश्व धरोहर स्थान) है?

(a) नन्दादेवी बायोस्फीयर रिजर्व   (b) राजाजी राष्ट्रीय उद्यान

(c) कार्बेट पार्क   (d) उपर्युक्त में से कोई नहीं

158. उत्तराखंड विधान सभा में एक सदस्य नामित किया जाता है:

(a) ईसाई समुदाय से   (b) मुस्लिम समुदाय से

(c) एंग्लो-इण्डियन समुदाय से   (d) पारसी समुदाय से

159. टिहरी बाँध स्थित है .... नदी पर

(a) अलकनन्दा   (b) भागीरथी

(c) यमुना   (d) मन्दाकिनी

160. निम्नलिखित पक्षियों में से कौन सा पक्षी उत्तराखंड का राज्य पक्षी है?

(a) गोड़ावसन   (b) क्वेल

(c) मोनाल   (d) कबूतर

161. उत्तराखंड राज्य में महिलाओं के लिए सभी श्रेणी की सेवाओं में कितने प्रतिशत क्षैतिज आरक्षण (Horizontal Reservation) का प्रावधान किया गया है?

(a) 5%   (b) 10%

(c) 30%   (d) 20%

162. उत्तराखंड राज्य के सृजन के समय 'ग्यारहवें वित्त आयोग' ने इसे निम्नांकित राज्य का दर्जा दिया था:

(a) गरीब पहाड़ी राज्य   (b) अविकसित (Undeveloped) राज्य

(c) विशेष वर्ग का राज्य   (d) उपर्युक्त में से कोई नहीं

163. उत्तराखंड में अशोक का एक शिलालेख (Edict) स्थित है:

(a) देवप्रयाग में   (b) कालसी में

(c) केदारनाथ में   (d) ऋषिकेश में

164. शिव प्रसाद डबराल कौन थे?

(a) इतिहासकार   (b) पत्रकार

(c) समाज सुधारक   (d) शासक

165. अल्मोड़ा में कांग्रेस की स्थापना किस वर्ष हुई?

(a) 1911 में   (b) 1919 में

(c) 1895 में   (d) 1912 में

166. 'जाह्नवी' नदी किस जल प्रवाह अथवा मुख्य नदी से सम्बन्धित है?

(a) अलकनन्दा   (b) भागीरथी

(c) यमुना   (d) पश्चिमी रामगंगा

167. झाल, विणांई, दमामा, मुरयो हैं:
    (a) अरुणाचल की नदियाँ
    (b) लद्दाख की पहाड़ी चोटियाँ
    (c) कुमायूँ के वाद्य यंत्र
    (d) गढ़वाल के मन्दिर

168. हरेला क्या है?
    (a) त्योहार
    (b) स्थान
    (c) सब्जी
    (d) फल

169. 'बोरीवली से बोरीबन्दर तक' के लेखक कौन हैं?
    (a) रमेश चन्द्र शाह
    (b) गौरा पंत 'शिवानी'
    (c) रमा प्रसाद घिल्डियाल
    (d) शैलेश मटियानी

170. कुमायूँ में गोरखा शासन कब स्थापित हुआ?
    (a) 1790 में
    (b) 1792 में
    (c) 1815 में
    (d) 1865 में

171. विशेषरूप से किस देवता से कटारमल का मन्दिर सम्बन्धित है?
    (a) शिव
    (b) सूर्य
    (c) गणेश
    (d) कार्तिकेय

172. चमोली जिले के रेनी गाँव की श्रीमती गौरा देवी का सम्बन्ध रहा है:
    (a) बीज बचाओ आन्दोलन से
    (b) मैती से
    (c) चिपको आन्दोलन से
    (d) नशाबन्दी आन्दोलन से

173. उत्तराखंड की 'दारमा' और 'ब्यास' घाटियों को जोड़ने वाले दर्रे का नाम बताइए:
    (a) ऊँटा धुरा
    (b) जयन्तिया
    (c) सिनला
    (d) रालम

174. मुगल शहजादा जिसने श्रीनगर गढ़वाल में आश्रय लिया था:
    (a) मुराद
    (b) औरंगजेब
    (c) दारा शिकोह
    (d) सुलेमान शिकोह

175. गांधीजी ने 'श्रीमद्भग्वद्गीता' पर अपनी प्रसिद्ध भूमिका' अनासक्ति योग' कहाँ लिखी थी?
    (a) अल्मोड़ा में
    (b) हरिद्वार में
    (c) कौसानी में
    (d) मसूरी में

176. निम्नलिखित में से कौन सी जनजाति की जनसंख्या उत्तराखंड की जनजातीय जनसंख्या में सर्वाधिक है?
    (a) जौनसारी
    (b) भोटिया
    (c) बुक्सा
    (d) थारू

177. कुमायूँ का प्रथम कमिश्नर कौन था?
    (a) ई. गार्डनर
    (b) सर हेनरी रेमजे
    (c) जी. डब्ल्यू. ट्रेल
    (d) जे.एच.बेटन

178. कुमायूँ और गढ़वाल में 'द्रोण' माप तौल की इकाई थी:

    (a) पानी के लिए   *(b)* जमीन और अनाज के लिए

    (c) जमीन के लिए   *(d)* लकड़ी के लिए

179. 'नन्दाराज जात' तीर्थयात्रा में काँसुवा' से 'होम कुण्ड' की दूरी तय की जाती है, वह है:

    (a) 180 किमी   *(b)* 220 किमी

    (c) 280 किमी   *(d)* 250 किमी

180. 'गढ़वाल एनसिएन्ट एण्ड मॉडर्न' पुस्तक लिखी थी:

    (a) एस.पी.डबराल ने   *(b)* ए.परमार ने

    (c) जी.सी.पाण्डेय ने   *(d)* पातीराम ने

181. पूर्व राज्य टिहरी में 'डोला-पालकी' आन्दोलन सम्बन्धित था:

    (a) ब्राह्मणों से   *(b)* शिल्पकारों से

    (c) राजपूतों से   *(d)* इस्लाम से

182. सूची-I तथा सूची-II को सुमेलित कीजिए तथा नीचे दिए गए कूट से सही उत्तर प्राप्त कीजिए:

    सूची-I   **सूची-II**

    (क) कुमायूँ मण्डल विकास निगम   1. हरिद्वार

    (ख) जी.बी.पंत चीनी मिल   2. रानीबाग

    (ग) एच.एम.टी. घड़ी इकाई   3. नैनीताल

    (घ) बी.एच.ई.एल.   4. किच्छा

                                       5. श्रीनगर

    कूट:

	(क)	(ख)	(ग)	(घ)
(a)	1	2	3	4
(b)	2	3	4	5
(c)	4	5	1	2
(d)	3	4	2	1

183. निम्नलिखित नदियों में से कौन अलकनन्दा नदी की सहायक नदी है?

    (a) पिण्डर   *(b)* मन्दाकिनी

    (c) भीलंगना   *(d)* नन्दाकिनी

184. निम्नलिखित में से कौन एक धार्मिक स्थल गढ़वाल क्षेत्र में नहीं है?

    (a) पूर्णागिरि   *(b)* हेमकुण्ठ साहिब

    (c) काली मठ   *(d)* यमुनोत्री

185. निम्नलिखित जिले जनपद रुद्रप्रयाग की सीमाएँ बनाते हैं:

    (a) चमोली, पौड़ी, उत्तरकाशी और टिहरी गढ़वाल

    (b) चमोली, उत्तरकाशी और टिहरी

    (c) पौड़ी, चमोली और टिहरी

    (d) चमोली, टिहरी और बागेश्वर

186. उत्तराखंड के निम्न में से किस जनपद में तहसीलों की संख्या सबसे अधिक है?

    (a) चमोली   *(b)* बागेश्वर

    (c) नैनीताल   *(d)* चम्पावत

187. सूची-I का सूची-II के साथ मिलान कीजिए और नीचे लिखे कूट से सही उत्तर छाँटिए:

सूची-I	सूची-II
(क) जमरानी बाँध परियोजना	1. अलकनन्दा नदी
(ख) पंचेश्वर बाँध परियोजना	2. भागीरथी नदी
(ग) मनेरीभाली विद्युत् परियोजना	3. काली नदी
(घ) विष्णु प्रयाग विद्युत् परियोजना	4. गौला नदी

कूटः

	(क)	(ख)	(ग)	(घ)
(a)	3	4	1	2
(b)	4	3	2	1
(c)	2	3	4	1
(d)	1	2	3	4

188. विशेष श्रेणी का दर्जा प्राप्त करने वाले राज्यों में उत्तराखंड का भारत में कौन सा स्थान है?

    (a) नौवाँ   *(b)* दसवाँ

    (c) ग्यारहवाँ   *(d)* बारहवाँ

189. उत्तराखंड में टौंस किस नदी की सहायक है?

    (a) यमुना   *(b)* गंगा

    (c) काली   *(d)* कोसी

190. पर्यटन स्थल मुक्तेश्वर किस जनपद में स्थित है?

    (a) अल्मोड़ा   *(b)* चम्पावत

    (c) नैनीताल   *(d)* बागेश्वर

191. चौबाटिया गार्डन किस तहसील में स्थित है?

    (a) रानीखेत   *(b)* गैरसैंण

    (c) रामनगर   *(d)* धुमाकोट

192. गंगा नदी का उद्गम है:

    (a) गोमुख   *(b)* गंगोत्री

    (c) पिण्डारी ग्लेशियर   *(d)* मिलम ग्लेशियर

193. निम्नलिखित में से कौन सा सबसे महत्वपूर्ण फसल संयोग उत्तराखंड में बोया जाता है?

   (a) गेहूँ, ज्वार और बाजरा   *(b)* धान, गेहूँ और गन्ना

   (c) धान, मँडुवा और गेहूँ   *(d)* मँडुवा, बाजरा, और मक्का

194. कालागढ़ बाँध किस नदी पर स्थित है?

   (a) राम गंगा   *(b)* शारदा

   (c) गंगा   *(d)* यमुना

195. 2011 की जनगणना के अनुसार उत्तराखंड राज्य में कुल जनसंख्या में जनजातीय जनसंख्या का प्रतिशत है:

   (a) 1.5 प्रतिशत   *(b)* 3.5 प्रतिशत

   (c) 2.90 प्रतिशत   *(d)* 4.5 प्रतिशत

196. 11वीं योजना में ऊर्जा क्षेत्र के लिए उत्तराखंड राज्य ने कितनी धनराशि स्वीकृत की थी?

   (a) 6630 करोड़ रु.   *(b)* 4874 करोड़ रु.

   (c) 8435 करोड़ रु.   *(d)* 9640 करोड़ रु.

197. 'किंगरी-बिंगरी दर्रा' किसको जोड़ता है?

   (a) पिथौरागढ़-तिब्बत   *(b)* उत्तरकाशी-तिब्बत

   (c) बागेश्वर-तिब्बत   *(d)* चमोली-तिब्बत

198. उत्तराखंड राज्य के किस जनपद में औद्योगिकी निदेशालय (Directorate of Industry) स्थित है?

   (a) अल्मोड़ा   *(b)* पौड़ी

   (c) देहरादून   *(d)* टिहरी

199. उत्तराखंड के किस जिले में प्रति हजार पुरुषों के पीछे स्त्रियों का अनुपात सर्वाधिक है?

   (a) रुद्रप्रयाग   *(b)* चमोली

   (c) अल्मोड़ा   *(d)* चम्पावत

200. 2011 की जनगणना के अनुसार देश की कुल जनसंख्या में उत्तराखंड का अंश निम्नलिखित है:

   (a) 0.98 प्रतिशत   *(b)* 0.83 प्रतिशत

   (c) 0.31 प्रतिशत   *(d)* 0.91 प्रतिशत

201. 2011 की जनगणना के अनुसार उत्तराखंड में प्रति वर्ग किमी जनसंख्या घनत्व है:

   (a) 139   *(b)* 149

   (c) 189   *(d)* 169

202. 2011 की जनगणना के अनुसार उत्तराखंड में लिंगानुपात (प्रति 1000 पुरुषों पर स्त्रियों की संख्या) है:

   (a) 952   *(b)* 963

   (c) 970   *(d)* 972

203. लघु जल विद्युत् परियोजनाएँ उत्तराखंड के पर्वतीय क्षेत्रों के लिए उपयुक्त हैं, क्योंकि:

   (a) इन परियोजनाओं के क्रियान्वयन के लिए विशिष्ट 7.5 प्रतिशत सब्सिडी वित्त उपलब्ध है

   (b) इन परियोजनाओं को स्थापित करना श्रम-सघन गतिविधि है

(c) सम्बन्धित उपकरणों की परिवहन लागत कम है

(d) पर्यावरण लागतें बहुत कम हैं

204. उत्तराखंड के किस जनपद में विकास खण्डों की संख्या अधिकतम है?

(a) अल्मोड़ा   (b) हरिद्वार

(c) पिथौरागढ़   (d) पौड़ी

205. उत्तराखंड के निम्नलिखित में से किस जनपद में अधिकतम जनजातीय जनसंख्या है?

(a) ऊधमसिंह नगर   (b) अल्मोड़ा

(c) उत्तरकाशी   (d) चमोली

206. उत्तराखंड राज्य में किस जिले में न्यूनतम महिला साक्षरता दर है?

(a) बागेश्वर   (b) चम्पावत

(c) टेहरी गढ़वाल   (d) उत्तरकाशी

207. निम्नलिखित में से किस क्षेत्र में स्वतंत्रता सेनानी वीर चन्द्र सिंह गढ़वाली की स्मृति में स्वरोजगार योजना चलाई जा रही है?

(a) कुटीर उद्योग   (b) फलोद्यान

(c) पर्यटन   (d) दुग्ध व्यवसाय

208. भारत पर 1962 में चीन के आक्रमण से पूर्व पिथौरागढ़ जनपद की भोटिया जनजाति के किस देश के साथ व्यापार सम्बन्ध थे?

(a) नेपाल   (b) तिब्बत

(c) चीन   (d) भूटान

209. निम्नलिखित में से कौन सी उत्तराखंड राज्य की नकदी फसल (Cash crop) नहीं है?

(a) आलू   (b) मिर्च

(c) मँडुवा   (d) गन्ना

210. सूची-I का मिलान सूची-II के साथ कीजिए और नीचे दिए कूट से सही उत्तर चुनिए:

सूची-I	सूची-II
1. औली	(क) मैग्नेसाइट
2. कौसानी	(ख) कालीन उद्योग
3. मुन्स्यारी	(ग) शीतकालीन खेल
4. झीरोली	(घ) अनासक्ति आश्रम

कूट:

	(क)	(ख)	(ग)	(घ)
(a)	3	4	2	1
(b)	4	3	1	2
(c)	3	4	1	2
(d)	2	1	3	4

211. निम्नलिखित में से किसने महात्मा गांधी की दाण्डी यात्रा में भाग लिया था?

    (a) मोहन जोशी   *(b)* नागेन्द्र सकलानी

    (c) मोलूराम   *(d)* भैरवदत्त जोशी

212. कुमायूँ का प्रथम स्वाधीनता संग्राम सेनानी किसे माना जाता है?

    (a) कालू मेहरा   *(b)* मोहन सिंह मेहता

    (c) बद्रीदत्त पाण्डे   *(d)* गोविन्द बल्लभ पंत

213. भारतीय राष्ट्रीय कांग्रेस के कलकत्ता अधिवेशन (1886) में उत्तराखंड से कौन उपस्थित हुए थे?

    (a) इन्द्रसिंह जलाल   *(b)* मुकुन्दी लाल

    (c) ज्वालादत्त   *(d)* गोविन्द बल्लभ पंत

214. 'शक्ति' समाचार-पत्र का प्रकाशन कब आरम्भ हुआ?

    (a) 15 सितम्बर, 1918 को   *(b)* 15 अक्टूबर, 1921 को

    (c) 22 अक्टूबर, 1921 को   *(d)* 15 अक्टूबर, 1918 को

215. गांधीजी ने कुमायूँ की यात्रा सर्वप्रथम कब की थी?

    (a) जनू 1929 में   *(b)* जुलाई 1929 में

    (c) अगस्त 1931 में   *(d)* अक्टूबर 1931 में

216. उत्तराखंड में 'डोलापालकी आन्दोलन' के प्रवर्तक (Originator) कौन थे?

    (a) जयानन्द भारती   *(b)* खुशीराम

    (c) हरिप्रसार टम्टा   *(d)* बलदेव सिंह आर्य

217. बिशनी देवी शाह कौन थी?

    (a) एक कवयित्री

    (b) एक स्वतंत्रता सेनानी

    (c) एक लेखिका

    (d) एक स्वतंत्रता संग्राम सेनानी

218. सरला बहन का मूल नाम क्या था?

    (a) कैथरीन हैलीमन   *(b)* नाइटिंगेल फ्लोरेंस

    (c) एनी बेसेण्ट   *(d)* उपर्युक्त में से कोई नहीं

219. 'बेगार आन्दोलन' कब और कहाँ से आरम्भ हुआ?

    (a) 20 जनवरी, 1921 को पौड़ी से   *(b)* 15 जनवरी, 1921 को टिहरी से

    (c) 13 जनवरी, 1921 को अल्मोड़ा से   *(d)* 13-14 जनवरी, 1921 को बागेश्वर से

220. उत्तराखंड का 'बारदोली' किस स्थान/स्थल को कहा गया था?

    (a) सल्ट   *(b)* सालम

    (c) दोघाट   *(d)* कत्यूर घाटी

221. अल्मोड़ा में होमरूल लीग की स्थापना कब हुई?

(a) 1914 में   (b) 1913 में

(c) 1916 में   (d) 1917 में

222. कुमायूँ परिषद् की स्थापना कब हुई थी?

(a) 1914 में   (b) 1913 में

(c) 1916 में   (d) 1918 में

223. ‘रवाई काण्ड’ कहाँ हुआ था?

(a) उत्तरकाशी में   (b) तिलाड़ी (टिहरी) में

(c) पौड़ी में   (d) बागेश्वर में

224. प्रस्तावित ‘हिमालय राजमार्ग परियोजना’ (Himalayan Highway Scheme) को क्रियान्वित किया जा रहा है–

(a) मुन्स्यारी से माणा तक   (b) पांगू से पुरोला तक

(c) लोहाघट से ट्यूनी तक   (d) उपर्युक्त में से कोई नहीं

225. जोशियारा से धरासू तक विद्युत् परियोजना हेतु ले जाने के लिए निर्मित 16 किमी लम्बी भूमिगत सुरंग स्थित है–

(a) धौली नदी पर   (b) शारदा नदी पर

(c) भगीरथी नदी पर   (d) अलकनंदा नदी पर

226. उत्तराखंड में मोटर-यात्रा योग्य ‘कंडी मार्ग’ का निर्माण महत्वपूर्ण है, क्योंकि यह यात्रा दूरी को काफी हद तक कम कर देगा–

(a) रामनगर एवं हरिद्वार के मध्य   (b) हल्द्वानी एवं धारचूला के मध्य

(c) ऋषिकेश एवं गंगोत्री के मध्य   (d) दिल्ली एवं देहरादून के मध्य

227. निम्न में से कौन सी उत्तराखंड राज्य विधान सभा सीट अनुसूचित जनजाति के लिए आरक्षित है?

(a) खटीमा विधान सभा सीट   (b) लक्सर विधान सभा सीट

(c) नानकमत्ता विधान सभा सीट   (d) धारचूला विधान सभा सीट

228. वह बैडमिण्टन खिलाड़ी जिसे 29 मार्च, 2006 को पद्म अलंकरण से विभूषित किया गया?

(a) मधुमिता बिष्ट   (b) अपर्णा पोपट

(c) निखिल कानेतकर   (d) अभिन्न श्याम गुप्त

229. उत्तराखंड के पर्वतीय क्षेत्र में ‘एक नाली’ जमीन कितने वर्गमीटर के बराबर होती है?

(a) 100 के   (b) 200 के

(c) 500 के   (d) 1000 के

230. निम्न में से कौन सा दो वर्षीय फसल चक्र उत्तराखंड राज्य के वर्षा-आश्रित क्षेत्रों में लोकप्रिय है?

    (a) धान-गेहूँ-मक्का-जौ   *(b)* धान-मसूर-मक्का-मटर

    (c) धान-गेहूँ-मड़वा-पड़ती   *(d)* धान-गेहूँ-मड़वा-राई

231. उत्तराखंड के पर्वतीय क्षेत्रों की अधिकांशतः मृदा का pH मान है–

    (a) 4.5 से कम   *(b)* 4.5 एवं 5.0 के मध्य

    (c) 5.5 एवं 6.5 के मध्य   *(d)* 7.0 एवं 7.5 के मध्य

232. पर्वतीय क्षेत्रों में सीढ़ीनुमा खेती के लिए सीढ़ियाँ अधिक-से-अधिक जितने प्रतिशत भूमि के ढाल तक बनाई जानी चाहिए, वह है–

    (a) 15   *(b)* 30

    (c) 45   *(d)* 60

233. निम्न में कौन-सी फसल उत्तराखंड के तराई क्षेत्र में अप्रैल माह में फूल आने की अवस्था में दिखती है?

    (a) सोयाबीन   *(b)* अरहर (Pigeonpea)

    (c) सूर्यमुखी   *(d)* उपर्युक्त में से कोई नहीं

234. उत्तराखंड के पर्वतीय क्षेत्र की कृषि में मानव श्रम का प्रमुख योगदान उपलब्ध कराया जाता है–

    (a) वयस्क पुरुष कर्मकारों के द्वारा   *(b)* बाल कर्मकारों के द्वारा

    (c) महिला कर्मकारों के द्वारा   *(d)* कृषि श्रमिकों द्वारा

235. स्वतंत्रता से पूर्व उत्तराखंड में व्यापार कैसे किया जाता था?

    (a) मेलों के द्वारा   *(b)* प्रदर्शनियों के द्वारा

    (c) मध्यस्थों के द्वारा   *(d)* उपर्युक्त सभी के द्वारा

236. उत्तराखंड में किस स्थान पर 'नैनी-सैनी हवाई अड्डा' स्थित है?

    (a) चमोली में   *(b)* पन्तनगर में

    (c) पिथौरागढ़ में   *(d)* देहरादून में

237. उत्तराखंड में हिन्दुस्तान मशीन टूल्स (एच.एम.टी.) फैक्ट्री कहाँ स्थित है?

    (a) रायपुर देहरादून में   *(b)* हरिद्वार में

    (c) रानीबाग, नैनीताल में   *(d)* कोटद्वार में

238. उत्तराखंड राज्य को किस बीमा योजना में प्रीमियम की 50% राशि देनी होती है?

    (a) समूह वार्षिक योजना में   *(b)* जनश्री बीमा योजना में

    (c) समूह अवकाश नकदीकरण योजना में   *(d)* सभी समूह बीमा योजनाओं में

240. उत्तराखंड में कागज का सबसे बड़ा कारखाना कहाँ स्थित है?

(a) लालकुआँ में
(b) खटीमा में
(c) हरिद्वार में
(d) चकराता में

241. उत्तराखंड में, निम्नलिखित स्थानों में से 'कत्था फैक्ट्री' कहाँ स्थित है?

(a) नैनीडाण्डा-पौड़ी गढ़वाल में
(b) हल्द्वानी-नैनीताल में
(c) लच्छीवाला-देहरादून में
(d) बहादराबाद-हरिद्वार में

242. उत्तराखंड के निम्न में से, किस स्थान से तिब्बत-नेपाल के साथ व्यापार किया जाता है?

(a) उत्तरकाशी से
(b) पिथौरागढ़ से
(c) जोशीमठ से
(d) लैन्सडाउन से

243. निम्न में दुग्ध एवं दुग्ध उत्पादों का कौन-सा ब्रांड उत्तराखंड से सम्बन्धित है?

(a) आँचल
(b) पराग
(c) नन्दन
(d) अमूल

244. उत्तराखंड में भारतीय स्टेट बैंक के सहयोग से चलाई जा रही 'ज्ञानोत्कर्ष योजना' का मुख्य उद्देश्य है–

(a) आम नागरिकों को शिक्षा-ऋण स्वीकृत करना

(b) जनजातियों को गृह-ऋण स्वीकृत करना

(c) व्यक्तिगत उपयोग के लिए उत्तराखंड सरकार के स्थायी शिक्षकों एवं अन्य कर्मचारियों को निजी उपयोग हेतु कम्प्यूटर खरीदने के लिए ऋण स्वीकृत करना

(d) छोटे किसानों को कृषि-ऋण स्वीकृत करना

245. निम्न में से कौन-सा बुग्याल उत्तरकाशी जिले में स्थित है?

(a) बगजी बुग्याल
(b) बेदनी बुग्याल
(c) दयार बुग्याल
(d) बगजी एवं बेदनी बुग्याल

246. कौन सा राष्ट्रीय राजमार्ग देहरादून को देश के अन्य हिस्सों से जोड़ता है?

(a) 28
(b) 35
(c) 45
(d) 8

247. महात्मा गांधी ने उत्तराखंड के किस स्थान को भारत का स्विट्जरलैण्ड कहा था?

(a) मसूरी को
(b) औली को
(c) कोसानी को
(d) नैनीताल को

248. 'हुक्का क्लब' स्थित है–

(a) नैनीताल में
(b) अल्मोड़ा में
(c) हल्द्वानी में
(d) मसूरी में

249. उत्तराखंड का निम्न में कौन-सा मेला काली एवं गोरी नदियों के संगम पर आयोजित किया जाता है?

    (a) जौलजीवी मेला   *(b)* उत्तरायणी मेला

    (c) बग्वाल मेला   *(d)* गिन्दी मेला

250. निम्नांकित में 'गढ़वाल पेन्टिंग्स' नामक पुस्तक के लेखक कौन है?

    (a) मुकुन्दी लाल   *(b)* एच.जी. वाल्टन

    (c) मोलाराम   *(d)* पातीराम

251. निम्नलिखित में कौन-सा स्थान कैलाश मानसरोवर में सबसे कम दूरी पर स्थित है?

    (a) नारायण आश्रम   *(b)* मायावती आश्रम

    (c) अनासक्ति आश्रम   *(d)* तवाघाट

252. उत्तराखंड में 'भकार' का उपयोग होता है–

    (a) जल संग्रह के लिए   *(b)* फलों के रस संग्रह के लिए

    (c) खाद्यान्न संग्रह के लिए   *(d)* दुग्ध संग्रह के लिए

253. उत्तराखंड में हस्तशिल्प सामग्री 'मोस्टा' को उत्पादित करने में निम्न में से कौन-सा कच्चा माल प्रयोग में लाया जाता है?

    (a) बांस   *(b)* रिंगाल (Cane)

    (c) चीड़ वृक्ष की छाल   *(d)* पांगर वृक्ष की लकड़ी

254. हेमकुण्ड झील घिरी हुई है–

    (a) पाँच हिमाच्छादित शिखरों से   *(b)* सात हिमाच्छादित शिखरों से

    (c) आठ हिमाच्छादित शिखरों से   *(d)* नौ हिमाच्छादित शिखरों से

255. स्कन्द पुराण में गढ़वाल को किस नाम से जाना जाता है?

    (a) केदारखण्ड   *(b)* कुर्मांचल

    (c) जालंधर   *(d)* गढ़देश

256. भागीरथी नदी अलकनंदा से मिलती है–

    (a) नन्द प्रयाग में   *(b)* कर्ण प्रयाग में

    (c) विष्णु प्रयाग में   *(d)* देव प्रयाग में

257. उत्तराखंड में चिपको आन्दोलन की प्रथम सूत्रधार महिला है–

    (a) गौरा देवी   *(b)* बछेन्द्री पाल

    (c) राधा देवी   *(d)* सरला देवी

258. निम्न में तालों का प्रदेश किसे कहा जाता है?

    (a) पौड़ी   *(b)* पिथौरागढ़

    (c) अल्मोड़ा   *(d)* नैनीताल

259. निम्नलिखित में से किस क्षेत्र को 'कुमायूँ का बारदोली' कहा जाता है?

(a) सल्ट क्षेत्र   (b) भाबर क्षेत्र

(c) किच्छा क्षेत्र   (d) गढ़वाल क्षेत्र

260. उत्तराखंड में चार धाम यात्रा वामावर्त (बाएं से दाएं) परम्परा की रही है। दिए गए निम्नलिखित में से सही कूट को चुनिए—

(a) बद्रीनाथ, गंगोत्री, केदारनाथ, यमुनोत्री   (b) यमुनोत्री, गंगोत्री, केदारनाथ, बद्रीनाथ

(c) गंगोत्री, केदारनाथ, बद्रीनाथ, यमुनोत्री   (d) केदारनाथ, बद्रीनाथ, यमुनोत्री, गंगोत्री

261. उत्तराखंड राज्य का लगभग कितना प्रतिशत भू-भाग पर्वतीय है?

(a) 88 प्रतिशत   (b) 80 प्रतिशत

(c) 70 प्रतिशत   (d) 50 प्रतिशत

262. कालिदास द्वारा वर्णित कण्वाश्रम किस नदी तट पर था?

(a) मालिनी   (b) मन्दाकिनी

(c) खोह नदी   (d) यमुना

263. निम्नलिखित में से कौन-सा एक उत्तराखंड के इतिहासकारों में **नहीं** है?

(a) हरिकृष्ण रत्यूड़ी   (b) बद्री दत्त पाण्डे

(c) चन्द्रसिंह गढ़वाली   (d) शिवप्रसाद डबराल

264. उत्तराखंड में क्षेत्रफल की दृष्टि से अवरोही क्रम में सबसे बड़े तीन जिले कौन-से हैं?

(a) चमोली, उत्तरकाशी, पिथौरागढ़   (b) चमोली, उत्तरकाशी, पौड़ी

(c) उत्तरकाशी, पौड़ी, चमोली   (d) चमोली, पौड़ी, उत्तरकाशी

265. उत्तराखंड के कुल कितने जनपदों की सीमा पड़ोसी देशों को छूती है?

(a) तीन   (b) चार

(c) पाँच   (d) छह

266. जानेश्वर का मृत्युंजय मन्दिर किस राजा ने बनवाया था?

(a) शालिवाहन   (b) शक्तिवाहन

(c) कटारमल्ल   (d) जयसिंह

267. शंकराचार्य ने बद्रीकाश्रम में स्थापित मूर्ति कहाँ से निकाली थी?

(a) नारदकुण्ड   (b) गौरीकुण्ड

(c) गंगा नदी   (d) हेमकुण्ड

268. अलकनन्दा और मन्दाकिनी के संगम पर स्थित शहर है—

(a) देवप्रयाग   (b) नन्दप्रयाग

(c) रुद्रप्रयाग   (d) विष्णुप्रयाग

269. उत्तराखंड के पहले निर्वाचित मुख्यमंत्री थे–

(a) नित्यानंद स्वामी

(b) भगतसिंह कोश्यारी

(c) नारायण दत्त तिवारी

(d) भुवनचन्द्र खण्डूरी

270. उत्तराखंड राज्य के हिमनदों को सर्वाधिक खतरा किससे है?

(a) ग्रीन हाउस गैसों से

(b) अम्लीय वर्षा से

(c) जल प्रदूषण से

(d) मृदा क्षरण से

271. उत्तराखंड में निर्मित हैण्डलूम व हस्तशिल्प उत्पादों का विपणन अब किस नाम से किया जाएगा?

(a) हिमाद्रि

(b) हर्बल एक्सपो

(c) गोकुल योजना

(d) उपर्युक्त में से कोई नहीं

272. आदिगुरु शंकराचार्य की समाधि कहाँ पर स्थित है?

(a) बद्रीनाथ में

(b) केदारनाथ में

(c) यमुनोत्री में

(d) गंगोत्री में

273. उत्तराखंड लोक सेवा आयोग कहाँ स्थित है?

(a) हरिद्वार में

(b) पौड़ी में

(c) नैनीताल में

(d) रामनगर में

274. उत्तराखंड के किस मेले में दो गुटों के बीच पत्थर फेंकने का रिवाज है?

(a) देवीधुरा मेला

(b) गेंद मेला

(c) जौलजीवी मेला

(d) गौचर

275. उत्तराखंड के पहले मुख्य सूचना आयुक्त कौन थे?

(a) आर. पी. टोलिया

(b) एम. रामचन्द्रन

(c) के. आर्या

(d) एन.पी. नवानी

276. निम्न में से उत्तराखण्ड के किस जनपद में सर्वाधिक राष्ट्रीय उद्यान एवं अभ्यारण्य स्थित है?

(a) अल्मोड़ा

(b) देहरादून

(c) नैनीताल

(d) चमोली

277. प्रसिद्ध 'मायावती आश्रम' किस नगर के सबसे समीप स्थित है?

(a) लोहाघाट

(b) टनकपुर

(c) बेरीनाग

(d) उधमसिंह नगर

278. उत्तराखण्ड के किस मेले में दो गुटों के बीच पत्थर फेंकने का रिवाज है?

(a) जौलजीवी मेला

(b) देवीधुरा मेला

(c) गौचर मेला

(d) गेंद मेला

279. राष्ट्रीय जल विज्ञान संस्थान कहाँ स्थित है?

(a) देहरादून   (b) मसूरी

(c) रुड़की   (d) नैनीताल

280. पीरान कलियर धार्मिक स्थान कहाँ स्थित है?

(a) पौड़ी   (b) हरिद्वार

(c) देहरादून   (d) सहारनपुर

281. गढ़वाल मण्डल में कितने जनपद हैं?

(a) 7   (b) 6

(c) 8   (d) 5

282. नैनीताल झील की खोज वर्ष 1841 में किसने की थी?

(a) शंकराचार्य   (b) प्रद्युम्न शाह

(c) पी. बैरन   (d) फ्रैंक स्मिथ

283. केदारनाथ धाम किस जनपद में स्थित है?

(a) चमोली   (b) उत्तरकाशी

(c) टिहरी   (d) रुद्रप्रयाग

284. जिम कार्बेट नेशनल पार्क म्यूजियम कहाँ स्थित है?

(a) रामनगर   (b) कालाढूँगी

(c) रानीखेत   (d) नैनीताल

285. 'कुमाऊँ का चाणक्य' नाम से प्रसिद्ध है–

(a) बद्रीदत्त पाण्डे   (b) हर्ष देव जोशी

(c) इन्द्रमणि बडोनी   (d) कवि गौर्दा

286. 'बुग्याल' किसे कहते हैं?

(a) झरने को   (b) पहाड़ों के बीच हरे चारागाह को

(c) पहाड़ों के बीच रेत के टीले को   (d) समतल मैदान को

287. 'ओऽम पर्वत' निम्नलिखित में से किस मार्ग पर स्थित है?

(a) रूपकुण्ड – ग्वालदम मार्ग   (b) बद्रीनाथ – सतोपथ मार्ग

(c) केदारनाथ – कागभुसण्डी मार्ग   (d) मालपा – मानसरोवर मार्ग

288. उत्तराखण्ड में बोली जाने वाली बोलियाँ निम्नलिखित में से कौन-सी हैं?

(a) मंडियाली और भोजपुरी   (b) गढ़वाली और कुमाऊँनी

(c) मगही और मैथिली   (d) मेवाती और बघेली

289. उत्तराखण्ड राज्य के किस जिले में राष्ट्रीय रक्षा अकादमी स्थित है?

(a) पौड़ी   (b) देहरादून

(c) पिथौरागढ़   (d) नैनीताल

290. उत्तराखण्ड में पेट्रोलियम वि. वि. कहाँ स्थित है?

(a) रुड़की में   (b) पंतनगर में

(c) देहरादून में   (d) काठगोदाम में

291. उत्तराखण्ड में जनसंख्या के आधार पर सर्वाधिक जनसंख्या वाले जनपदों का सही क्रम क्या है?

(a) हरिद्वार, ऊधमसिंह नगर, देहरादून   (b) हरिद्वार, चमोली, देहरादून

(c) देहरादून, हरिद्वार, ऊधम सिंह नगर   (d) हरिद्वार, देहरादून, ऊधमसिंह नगर

292. निम्नलिखित में से कौन-सा उत्तराखण्ड राज्य का प्रतीक चिह्न नहीं है?

(a) कस्तूरी मृग   (b) चिंकारा

(c) ब्रह्मकमल   (d) बुराँस

293. अलकनन्दा और भागीरथी का संगम स्थल कहाँ है?

(a) देव प्रयाग   (b) रुद्र प्रयाग

(c) नन्द प्रयाग   (d) कर्ण प्रयाग

294. गढ़वाल के इतिहास में 'झाँसी की रानी' की संज्ञा किसे दी गई है?

(a) तीलू रौतेली   (b) महारानी गुलेरिया

(c) जियाराणी   (d) गौरा देवी

295. ''तुम मुझे तोड़ सकते हो, मोड़ नहीं सकते'' यह प्रसिद्ध नारा उत्तराखण्ड के किस प्रमुख क्रान्तिकारी ने दिया?

(a) वीर चन्द्र सिंह गढ़वाली   (b) श्रीदेव सुमन

(c) दरबान सिंह नेगी   (d) सोम नाथ शर्मा

296. महात्मा गांधी ने उत्तराखण्ड के किस स्थान को भारत का स्विट्जरलैण्ड कहा था?

(a) मसूरी   (b) औली

(c) कौसानी   (d) रानीखेत

297. निम्नलिखित में से कौन-सा कथन सत्य है?

(a) जनपद पौड़ी से विभक्त कर जनपद रुद्रप्रयाग बनाया गया

(b) जनपद नैनीताल से विभक्त कर जनपद चम्पावत बनाया गया

(c) जनपद अल्मोड़ा से विभक्त कर जनपद पिथौरागढ़ बनाया गया

(d) जनपद पिथौरागढ़ से विभक्त कर जनपद बागेश्वर बनाया गया

298. 'नीलकंठ महादेव' का प्रसिद्ध मन्दिर किस जनपद में स्थित है?

    (a) टिहरी गढ़वाल   *(b)* रुद्रप्रयाग

    (c) पौड़ी   *(d)* देहरादून

299. वीरचन्द्र सिंह गढ़वाली का सम्बन्ध किससे है?

    (a) काकोरी-काण्ड   *(b)* मेरठ सैन्य विद्रोह

    (c) चौरी-चौरा काण्ड   *(d)* पेशावर सैन्य विद्रोह

300. 'उदय शंकर नृत्य अकादमी' की स्थापना कहाँ हुई है?

    (a) अल्मोड़ा   *(b)* देहरादून

    (c) श्रीनगर   *(d)* रानीखेत

301. नेहरू पर्वतारोहण संस्थान (उत्तरकाशी) की स्थापना कब हुई थी?

    (a) 14 नवम्बर, 1951   *(b)* 14 नवम्बर, 1965

    (c) 30 नवम्बर, 2000   *(d)* 15 अगस्त, 1991

302. उत्तराखण्ड स्थित भारत-तिब्बत की सीमा पर बसा अन्तिम भारतीय गाँव का क्या नाम है?

    (a) डोढरा-क्वार   *(b)* माणा

    (c) नाडीमार्ग   *(d)* कालू चक्र

303. 'बद्रीनाथ धाम' किस शहर में स्थित है?

    (a) देहरादून में   *(b)* रुद्रप्रयाग में

    (c) पौड़ी में   *(d)* चमोली में

304. 'कार्बेट नेशनल पार्क' किस जिले में स्थित है?

    (a) नैनीताल   *(b)* चमोली

    (c) अल्मोड़ा   *(d)* हरिद्वार

305. नैनीताल में उत्तराखण्ड का कौन-सा संस्थान स्थित है?

    (a) आई. एम. ए.   *(b)* उत्तराखण्ड की राजधानी

    (c) एफ. आर. आई.   *(d)* उत्तराखण्ड का मा. उच्च न्यायालय

306. किस नदी को राष्ट्रीय नदी घोषित किया गया है?

    (a) यमुना   *(b)* गंगा

    (c) सरयू   *(d)* काली

307. उत्तराखण्ड की सीमा निम्नलिखित में से किस प्रदेश को सम्पर्क नहीं करती है?

    (a) हिमाचल प्रदेश   *(b)* पंजाब

    (c) उत्तर प्रदेश   *(d)* *(a)* और *(c)* दोनों को

308. रुड़की में स्थित पिरान कलियर शरीफ में किस पीर की मजार है?

    (a) अली अहमद साबिर   *(b)* ख्वाजा मीर

    (c) पीर अहमद मीर   *(d)* अलाउद्दीन मीर अहमद

309. चितई मन्दिर (परमोच्च न्यायालय) कहाँ स्थित है?

    (a) नैनीताल   *(b)* चम्पावत

    (c) रामनगर   *(d)* अल्मोड़ा

310. 'बेडू पाको बारामासा' गीत की धुन किसने तैयार की थी?

    (a) स्व. मोहन उप्रेती   *(b)* नरेन्द्र सिंह नेगी

    (c) घनानन्द   *(d)* जीत सिंह नेगी

311. उत्तराखण्ड में 'ड्रग्स कम्पोजिट रिसर्च यूनिट' कहाँ स्थित है?

    (a) देहरादून   *(b)* नैनीताल

    (c) अल्मोड़ा   *(d)* चमोली

312. नन्दा देवी चोटी–

    (a) असम हिमालय का भाग है   *(b)* नेपाल हिमालय का भाग है

    (c) कुमाऊँ हिमालय का भाग है   *(d)* पंजाब हिमालय का भाग है

313. प्रसिद्ध गौचर मेला कब से प्रारम्भ हुआ था?

    (a) 1930   *(b)* 1951

    (c) 1961   *(d)* 1943

314. कुमाऊँ में स्थित प्रसिद्ध बाणासुर का किला किस जनपद में स्थित है?

    (a) बागेश्वर   *(b)* चम्पावत

    (c) नैनीताल   *(d)* पिथौरागढ़

315. रुद्रप्रयाग में स्थित गुलाबराय मैदान क्यों प्रसिद्ध हैं?

    (a) गुलाब के फूलों के लिए

    (b) पशु व्यापार मेला

    (c) जिम कार्बेट ने यहाँ नरभक्षी तेन्दुए को मारा था

    (d) कृषि के लिए

उत्तरमाला

1	2	3	4	5	6	7	8	9	10
(a)	*(b)*	*(c)*	*(b)*	*(b)*	*(a)*	*(b)*	*(d)*	*(d)*	*(a)*

11	**12**	**13**	**14**	**15**	**16**	**17**	**18**	**19**	**20**
(b)	*(d)*	*(b)*	*(a)*	*(c)*	*(d)*	*(a)*	*(c)*	*(b)*	*(d)*
21	**22**	**23**	**24**	**25**	**26**	**27**	**28**	**29**	**30**
(d)	*(b)*	*(c)*	*(b)*	*(a)*	*(c)*	*(d)*	*(c)*	*(b)*	*(c)*
31	**32**	**33**	**34**	**35**	**36**	**37**	**38**	**39**	**40**
(b)	*(a)*	*(c)*	*(c)*	*(d)*	*(b)*	*(a)*	*(c)*	*(d)*	*(b)*
41	**42**	**43**	**44**	**45**	**46**	**47**	**48**	**49**	**50**
(d)	*(b)*	*(a)*	*(d)*	*(c)*	*(b)*	*(a)*	*(c)*	*(d)*	*(b)*
51	**52**	**53**	**54**	**55**	**56**	**57**	**58**	**59**	**60**
(a)	*(c)*	*(c)*	*(b)*	*(b)*	*(d)*	*(a)*	*(b)*	*(b)*	*(c)*
61	**62**	**63**	**64**	**65**	**66**	**67**	**68**	**69**	**70**
(d)	*(d)*	*(a)*	*(b)*	*(c)*	*(d)*	*(d)*	*(b)*	*(a)*	*(c)*
71	**72**	**73**	**74**	**75**	**76**	**77**	**78**	**79**	**80**
(a)	*(b)*	*(c)*	*(d)*	*(a)*	*(b)*	*(c)*	*(d)*	*(a)*	*(b)*
81	**82**	**83**	**84**	**85**	**86**	**87**	**88**	**89**	**90**
(c)	*(d)*	*(a)*	*(b)*	*(c)*	*(d)*	*(a)*	*(b)*	*(b)*	*(c)*
91	**92**	**93**	**94**	**95**	**96**	**97**	**98**	**99**	**100**
(a)	*(a)*	*(b)*	*(c)*	*(d)*	*(a)*	*(b)*	*(b)*	*(c)*	*(d)*
101	**102**	**103**	**104**	**105**	**106**	**107**	**108**	**109**	**110**
(c)	*(b)*	*(d)*	*(d)*	*(b)*	*(b)*	*(a)*	*(c)*	*(b)*	*(a)*
111	**112**	**113**	**114**	**115**	**116**	**117**	**118**	**119**	**120**
(a)	*(d)*	*(b)*	*(d)*	*(c)*	*(c)*	*(c)*	*(d)*	*(b)*	*(c)*
121	**122**	**123**	**124**	**125**	**126**	**127**	**128**	**129**	**130**
(c)	*(a)*	*(b)*	*(a)*	*(d)*	*(c)*	*(d)*	*(d)*	*(a)*	*(a)*
131	**132**	**133**	**134**	**135**	**136**	**137**	**138**	**139**	**140**
(c)	*(c)*	*(d)*	*(a)*	*(c)*	*(a)*	*(b)*	*(b)*	*(a)*	*(c)*
141	**142**	**143**	**144**	**145**	**146**	**147**	**148**	**149**	**150**
(d)	*(b)*	*(a)*	*(c)*	*(d)*	*(d)*	*(a)*	*(d)*	*(b)*	*(a)*
151	**152**	**153**	**154**	**155**	**156**	**157**	**158**	**159**	**160**
(b)	*(b)*	*(b)*	*(d)*	*(a)*	*(c)*	*(a)*	*(c)*	*(b)*	*(c)*
161	**162**	**163**	**164**	**165**	**166**	**167**	**168**	**169**	**170**
(d)	*(c)*	*(b)*	*(b)*	*(d)*	*(b)*	*(c)*	*(a)*	*(d)*	*(a)*
171	**172**	**173**	**174**	**175**	**176**	**177**	**178**	**179**	**180**
(b)	*(c)*	*(a)*	*(c)*	*(c)*	*(a)*	*(a)*	*(b)*	*(c)*	*(d)*

181	182	183	184	185	186	187	188	189	190
(b)	(d)	(c)	(a)	(a)	(c)	(b)	(c)	(a)	(c)
191	192	193	194	195	196	197	198	199	200
(a)	(a)	(b)	(a)	(c)	(b)	(d)	(c)	(c)	(b)
201	202	203	204	205	206	207	208	209	210
(c)	(b)	(a)	(d)	(a)	(c)	(c)	(b)	(b)	(a)
211	212	213	214	215	216	217	218	219	220
(a)	(a)	(c)	(a)	(a)	(a)	(d)	(a)	(d)	(a)
221	222	223	224	225	226	227	228	229	230
(a)	(c)	(b)	(c)	(c)	(c)	(c)	(a)	(b)	(c)
231	232	233	234	235	236	237	238	239	240
(c)	(a)	(c)	(c)	(d)	(c)	(c)	(d)	(b)	(a)
241	242	243	244	245	246	247	248	249	250
(b)	(b)	(a)	(c)	(c)	(c)	(c)	(b)	(a)	(a)
251	252	253	254	255	256	257	258	259	260
(a)	(c)	(b)	(b)	(a)	(d)	(a)	(d)	(a)	(d)
261	262	263	264	265	266	267	268	269	270
(a)	(a)	(c)	(a)	(c)	(a)	(a)	(c)	(c)	(a)
271	272	273	274	275	276	277	278	279	280
(a)	(b)	(a)	(a)	(a)	(d)	(a)	(b)	(c)	(b)
281	282	283	284	285	286	287	288	289	290
(a)	(c)	(d)	(b)	(b)	(b)	(d)	(b)	(b)	(c)
291	292	293	294	295	296	297	298	299	300
(d)	(b)	(a)	(c)	(b)	(c)	(b)	(c)	(d)	(a)
301	302	303	304	305	306	307	308	309	310
(b)	(b)	(d)	(a)	(d)	(b)	(b)	(a)	(d)	(a)
311	312	313	314	315					
(c)	(c)	(d)	(b)	(c)